Innovationskompetenz und Leadership

Wolfgang Nauendorf

Innovationskompetenz und Leadership

Eine Einführung in Mechanismen und Rahmenbedingungen

Wolfgang Nauendorf
Steinbeis Business Academy SBA
Kempen, Deutschland

ISBN 978-3-658-42677-4   ISBN 978-3-658-42678-1 (eBook)
https://doi.org/10.1007/978-3-658-42678-1

Die Deutsche Nationalbibliothek verzeichnet diese Publikation in der Deutschen Nationalbibliografie; detaillierte bibliografische Daten sind im Internet über http://dnb.d-nb.de abrufbar.

© Der/die Herausgeber bzw. der/die Autor(en), exklusiv lizenziert an Springer Fachmedien Wiesbaden GmbH, ein Teil von Springer Nature 2023

Das Werk einschließlich aller seiner Teile ist urheberrechtlich geschützt. Jede Verwertung, die nicht ausdrücklich vom Urheberrechtsgesetz zugelassen ist, bedarf der vorherigen Zustimmung des Verlags. Das gilt insbesondere für Vervielfältigungen, Bearbeitungen, Übersetzungen, Mikroverfilmungen und die Einspeicherung und Verarbeitung in elektronischen Systemen.
Die Wiedergabe von allgemein beschreibenden Bezeichnungen, Marken, Unternehmensnamen etc. in diesem Werk bedeutet nicht, dass diese frei durch jedermann benutzt werden dürfen. Die Berechtigung zur Benutzung unterliegt, auch ohne gesonderten Hinweis hierzu, den Regeln des Markenrechts. Die Rechte des jeweiligen Zeicheninhabers sind zu beachten.
Der Verlag, die Autoren und die Herausgeber gehen davon aus, dass die Angaben und Informationen in diesem Werk zum Zeitpunkt der Veröffentlichung vollständig und korrekt sind. Weder der Verlag noch die Autoren oder die Herausgeber übernehmen, ausdrücklich oder implizit, Gewähr für den Inhalt des Werkes, etwaige Fehler oder Äußerungen. Der Verlag bleibt im Hinblick auf geografische Zuordnungen und Gebietsbezeichnungen in veröffentlichten Karten und Institutionsadressen neutral.

Plannung/Lektorat: Ulrike Loercher
Springer Gabler ist ein Imprint der eingetragenen Gesellschaft Springer Fachmedien Wiesbaden GmbH und ist ein Teil von Springer Nature.
Die Anschrift der Gesellschaft ist: Abraham-Lincoln-Str. 46, 65189 Wiesbaden, Germany

Das Papier dieses Produkts ist recyclebar.

Vorwort

Unsere schnelllebige Gesellschaft ist von gesellschaftlichem, ökonomischem und technischem Wandel geprägt. Immer seltener lassen sich Ereignisse und Ergebnisse zuverlässig vorhersagen. Ungewissheit, Unsicherheit und sich rasant vollziehender Wissenszuwachs sind Merkmale dieser stetigen Veränderungen. Niemand vermag mehr zu sagen „wo es lang geht" und dennoch gilt es, sich in diesem Dschungel zu orientieren und zu bewähren. Daher wird es zukünftig für nachhaltig erfolgreiches Handeln von entscheidender Bedeutung sein, sich zusätzlich neben den vorhandenen Kenntnissen und Fertigkeiten mit den Kompetenzen zu beschäftigen, die es den Menschen ermöglichen, sich aktiv an diesen Veränderungen zu beteiligen, ohne Ängste zu entwickeln, die jedem Fortschritt entgegenwirken. Vor allem den Lehrenden in den allgemeinbildenden Schulen, den Betriebs- und Führungsandragogen in den Unternehmen und den Lehrenden an den Hochschulen für den wissenschaftlichen Nachwuchs unserer Gesellschaft kommt die wichtige Aufgabe zu, Innovationskompetenz zu vermitteln, d. h., eine Kompetenz bei Menschen zu entwickeln, die diese dazu befähigt, in unsicheren, ungewissen und komplexen Situationen adäquat zu handeln. Adäquates Handeln heißt in diesem Zusammenhang, Erneuerungen durchzusetzen, obwohl häufig die von Veränderungen Betroffenen diese gar nicht wollen, sich demzufolge diesen Innovationen bewusst entgegenstellen, Widerstände aufbauen und den Fortschritt zu verhindern versuchen. In diesem Lehrbuch werden die Mechanismen des Erkennens und des Entwickelns von Innovationskompetenz erläutert und die Rahmenbedingungen beschrieben, die notwendig sind, damit Innovationskompetenz einen Nutzen für den Einzelnen, für Unternehmen und für die Gesellschaft erbringt. Dabei kommt es darauf an, dass der Lernende in diesem Kontext selbst erfährt, ob Innovationskompetenz bei sich und in seinem Umfeld vorhanden ist und wie Kompetenzen beschreibbar gemacht werden können. Hierdurch sollen Handlungsanweisungen dazu führen, dass Führungskräfte das Innovationspotenzial ihrer Mitarbeiter erkennen und fördern lernen, indem sie immer wieder auftretende Schwierigkeiten und Widerstände bei der Umsetzung von Innovationen bearbeiten und die auslösenden Momente verringern und vermeiden. Wenn Kompetenzen, und insbesondere Innovationskompetenz, beschreibbar werden, können Arbeitnehmerinnen und Arbeitnehmer berufliche Prioritäten besser organisieren,

Laufbahnvorteile bewusst wahrnehmen und ihre berufliche Karriere strategisch planen. Unternehmen können Mitarbeiter gezielter einsetzen und somit kompetenzbezogen bezahlen und den gesamten Lebensraum des Mitarbeiters in die Potenzialsuche mit einbeziehen. Nicht formale Abschlüsse bestimmen die Mitarbeiterauswahl, sondern die realistische Bewertung der dem Unternehmen zur Verfügung gestellten Ressourcen.

Wolfgang Nauendorf

Inhaltsverzeichnis

1	**Innovationspolitik**	1
1.1	Innovationsdruck	1
1.2	Innovation und Arbeitswelt	2
1.3	Innovationsschwächen	4
1.4	Umsetzungsempfehlungen und Perspektiven	5
1.5	Ihr Lernerfolg aus diesem Kapitel	7
1.6	Übungsaufgaben zu diesem Kapitel	7
	Literatur	8
2	**Innovationskultur**	9
2.1	Grundorientierungen von Unternehmenskultur	10
2.2	Voraussetzungen für eine innovationsfördernde Unternehmenskultur	12
2.3	Merkmale innovationsfördernder Unternehmenskulturen	14
2.4	Innovationskultur in deutschen Unternehmen	16
2.5	Ihr Lernerfolg aus diesem Kapitel	18
2.6	Übungsaufgaben zu diesem Kapitel	19
	Literatur	19
3	**Handlungs- und Innovationskompetenz**	21
3.1	Handlungskompetenzmodell	22
3.2	Innovationskompetenzmodell	29
3.3	Entdeckung von Innovationskompetenz	32
3.4	Anwendung der Innovationskompetenzanalyse	35
3.5	Ihr Lernerfolg aus diesem Kapitel	41
3.6	Übungsaufgaben zu diesem Kapitel	42
	Literatur	42
4	**Widerstände bei der Nutzung von Innovationskompetenzen**	43
4.1	Die organisationspsychologische Bedeutung von Veränderungen	44
4.2	Phasen der Veränderungen im Innovationsmanagement	45

	4.3	Widerstand gegen Innovationen	47
	4.4	Individuelle Widerstände und Widerstände durch Gruppen	48
	4.5	Widerstände des Systems	51
	4.6	Ihr Lernerfolg aus diesem Kapitel	51
	4.7	Übungsaufgaben zu diesem Kapitel	52
	Literatur		53
5	**Innovationen entstehen durch Vertrauen**		55
	5.1	Vertrauen und seine Handhabung im Innovationsmanagement	55
	5.2	Vertrauensdimensionen im Rahmen von Innovationsprozessen	56
	5.3	Vertrauenswürdigkeit	59
	5.4	Organisationales Vertrauen	60
	5.5	Vertrauen im Innovationsprozess	62
	5.6	Ihr Lernerfolg aus diesem Kapitel	63
	5.7	Übungsaufgaben zu diesem Kapitel	63
	Literatur		64
6	**Innovationen brauchen einen besonderen Umgang mit ungewissen Situationen**		65
	6.1	Einflussfaktoren auf den Ausprägungsgrad von Innovationskompetenz	65
	6.2	Das Konstrukt „Ungewissheitstoleranz"	68
	6.3	Praxisbeispiel: Soll-Ist-Vergleich von Anforderungs- und Kompetenzprofil	73
		6.3.1 Falldarstellung	73
		6.3.2 Zusammenfassung der Ergebnisse der Fallstudie	78
	6.4	Ihr Lernerfolg aus diesem Kapitel	81
	6.5	Übungsaufgaben zu diesem Kapitel	82
	Literatur		82
7	**Leadership – Basis für die Entwicklung von Innovationskompetenzen**		83
	7.1	Der Begriff Leadership	83
	7.2	Aufgaben von Leadership	84
	7.3	Konzept der „Lateralen Führung"	85
	7.4	Einflussfaktoren auf „Laterales Führen"	86
	7.5	Verständigung, Macht und Vertrauen	86
	7.6	Die Begrenzung durch die Organisation	87
	7.7	Vor- und Nachteile sowie Nebenwirkungen	88
	7.8	Ihr Lernerfolg aus diesem Kapitel	90
	7.9	Übungsaufgaben zu diesem Kapitel	94
	Literatur		95

8	**Vom Wissen zur Innovation**		97
	8.1	Management von Wissen zur Stärkung von Innovationskompetenz	100
	8.2	Systemisches Wissensmanagement	105
	8.3	Innovation und Wissen	107
	8.4	Wissensbasis als Erfolgsfaktor	108
	8.5	Praxisbeispiel für die Anwendung einer Wissensdatenbank	109
		8.5.1 Entwicklung zur Didaktischen Datenbank	110
		8.5.2 Didaktische Datenbanken als Ideen- und Wissensbasis für das Innovationsmanagement	111
	8.6	Ihr Lernerfolg aus diesem Kapitel	113
	8.7	Übungsaufgaben zu diesem Kapitel	114
	Literatur		114
9	**Anreizsysteme für die Verteilung von Wissen**		117
	9.1	Motivation und Anreizsysteme	118
	9.2	Anreizarten	120
	9.3	Vom betrieblichen Vorschlagswesen zum Ideenmanagement	121
	9.4	Kritische Anmerkungen	125
	9.5	Gegenüberstellung der Anreizsysteme	126
	9.6	Empirische Ergebnisse	128
	9.7	Ihr Lernerfolg aus diesem Kapitel	130
	9.8	Übungsaufgaben	132
	Literatur		133
10	**Methoden und Instrumente**		135
	10.1	Quality Function Deployment (QFD) – Wissensdaten vom Kunden	135
		10.1.1 Praxisbeispiel: Anwendung des HoQ in der Textilindustrie	142
	10.2	Benchmarking – Wissensdaten vom Mitwettbewerber	144
	10.3	Failure Modes and Effects Analysis (FMEA) – aus Fehlern lernen	146
	10.4	Kontinuierliche Verbesserungsprozesse (KVP) -Kaizen-Philosophie-	155
		10.4.1 Definition und Beschreibung	156
		10.4.2 Durchführung	159
		10.4.3 Phasen der Einführung unternehmensweiter Kaizen-Projekte	162
	10.5	Business Intelligence – Führungsinstrument im Innovationsmanagement	163
	10.6	Ihr Lernerfolg aus diesem Kapitel	175
	10.7	Übungsaufgaben zu diesem Kapitel	179
	Literatur		180

11 Ein Führungsmodell zur Entwicklung und Förderung von Innovationskompetenz ... 183
11.1 Struktur des Modells ... 184
11.2 Notwendige Maßnahmen ... 186
11.3 Umsetzung des Modells in die Unternehmenspraxis ... 189
    11.3.1 Mitarbeitende als neue Mitglieder im Unternehmen ... 190
    11.3.2 Mitarbeitende als wertschöpfende Mitglieder im Unternehmen ... 192
    11.3.3 Mitarbeitende als bedürfnisorientierte soziale Mitglieder im Unternehmen ... 193
11.4 Ihr Lernerfolg aus diesem Kapitel ... 196
11.5 Übungsaufgaben zu diesem Kapitel ... 196
Literatur ... 197

12 Musterlösungen, Befragungskataloge und ein Anforderungsprofil für Führungskräfte ... 199
12.1 Musterlösungen zu den Übungsaufgaben ... 199
    12.1.1 Musterlösungen zu Kap. 1 ... 199
    12.1.2 Musterlösungen zu Kap. 2 ... 200
    12.1.3 Musterlösungen zu Kap. 3 ... 202
    12.1.4 Musterlösungen zu Kap. 4 ... 204
    12.1.5 Musterlösungen zu Kap. 5 ... 205
    12.1.6 Musterlösungen zu Kap. 6 ... 207
    12.1.7 Musterlösungen zu Kap. 7 ... 207
    12.1.8 Musterlösungen zu Kap. 8 ... 209
    12.1.9 Musterlösung zu Kap. 9 ... 211
    12.1.10 Musterlösungen zu Kap. 10 ... 211
    12.1.11 Musterlösungen zu Kap. 11 ... 213
12.2 Befragungskatalog zur Innovationskompetenzanalyse ... 215
    12.2.1 Befragungskatalog zur Innovationskompetenzanalyse -Fachkompetenz- ... 215
    12.2.2 Befragungskatalog zur Innovationskompetenzanalyse -Methodenkompetenz- ... 216
    12.2.3 Befragungskatalog zur Innovationskompetenzanalyse -Sozialkompetenz- ... 217
    12.2.4 Befragungskatalog zur Innovationskompetenzanalyse -Persönlichkeitskompetenz ... 219
12.3 Anforderungsprofil für Führungskräfte in Innovationsprozessen ... 220

Stichwortverzeichnis ... 223

Abkürzungsverzeichnis

4-GL	Computersprache der 4. Generation
ALF	Arbeiten und Lernen im Fachbereich
ASI	American Supplier Institute
BASF	Badische Anilin- und Soda-Fabrik
BI	Business Intelligence
BVW	Betriebliches Vorschlagswesen
CBR	Case Based Reasoning
CRM	Customer Relationship Management
DGB	Deutscher Gewerkschaftsbund
dib	Deutsches Institut für Betriebswirtschaft
DIW	Deutsches Institut für Wirtschaftsforschung
DL	Deep Learning
EIS	Executive Information System
EPM	Enterprise Performance Mananagement
et al.	und andere (et alii, et alia, et aliae)
FBS	Fallbasiertes Schließen
FK	Fachkompetenz
FMEA	Failure Modes and Effects Analysis
HCL-Notes	Datenbanksystem mit sehr enger E-Mail-Anbindung.
HoQ	House of Quality
IAO	Institut für Arbeitswirtschaft und Organisation
IG	Industriegewerkschaft
IKA	Innovationskompetenzanalyse
IPA	Innovationspotenzialanalyse
KDD	Knowledge Discovery in Databases
KI	Künstliche Intelligenz
KMU	Klein- und Mittelständische Unternehmen
KVP	Kontinuierlicher Verbesserungsprozess
LCD	Liquid Crystal Display
MbO	Management by Objectives

MIS	Mananagement Information System
MK	Methodenkompetenz
ML	Maschinelles Lernen
MOLAP	Multidimension Online Analytical Processing
MP3	meistverwendetes Dateiformat für komprimierte Audiodateien
NASA	National Aeronautics and Space Administration
NLP	Natural Language Processing
OLAP	Online Analytical Processing
PDCA	Plan – Do – Check – Act
PK	Persönlichkeitskompetenz
PLS	Produktions-Lern-System
QFD	Quality Function Deployment
RPZ	Risikoprioritätszahl
RWE	Rheinisch-Westfälische-Elektrizitätswerke
S.	Seite
SK	Sozialkompetenz
SQL	Structure Query Language
Tab.	Tabelle
TQM	Total Quality Management
UGT	Ungewissheitstoleranz
USP	Unique Selling Proposition oder Unique Selling Point
VDE	Verband der Elektrotechnik Elektronik Informationstechnik e. V.
zit.n.	zitiert nach

Abbildungsverzeichnis

Abb. 2.1	Kulturebenen-Modell von E.H. Schein (eigene Darstellung in Anlehnung an Schein, 1995: S. 25)	11
Abb. 3.1	Das Handlungskompetenzmodell. (Quelle: eigene Darstellung)	23
Abb. 3.2	Bedeutung der vier Kompetenzbereiche. (Quelle: eigene Darstellung)	24
Abb. 3.3	Anforderungskatalog – Anforderungsprofil. (Quelle: Nauendorf, 2004: S. 151)	26
Abb. 3.4	Auszug aus dem Anforderungsprofil einer(s) Assistent*in im Qualitätsmanagement. (Quelle: Nauendorf, 2004: S. 152)	27
Abb. 3.5	Beispiel für die Bestimmung des Ausprägungsgrades von Fachkompetenz. (Quelle: Nauendorf, 2004: S. 153)	28
Abb. 3.6	Anforderungs- und Kompetenzprofil als Basis für Maßnahmen zur Personalentwicklung (Quelle: Nauendorf, 2004: S. 155)	28
Abb. 4.1	Zusammenhang zwischen operationalen Phasen und Reaktionsmustern der Betroffenen während der Umsetzung von Innovationen. (Quelle: Nauendorf, 2004: S. 97)	46
Abb. 4.2	Ablauf einer Veränderung (vgl. Nauendorf, 2004: S. 111)	49
Abb. 6.1	In der Praxis beobachteter Verlauf der Umsetzung von Innovationen. (Quelle: Nauendorf, 2004: S. 91)	67
Abb. 6.2	Vergleich der Anforderungsausprägungen: Leiter Qualitätssicherung – Methodenkompetenz	77
Abb. 6.3	Sozialkompetenz (Fortsetzung v. Abb. 6.2)	79
Abb. 6.4	Persönlichkeitskompetenz (Fortsetzung v. Abb. 6.3)	80
Abb. 8.1	Wissen-Qualifikation-Kompetenz. (Quelle: Eigene Darstellung)	98
Abb. 8.2	Wissen – Qualifikation – Kompetenz – Performanz. (Quelle: Eigene Darstellung)	100
Abb. 8.3	Bausteine des Wissensmanagements zur Förderung von Innovationskompetenz. (Quelle: Eigene Darstellung in Anlehnung an Probst & Romhardt, 1998)	102

Abb. 8.4	Operationalisierung der Bausteine eines Wissensmanagements. (Quelle: Eigene Darstellung in Anlehnung an Probst & Romhardt, 1998)	104
Abb. 8.5	Lineare vs. vernetzte Beziehungen innerhalb von Arbeitsgruppen. (Quelle: Eigene Darstellung)	105
Abb. 8.6	Ishikawa-Diagramm: Einflussfaktoren auf einen Geschäftsprozess. (Quelle: Eigene Darstellung)	107
Abb. 8.7	Wissensbasis im Innovationsmanagement. (Quelle: Eigene Darstellung in Anlehnung an: Gentsch, 2005, S. 9)	109
Abb. 8.8	IT-Komponenten eines arbeitsprozessorientierten Lernsystems	113
Abb. 9.1	Materielle und immaterielle Anreize. (Quelle: Gentsch, 2005)	129
Abb. 10.1	Entwicklungsschritte für die Gesamtmatrix. (Eigene Darstellung)	137
Abb. 10.2	QFD-Formblatt „House of Quality". (Quelle: Kamiske et al. 1994, S. 185)	138
Abb. 10.3	Ausschnitt House of Quality (HoQ): Fallbeispiel „Material für eine Regenjacke"	143
Abb. 10.4	Die einzelnen Phasen des Benchmarking-Prozesses. (Quelle: Eigene Darstellung)	145
Abb. 10.5	Schritte der Durchführung einer FMEA. (Quelle: Eigene Darstellung)	150
Abb. 10.6	Beispiel eines FMEA-Formblatts	151
Abb. 10.7	Zusammenhang zwischen Belastungsquellen und Fehlern. (Quelle: Eigene Darstellung in Anlehnung an Algederi & Frieling, 2001, S. 12)	155
Abb 10.8	Modell der handlungsorientierten Fehlerklassifikation. (Quelle: Eigene Darstellung in Anlehnung an: Algederi & Frieling, 2001, S. 22)	156
Abb. 10.9	Die drei Segmente von Kaizen. (Quelle: Eigene Darstellung in Anlehnung an Imai, 1996, S. 111)	157
Abb. 10.10	Der PDCA-Zyklus. (Quelle: Eigene Darstellung in Anlehnung an Imai, 1996, S. 87)	158
Abb 10.11	Zusammenwirken der sieben Managementwerkzeuge im PDCA-Zyklus. (Quelle: Eigene Darstellung)	160
Abb 10.12	Vorgehensweise beim managementorientierten Kaizen	161
Abb 10.13	Unterschiedliche Facetten von Business Intelligence. (Eigene Darstellung in Anlehnung an Gluchowski, 2001, S. 7)	165
Abb. 10.14	OLAP-Datenwürfel. (Eigene Darstellung)	169
Abb. 10.15	Slicing & Dicing. (Quelle: www.jedox.com/de/blog/was-ist-olap)	170
Abb 10.16	Prozess für eine typische Textanalyse. (Eigene Darstellung)	174
Abb. 10.17	Einordnung der Instrumente des Business Intelligence. (Quelle: Eigene Darstellung)	177

Abb. 11.1	Das Modell auf seinen tragenden Säulen. (Quelle: Eigene Darstellung)	184
Abb. 11.2	Horizontales Zusammenspiel der Basiskomponenten Ungewissheitstoleranz, Wissen und Vertrauen. (Quelle: Eigene Darstellung)	185
Abb. 11.3	Das zirkuläre Zusammenspiel der drei Beziehungsebenen Individuum, Gruppe und Sache. (Quelle: Eigene Darstellung)	186
Abb. 11.4	Die Innovationsspirale als bildliche Darstellung des Modells. (Quelle: Eigene Darstellung)	187
Abb. 11.5	Struktur der Beziehungen. (Quelle: Eigene Darstellung)	187

Tabellenverzeichnis

Tab. 2.1	Checkliste zur Gestaltung einer innovationsfördernden Unternehmenskultur. (Legende: 6 = stimmt genau, 5 = stimmt weitgehend, 4 = stimmt ein wenig, 3 = stimmt eher nicht, 2 = stimmt weitgehend nicht, 1 = stimmt überhaupt nicht)	17
Tab. 3.1	Innovationskompetenzmodell. (Quelle: Eigene Darstellung)	31
Tab. 3.2	Auswertungsschema IKA. (Eigene Darstellung)	39
Tab. 3.3	Kritische Werte der Innovationskompetenzanalyse. (Quelle: Dreesmann & Kraemer-Fieger, 1994, S. 331)	40
Tab. 6.1	Die Items der Ungewissheitstoleranzskala. (Quelle: Dalbert, 1999, Anhang).	70
Tab. 6.2	Auswahl von Bewerbern mit einer höheren UGT (Gruppe 1) bzw. niedrigeren UGT (Gruppe 2) durch Vergleich der Skalen-Mittelwerte ($n=101$, $M=3{,}36$, $SD=0{,}86$) (Quelle: Eigene Erhebungen)	74
Tab. 6.3	Getroffene Bewerberauswahl (2 Gruppen zu je 20 Bewerbern)	75
Tab. 6.4	Item-Mittelwerte und Standardabweichungen	76
Tab. 7.1	Auszug aus einem ausgewählten Anforderungsprofil für Führungskräfte in Innovationsprozessen	93
Tab. 9.1	Anforderungen an ein Anreizsystem.	122
Tab. 9.2	Bereitschaft zur Wissensteilung für diverse Kommunikationswege. . . .	130
Tab. 10.1	Beziehungsmatrix im HoQ (Ausschnitt). (Quelle: Eigene Darstellung).	139
Tab. 10.2	Fehleraussagen bestimmter Bewertungskombinationen (vgl. Pfeifer, 1989, F3 S. 1163).	153
Tab. 11.1	Maßnahmen zur Reduzierung und Vermeidung von Ungewissheitstoleranz-Widerständen.	188
Tab. 11.2	Maßnahmen zur Reduzierung und Vermeidung von Widerständen aufgrund mangelnden Vertrauens.	189
Tab. 11.3	Maßnahmen zur Reduzierung und Vermeidung von Widerständen aufgrund mangelnden Wissens	190

Tab. 11.4	Vorschläge von Maßnahmen in der Integrationsphase neuer Mitarbeiter.	192
Tab. 11.5	Maßnahmen in der Entwicklungsphase von Mitarbeitern	194
Tab. 11.6	Maßnahmen während der Kommunikations- und Interaktionsphasen	195

Innovationspolitik 1

> **Zusammenfassung**
>
> Innovation ist in den letzten Jahren zu einem Dauerthema geworden. Mit Analysen, Kooperationen, Fusionen, Restrukturierungsmaßnahmen, Förderprogrammen und Bündnissen im gesellschaftlichen Bereich hoffen Unternehmer, Wissenschaftler und Politiker, Innovationssprünge zu schaffen. Allerdings droht der Innovationsbegriff zu einer modischen Worthülse ohne orientierenden Zusammenhang zu werden. Nicht selten entsteht der Eindruck, dass „das Gerede über Innovationsmanagement zur Ersatzhandlung für echte Innovation geworden ist" (vgl. Staudt 2002, S. 177). Ein rohstoffarmes Land lebt von dem, was in den Köpfen der Menschen entsteht. Je mehr Menschen und Unternehmen sich an der Suche nach neuen Möglichkeiten beteiligen, desto größer ist die Überlebenskraft der Gesamtwirtschaft. Ausgehend von einem erweiterten, über die technisch-ökonomische Betrachtung hinausgehenden Innovationsbegriff ist ein Strategiewechsel in der staatlichen und unternehmerischen Innovationspolitik notwendig. In diesem Kapitel soll die notwendige Neuorientierung von Innovationspolitik erläutert und bei den Lernenden ein politisches Bewusstsein erzeugt werden, damit Innovationspolitik ins Zentrum gesellschaftlicher Diskussion rückt und nicht nur ein Thema einiger Spezialisten bleibt. Denn nur durch das Setzen neuer Prioritäten wird eine konsequente Innovationspolitik ermöglicht.

1.1 Innovationsdruck

In der heutigen Wissens- und Informationsgesellschaft sind Innovationen als elementar für die wirtschaftliche Entwicklung anzusehen. Die Marktgröße und die Bereitschaft des Marktes, Neuerungen anzunehmen, haben dabei einen wesentlichen Einfluss auf die Generierung und Verbreitung von Innovationen. Aber: Neben Fehlsteuerungen in der Bildungs-, Forschungs- und Technologiepolitik sind es in den Unternehmen weit verbreitete Fehlentwicklungen bei der Gestaltung von Arbeit, Arbeitsorganisation und Unternehmenskultur, die dazu beitragen, dass vielfältige Chancen einer kontinuierlichen Weiterentwicklung nicht genutzt und notwendige Veränderungsprozesse nur sehr schwerfällig vollzogen werden oder überhaupt nicht stattfinden. Nicht die Betrachtung der an der Veränderung beteiligten Menschen steht im Vordergrund, sondern Themen und Handlungsempfehlungen auf volks- bzw. betriebswirtschaftlicher Ebene. Bei diesem Vorgehen und bei der Analyse und dem Vergleich mit anderen z. T. auch erfolgreicheren Ländern gerät nicht nur der Unternehmer, sondern eine ganze Gesellschaft unter Innovationsdruck. Um dem wachsenden Innovationsdruck auch unter den künftigen Bedingungen einer zunehmend wissensbasierten Wirtschaft standhalten zu können, sind grundlegende Änderungen in der Art und Weise, wie Unternehmen geführt werden, unumgänglich. Politische Maßnahmen mit dem Ziel einer nachhaltigen Verbesserung der Nutzung von Mitarbeiterressourcen und somit auch Veränderungen in der jeweiligen Beschäftigungssituation müssen deshalb vorrangig in den Unternehmen ansetzen. Bei Erfolgen wird sich auch die gesellschaftspolitische Dimension entspannen.

1.2 Innovation und Arbeitswelt

Die Geschichte früherer Innovationsinitiativen zeigt, dass diese im Großen und Ganzen nicht die Wirkungen hatten, die man sich anfänglich von ihnen erhoffte. Zwar wurde und wird bei uns vielfach und vielfältig über Innovation geredet, wirkliche Veränderungen finden aber vergleichsweise selten statt.

Vier Zahlen zum Innovationsgeschehen in Deutschland
- 75,8 Mrd. EUR investierten Unternehmen in Deutschland 2019 in interne Forschung und Entwicklung.
- 176,9 Mrd. EUR gaben Unternehmen 2019 insgesamt für Innovationen in Produkte, Dienstleistungen und Prozesse aus.
- 3,18 % des deutschen Bruttoinlandsprodukts flossen 2019 in Forschung und Entwicklung.
- 181.700 Unternehmen in Deutschland bringen kontinuierlich Innovationen hervor.

(Quelle: Bundesministerium für Wirtschaft und Klimaschutz 2021).
Internationale Vergleichsuntersuchungen lassen inzwischen eine deutliche Innovationsschwäche in Deutschland erkennen, deren Wurzeln in die siebziger Jahre zurückreichen und mittlerweile zu einem „Druck" geworden ist. Die Fokussierung auf die Kosten als Wettbewerbsfaktor führt die politische Debatte eher in die Irre. Deutschland hat weniger ein Kosten- als ein Innovationsproblem. Exportorientierte, rohstoffarme Hochlohnländer können ihr Wohlstandsniveau nur so lange halten, wie sie in der Lage

1.2 Innovation und Arbeitswelt

sind, innovative Produkte und Dienstleistungen mit Alleinstellungsmerkmalen anzubieten, die andere Länder noch nicht herstellen können, aber benötigen. Hingegen führt der Versuch eines reinen Kostenwettbewerbs mit den aufsteigenden Ländern früher oder später in eine Sackgasse.

Der Druck zur Produktivitätssteigerung macht heute vor keiner Branche halt. Ob produzierendes Gewerbe oder Dienstleistungswirtschaft, es gibt kaum Unternehmen, in denen nicht nach Wegen gesucht wird, weniger verschwenderisch mit knappen Ressourcen umzugehen und die Effizienz der Leistungsprozesse zu erhöhen. Die Anfang 2013 vom Institut für angewandte Innovationsforschung durchgeführte, branchenübergreifende Befragung führt zu dem wenig überraschenden Befund, dass Produktivitätssteigerungen in nahezu allen Branchen von besonderer Relevanz sind (Kriegesmann [Hrsg.], 2013). Mehr als 85 % der Sachgüterhersteller und über 75 % der Befragten aus den Dienstleistungssektoren geben an, dass Produktivitätssteigerungen in ihrer Branche wichtig oder sogar besonders wichtig sind. Vielen Unternehmen ist es bisher jedoch nur unzureichend gelungen, ihre Mitarbeiter zu befähigen und zu motivieren, eigeninitiativ kontinuierliche Verbesserungsprozesse voranzutreiben und die Produktivität durch das Vermeiden unnötiger Verschwendung zu erhöhen.

In den meisten Betrieben beteiligen sich nur wenige an Initiativen zum verschwendungsarmen Arbeiten. Produktivitätsgewinne werden oftmals erst in Krisensituationen durch Einschnitte im Bereich der Mitarbeitenden z. B. Mehrarbeit erzielt. Gleichwohl konzentrieren sich in deutschen Unternehmen die Innovationsanstrengungen auf traditionelle Märkte und Technikfelder und dort vor allem auf Verbesserungs- und Prozessinnovationen. Hingegen sind Produktinnovationen für eine Entwicklung völlig neuer Geschäftsfelder vergleichsweise rar. Langzeitstudien lassen erkennen, dass hiesige Manager seit etwa Mitte der 70er Jahre beim Thema Innovation verstärkt auf Nummer sicher gehen und Durchbruchsinnovationen eher als Risiken, denn als Chancen betrachten. Auch deshalb ist Deutschland auf einer Reihe von Wachstumsmärkten und Zukunftsfeldern wie Informationstechnik und zugehörigen wissensintensiven Dienstleistungen kaum noch vertreten. Da wir bei den besonders forschungsintensiven Gütern Weltmarktanteile verlieren, ist Deutschland laut Bundesbank inzwischen sogar zum Netto-Technologieimporteur geworden. Die Industriezweige, die noch heute das Rückgrat der deutschen Wirtschaft bilden – Automobil- und Maschinenbau, Elektrotechnik, Chemie – gründen sich im Kern auf Durchbruchsinnovationen des ausgehenden 19. Jahrhunderts.

Eine Innovation, also eine neue Technologie, ein neues Produkt oder eine neue Dienstleistung ist das Ergebnis eines zumeist langen Prozesses. Ob die Innovation letztlich erfolgreich ist oder nicht, hängt von der Gestaltung und von dem Verlauf dieses komplexen sozialen Prozesses ab. Dieser Prozess hat auch einen anderen Namen: Arbeit. Mit anderen Worten: Die Qualität und Gestaltung der Arbeit ist letztlich entscheidend für den Erfolg von Innovationen. Zahllose Untersuchungen bestätigen diesen Zusammenhang: Wann und wo immer man erfolgreiche und weniger erfolgreiche Unternehmen einer Branche genauer unter die Lupe nimmt, stellt man früher oder später fest: Die entscheidenden Unterschiede liegen bei der jeweiligen Gestaltung von Arbeitsstrukturen und -prozessen. Beim Stichwort „Innovation" denken viele Menschen an neue, hochtechnisierte Produkte oder anspruchsvolle Verfahren. Das gehört auch zur Innovation – Produkte und Verfahren sind wichtige Ergebnisse von innovativem Denken, aber vor diesen Ergebnissen steht jeweils ein komplexer Innovationsprozess, und wer mehr Innovation will, tut gut daran, sein Augenmerk auf diese Prozesse und auf die daran beteiligten Menschen zu richten. Innovationen sind nicht planbar wie Straßen: Haben wir es nicht oft genug erlebt, dass Innovationen gerade nicht in den Feldern entstanden sind, wo mit viel Aufwand und Geld Bahnbrechendes angekündigt wurde, sondern an Stellen, wo man sie gerade nicht erwartet hat?

Sowohl bei der Entwicklung als auch bei der Vermarktung von Innovation spielen menschliche Kenntnisse, Fähigkeiten, Erwartungen, Bedürfnisse, Wertesysteme und Ähnliches eine Schlüsselrolle. Innovationsdebatten, die sich vorwiegend um das technologische Endprodukt und dessen Förderung drehen, führen schon vom Ansatz her in die Irre. Denn hierbei handelt es sich letztlich um eine Art von planwirtschaftlichem Ansatz, da man ja nur Technologien fördert, die bereits bekannt sind. Innovationen sind aber nun einmal qua Definition das Neue, das Unbekannte – Innovationen sind nicht aus bekanntem Wissen ableitbar und nicht systematisch planbar. Tatsächlich trägt die Förderung von bereits Bekanntem vielfach dazu bei, dass das wirklich Neue sogar noch später entsteht, weil viele Forscher lieber nach den Subventionstöpfen schielen als sich auf unbekanntes Terrain zu wagen. Weil die klassische Industrie- und Technologiepolitik sich der Förderung von bereits Bekanntem widmet, wirkt sie de facto sogar innovationsbehindernd und strukturkonservierend.

Wir erleben derzeit, wohin uns diese Art von Subventionspolitik geführt hat: in eine Sackgasse mit ständig steigendem Fachkräftemangel. Sackgassen kann man nicht verlassen, indem man stärker aufs Gas tritt, sondern indem man die bisherige Politik zugunsten einer neuen Richtung aufgibt. Die Frage lautet also: Wie kann man eigentlich die Entstehung von neuem, von bislang Unbekanntem fördern? Will man erfolgreich Innovationen fördern, muss man die Voraussetzungen hierfür verbessern. Das sind der Nährboden und das Klima, in dem Innovationen entstehen – also die menschlichen Potenziale und die Umgebung, in der diese Potenziale zur Entfaltung kommen: die Arbeitswelt.

1.3 Innovationsschwächen

Die Innovationsschwäche resultiert im Wesentlichen aus häufig auftretenden Defiziten in den Unternehmen bei sozialen, organisatorischen und unternehmenskulturellen Faktoren. Anachronistische Managementkonzepte, dysfunktionale Organisationsformen und nicht zuletzt eine in Deutschland besonders perfektionierte, noch von früher Industrieära und Massenproduktion geprägte Unternehmenskultur behindern oder verhindern vielfach eine Umsetzung von Ideen und Erfindungen zu Innovationen. Das kann man am besten daran erkennen, wenn man einmal die Geschichte von Erfindungen verfolgt, die hier in Deutschland geboren wurden und die dann aber in ganz anderen Ländern aufgegriffen und erfolgreich zu innovativen Produkten und zum Teil zu völlig neuen Märkten weiterentwickelt wurden. Um hier nur einmal ein paar Beispiele aus dem Bereich der Elektronik/Informationstechnik zu nennen: Vom Computer über den Mikroprozessor, von der Tintenstrahldrucktechnik über das Telefax, den Walkman und die LCD-Bildschirmtechnik bis hin zur MP3-Technologie – das alles sind Erfindungen, die ursprünglich aus deutschen Unternehmen und Labors stammen, das alles sind heute Multimilliardenmärkte und Basis vieler neuer Arbeitsplätze, die aber allesamt kaum in Deutschland, sondern insbesondere in den USA und Asien für das Entstehen unzähliger neuer Unternehmen und dort für Prosperität gesorgt haben. Diese Liste von bei uns nicht umgesetzten Erfindungen ließe sich fast beliebig verlängern. Woran liegt es aber, dass gute Ideen und Erfindungen bei uns so oft keine Chancen bekommen? Auf einen einfachen Nenner gebracht: Es liegt daran, dass in deutschen Unternehmen die vorherrschende Organisationsform noch immer die funktionelle Hierarchie ist, also eine Gliederung in Funktionsbereiche plus Machtpyramide, in der zwischen Entscheidungsträgern und Ausführenden unterschieden wird. In deutschen Unternehmen haben sich die ursprünglich aus Feudalismus und Militär abstammenden Organisationsstrukturen und Kulturen der Industriegesellschaft hartnäckig gehalten („Oben Würdenträger, unten Innovationsträger und dazwischen Bedenkenträger"). In solchen Strukturen werden innovative Ideen häufig im Kompetenz- und Machtgerangel von Abteilungen zerrieben, sie werden als Bedrohung empfunden, weil neues Wissen stets altes Wissen und damit bestehende Machtverhältnisse und Privilegien gefährdet. In Hierarchien richtet sich die Loyalität mehr auf den jeweiligen Vorgesetzten statt auf die Organisation als Ganzes, deshalb fördern sie nun einmal Anpassung und Opportunismus, also das exakte Gegenteil von Innovation.

1.4 Umsetzungsempfehlungen und Perspektiven

Der Engpassfaktor im Innovationsprozess ist die personengebundene und die organisatorische Kompetenz. Eine Restrukturierung der Innovationspolitik muss hier ansetzen und vor allem neue Formen einer integrierten Personal- und Organisationsentwicklung fördern. Um dem wachsenden Innovationsdruck auch unter den Bedingungen der zunehmend wissensbasierten Wirtschaft erfolgreich standhalten zu können, sind grundlegende Änderungen in der Art und Weise, wie Unternehmen geführt werden, unumgänglich. Arbeitsprozesse müssen so gestaltet sein, dass die Menschen ihre Fähigkeiten, ihr Wissen, ihre Erfahrungen und nicht zuletzt ihre innovativen Potenziale und Ideen möglichst ungehindert entfalten und gleichzeitig ihre Arbeit mit dem übrigen Leben in Einklang bringen können. Dies kann auch helfen, demografische Probleme zu entschärfen und die Abwanderung von Spitzentalenten in Länder mit attraktiveren Arbeitsbedingungen zu bremsen. Statt Gleichklang und Einheitslösungen brauchen wir in den Unternehmen eine Kultur der Vielfalt, in der unterschiedliche Wertvorstellungen,

Verhaltensweisen, Erfahrungen, Traditionen und Ansichten den Nährboden für innovative Ideen bilden. Wo es gelingt, jugendliche Ideenfülle auf fruchtbare Weise mit dem gewachsenen Erfahrungswissen Älterer zu kombinieren, stehen die Chancen gut, dass die hieraus entstehenden Innovationen auch tatsächlich von der Gesellschaft angenommen werden und am Markt erfolgreich sind. Ohne ihre konsequent auf die Mitarbeiterpotenziale abzielende Innovationspolitik und die flächendeckenden Programme zur Einführung innovativer Arbeitsformen wäre beispielsweise die positive wirtschaftliche Dynamik einiger skandinavischen Länder und ihre drastische Reduktion der Arbeitslosigkeit nicht zu erreichen gewesen. Forschungs- und Technologiepolitik muss sich, wie andere relevante Politikbereiche auch, von der Vorstellung eines linearen und technischen Innovationsprozesses verabschieden und sich stattdessen auf der Grundlage eines erweiterten Innovationsbegriffs auf die Förderung der Voraussetzungen für Innovation konzentrieren. Inzwischen schlägt auch die Europäische Kommission eine grundlegende Neuorientierung in Gestalt einer Innovationspolitik der dritten Generation vor. Statt der vielfach erfolglosen Subventionierung technischer Entwicklungen sollen künftig stärker auch soziale, organisatorische und kulturelle Innovationen auf die Unternehmensebene befördert werden, die nun einmal Voraussetzung für erfolgreiche technische Innovation sind.

Eine innovative Umgestaltung der Arbeitswelt ist nachhaltig wirksame Beschäftigungspolitik, weil hierbei am Kern des Problems angesetzt wird. Es klingt banal: Der Mensch ist und bleibt die einzige Quelle von Innovation. Doch kaum etwas wird bei uns so sehr ignoriert und vernachlässigt wie diese schlichte Tatsache. Politik, die zukunftsfähig machen will, muss sich verstärkt mit der Gestaltung von Arbeitsprozessen auf der Unternehmensebene befassen, denn hier liegen viele besonders hartnäckige Probleme, die es zu lösen gilt. Nach wie vor ist der weitaus größte Teil von Erwerbsarbeit so gestaltet, dass die Beschäftigten darin nur einen Bruchteil ihrer Potenziale und Fähigkeiten einbringen können und dürfen. Die Folgen sind bekannt: Demotivation, mangelndes Engagement, arbeitsbedingte Erkrankungen und frühzeitiges Ausscheiden aus dem Erwerbsleben. Dies alles bringt volkswirtschaftliche Verluste mit sich, die Jahr für Jahr in der Größenordnung des Bundeshaushaltes liegen. Ohne Zweifel ist Bildung der wichtigste Faktor, wenn es darum geht, Herausforderungen der Zukunft erfolgreich bewältigen zu können. Aber Bildung allein reicht nicht. Die Menschen sollten ihr Wissen und ihre Fähigkeiten auch anwenden können und dürfen, dazu muss die Arbeitswelt vielerorts noch gründlich umgestaltet werden. Dazu abschließend vier Thesen:

> **Übersicht**
> 1. Die Innovationsbereitschaft von Unternehmen hängt nicht nur von den objektiven Voraussetzungen ab, sondern von dem Willen, das Neue zu realisieren.
> 2. Innovationen entstehen fast immer an den „Rändern" und nicht im Mainstream der Unternehmen.

> 3. Innovationspolitik muss sich darauf konzentrieren, die Hindernisse zu beseitigen, die üblicherweise das Entstehen von Innovationen behindern oder verhindern.
> 4. Innovation bedeutet vor allem, etwas anderes als bisher zu machen. Darum haben Innovationen es innerhalb alter Strukturen so schwer.

1.5 Ihr Lernerfolg aus diesem Kapitel

Dieses Kapitel dient dazu, Sie für die Thematik der Innovationskompetenz zu sensibilisieren. Nach der Bearbeitung des Textes und der vertiefenden Aufgaben sollten Sie folgende Lernziele erreicht haben:

- Schlussfolgerungen aus der derzeitigen wirtschaftlichen und politischen Situation ziehen können und im Kontext notwendiger Innovationskraft reflektieren.
- Eine kritische Würdigung unserer bisherigen Innovationserfolge anstellen.
- Den Zusammenhang zwischen Innovation und Rahmenbedingungen der Wirtschaft und Politik darstellen.
- Eigene Gedanken zur Stärkung der Innovationskraft von Unternehmen entwickeln.
- Die Notwendigkeit von Innovationen begründen können.
- Den Zusammenhang zwischen Innovationen und Unternehmenserfolg diskutieren.
- Das Auftreten von Widerständen bei dem Versuch der Umsetzung von Innovationen als Realität begreifen.

1.6 Übungsaufgaben zu diesem Kapitel

Aufgabe 1
Was sind die Voraussetzungen für Innovation?

Aufgabe 2
Welche Faktoren fördern Innovation, welche behindern sie?

Aufgabe 3
Wodurch unterscheiden sich innovative, erfolgreiche Unternehmen von weniger innovativen, weniger erfolgreichen Unternehmen?

Aufgabe 4

Wie kann die Innovationsfähigkeit der Unternehmen und der sonstigen Institutionen sowie der Gesellschaft insgesamt wirksam gesteigert werden?

Aufgabe 5

Welche Arten von Innovationen sind aus wirtschaftlicher, sozialer, ökologischer und kultureller Perspektive zu bevorzugen, welche sind weniger erstrebenswert?

Literatur

Kriegesmann, B. (Hrsg.). (2013). *Vertrauensorientiertes Changemanagement: Gestaltungsideen für nachhaltigen Wandel in Organisationen.* Institut für angewandte Innovationsforschung, Ruhruniversität Bochum

Staudt, E., et al. (2002). *Kompetenzentwicklung und Innovation: Die Rolle der Kompetenz für Organisations-, Unternehmens- und Regionalentwicklung* (edition QUEM, Bd. 14). Waxmann

Innovationskultur 2

Zusammenfassung

Innovation ist kein technischer Vorgang, sondern ein komplexer sozialer Prozess, in dem ökonomische Interessen, gesellschaftliche und betriebliche Kräfteverhältnisse, kulturelle Normen und Wertevorstellungen und andere sogenannte „weiche Faktoren" die entscheidende Rolle spielen. Sowohl bei der Entwicklung als auch bei der Vermarktung von Innovation spielen menschliche Kenntnisse, Fähigkeiten, Erwartungen, Bedürfnisse, Wertesysteme und Ähnliches eine Schlüsselrolle. Erste Priorität gebührt deshalb der Schaffung einer Innovationskultur in Unternehmen und Verwaltungen, in Hochschulen und „Denkfabriken". Innovation entsteht nicht unter Dauerdruck, sie entsteht nicht in einem Klima der Angst, und auch nicht in einem durch und durch auf Effizienz getrimmten Unternehmen, in dem die letzten verbleibenden Minuten als Effizienzreserven „ausgepresst" werden: Menschen brauchen Freiräume, um innovativ und erfindungsreich zu sein. Wenn wir die Kreativität nicht nur fordern, sondern auch fördern wollen, müssen wir Innovationskulturen fördern und sie gegen kurzsichtige Quartalsorientierung börsennotierter Unternehmen verteidigen. In diesem Kapitel sollen Sie die Merkmale, die Bedeutung und die Notwendigkeit einer innovationsfördernden Unternehmenskultur kennenlernen. Sie sollen sich mit den Möglichkeiten zur Veränderung der Innovationskultur auseinandersetzen und sehen, welche Vorgehensweise zur Innovationskulturentwicklung sinnvoll ist. Die Innovationskultur ist die Fähigkeit eines Unternehmens, die individuelle Kreativität der Beschäftigten durch die Schaffung sozialer Umgebungen auszuschöpfen, um Ideen zu entwickeln und Innovationen verschiedener Innovationsgrade umzusetzen. Unter Kreativität wollen wir die Fähigkeit verstehen, Probleme auf unterschiedliche Art und Weise lösen zu können. Von großer Bedeutung ist der Umgang mit Fehlern und Fehlschlägen. Eine ausgeprägte konstruktive Fehlerkultur ist ein wichtiger Aspekt einer innovationsförderlichen Unternehmenskultur. Denn sie trägt zu einem positiven Innovationsklima bei.

2.1 Grundorientierungen von Unternehmenskultur

Seit den 1980er Jahren findet die Unternehmenskultur breites Interesse in Theorie und Praxis, denn man erkannte, dass die Unternehmenskultur einen Beitrag zum wirtschaftlichen Erfolg leisten kann. Zwei Beispiele der Vergangenheit lassen den guten Willen erkennen:

„Wir wollen eine innovationsfreudige und leistungsorientierte Unternehmenskultur fördern." (Bayer AG, 1998, S. 8)

„Wir fordern und fördern Flexibilität und Innovation. Hierfür schaffen wir eine Arbeitsumgebung, die die vielseitigen Eigenschaften unserer Mitarbeiter unterstützt und ein kreatives Arbeiten ermöglicht. ... Dies ist besonders in einem von Technologie bestimmten, sich schnell wandelnden Markt wichtig, ..." (Hewlett Packard GmbH, 2005).

Fasst man alle Definitionen für das „Phänomen" der Unternehmenskultur zusammen, erscheint die von Vahs/Burmester sehr einfach und anschaulich:

„Unter Unternehmenskultur (Firmenkultur, Organisationskultur, Corporate Culture) ist die Gesamtheit der im Laufe der Zeit in einem Unternehmen entstandenen und zu einem bestimmten Zeitpunkt wirksamen Wertvorstellungen, Verhaltensvorschriften (Normen) und Einstellungen zu verstehen." (Vahs & Burmester, 2005, S. 348).

Die Unternehmenskultur prägt somit das Denken, die Entscheidungen, die Handlungen und das Verhalten der Mitarbeiter und Führungskräfte im Inneren des Unternehmens und bestimmt nach außen die Art und Weise der Interaktion zwischen dem Unternehmen und seiner Umwelt.

Das Kulturebenen-Modell des US-amerikanischen Organisationspsychologen Edgar H. Schein (1995) unterscheidet drei Ebenen von Kultur anhand ihrer Sichtbarkeit (Abb. 2.1). Die Essenz von Kultur manifestiert sich laut Schein in ihren Grundprämissen, die unter einer Oberfläche aus Artefakten und betonten Werten verborgen liegen.

Artefakte bezeichnen „sichtbare Strukturen und Prozesse im Unternehmen" (Schein, 1995: S. 30), die zwar leicht zu erkennen, aber schwer zu entschlüsseln seien. Als Beispiele seien hier Raumarchitektur, Kleidung, Sprachstil, Symbole und Rituale genannt. Die bekundeten Werte beinhalten „Strategien, Ziele [und] Philosophie" (Schein, 1995: S. 30) des Unternehmens, die leicht recherchiert, jedoch nur schwerlich entschlüsselt werden können. Leitbilder, Strategiepapiere, ausformulierte Werte und Visionen prägen die Außendarstellung eines Unternehmens, sind jedoch nicht gleichzusetzen mit dem tatsächlichen Verhalten der Gruppenmitglieder. Die Auslebung der bekundeten Werte äußert sich in den Grundprämissen, das heißt in den unbewussten und selbstverständlichen „Anschauungen, Wahrnehmungen, Gedanken und Gefühlen" (Schein, 1995: S. 30) der Gruppenmitglieder. Zum Beispiel sind das Unternehmens-

2.1 Grundorientierungen von Unternehmenskultur

Abb. 2.1 Kulturebenen-Modell von E.H. Schein (eigene Darstellung in Anlehnung an Schein, 1995: S. 25)

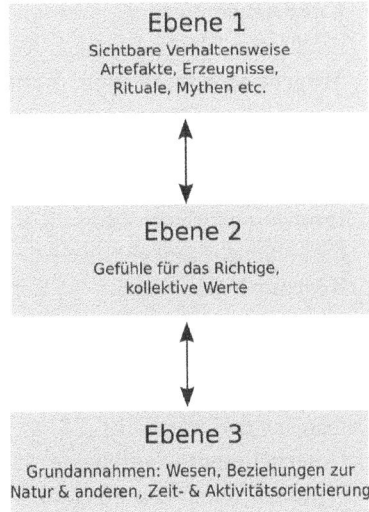

klima, die geteilte Weltanschauung oder vorausgesetzte kognitive Fähigkeiten für Außenstehende wie auch Gruppenmitglieder unsichtbar und können nur selten benannt oder gar entschlüsselt werden. Auch hier ist das Bewusstsein für die Prozesshaftigkeit von Kulturen relevant: Grundprämissen sind meist historisch gewachsen und daher extrem schwer zu verändern (vgl. Schein, 2003: S. 34 f.). Weiterentwicklungen des Kulturebenen-Modells finden sich beispielsweise in der neueren Managementlehre bei Schreyögg und Koch (2020: S. 585–591). Unternehmenskultur ist ein kollektives Phänomen, das den „Geist" eines Unternehmens beschreibt und es in Charakter und Stil unverwechselbar und von anderen unterscheidbar macht. Die Unternehmenskultur führt sozusagen zu einer kollektiven Programmierung menschlichen Denkens. Angesichts der veränderten Rahmenbedingungen durch die zunehmende internationale Ausrichtung der Unternehmen, die Globalisierung der Märkte und den verschärften Wettbewerb kann die Unternehmenskultur einen wesentlichen Beitrag zur Bewältigung des derzeitigen wirtschaftlichen und sozialen Strukturwandels leisten, sie vermittelt nicht nur die unverwechselbare innere und äußere Identität, sondern fungiert auch als Vorbild für die Art des Verhaltens, die von Ihnen in Zukunft erwartet wird. Sie ist mehr oder weniger ein Autopilot für die stillschweigende Kontrolle des sozialen Verhaltens (vgl. Bleicher, 1991, S. 103).

Die verschiedenen Erscheinungsformen von Unternehmenskultur lassen sich in Form von wirtschaftlich relevanten Grundorientierungen zusammenfassen, die die Grundlage für Typologisierungen darstellen. Die Dimensionen können dabei in den unterschiedlichen Unternehmen stärker oder weniger stark ausgeprägt sein. Als besonders bedeutungsvoll können die folgenden Orientierungen angesehen werden:

- **Kundenorientierung.** Wertschätzung des Kunden, Kunden- und Kundenproblemkenntnisse, Kundenkontakte, Kundenbeziehungen.
- **Mitarbeiterorientierung.** Wertschätzung des Mitarbeiters, Vertrauen, Partizipation, Teamwork, Beförderungspraxis. Resultats- und Leistungsorientierung, Zielbewusstsein, Qualität, Einsatzbereitschaft, Arbeitsintensität, Arbeitsmentalität, Aggressivität im Angehen von schwierigen Aufgaben.
- **Innovationsorientierung.** Risikofreudigkeit, Veränderungs- und Lernbereitschaft, Innovationshäufigkeit, Investitionsverhalten, Entscheidungsverhalten, Flexibilität.
- **Kostenorientierung.** Kostenbewusstsein, Kostenbewirtschaftungsprogramme, Kosteneinsparungen.
- **Kommunikationsorientierung.** Internes und externes Informations- und Kommunikationsverhalten, Corporate Identity, Mitwirkungsformen (Vorschlagswesen, Qualitätszirkel).
- **Unternehmensorientierung.** Identifikationsbereitschaft, wirtschaftlicher Konsens, Loyalität, Teamgeist, Toleranz, Konfliktverhalten.
- **Technologieorientierung.** Technologiebewusstsein, technologischer Stand von Einrichtungen und Anlagen, Bedeutung der wissenschaftlichen Basis bei der Leistungserbringung Argumentationsweise/Denkhaltung (intuitiv/rational).

Jedes Unternehmen hat eine Unternehmenskultur, aber die Art und Weise und die Ausprägung der Grundorientierungen bestimmen erst die Eignung für eine innovationsfördernde Unternehmenskultur. Die Herausforderung besteht darin, ein Konzept für eine Kultur der Innovation zu entwickeln, deren stabile Elemente sich aus zeitgemäßen Grundorientierungen ableiten lassen.

2.2 Voraussetzungen für eine innovationsfördernde Unternehmenskultur

Die Fähigkeit der Menschen und Unternehmen in Deutschland Innovationen hervorzubringen, d. h. neues Wissen zu schaffen und dieses in neue, marktfähige Produkte und Dienstleistungen umzusetzen, ist von herausragender Bedeutung für Wachstum, Wettbewerbsfähigkeit und Wohlstand (vgl. DIW, 2006, S. 31). Insbesondere angesichts der Tatsache, dass es heute kaum noch einzelne „geniale Erfinder" sind, die neue Ideen hervorbringen, sondern integrativ arbeitende Spezialisten -Teams, wird die Koordination und die Motivation der beteiligten Personen zu einem wesentlichen Faktor für den Erfolg oder den Misserfolg von Innovationsprozessen (vgl. Kieser, 1986, S. 43). Dazu müssen die Grundorientierungen bzw. deren Ausprägungsgrad der Unternehmenskultur gezielt genutzt und die negativen Effekte soweit wie möglich vermieden werden.

Vertrauen

In einem tayloristisch geprägten Unternehmen mit einer hochgradigen Arbeitsteilung, einer Vielzahl formaler Regelungen, einer Struktur, in der Hand- und Kopfarbeit voneinander getrennt sind, und Führungskräften, die ihre Mitarbeiter durch strikte Weisung und Kontrolle führen, wird kaum eine innovative Kultur entstehen. Um das brachliegende Kreativitäts- und Produktivitätspotenzial wirkungsvoll zu nutzen, ist es unerlässlich, diese „Misstrauensorganisation" durch eine Unternehmenskultur zu ersetzen, in der die Mitarbeitenden eigene Ideen entwickeln, selbstständig handeln und die anstehenden Aufgaben gemeinsam bewältigen. Konkret bedeutet dies, dass die Organisationsmitglieder mit den ihnen übertragenen Aufgaben auch Verantwortung übernehmen und mit ausreichenden formalen Kompetenzen ausgestattet werden. Dadurch werden die Vorgabe und die Kontrolle von Details überflüssig. Die Mitarbeitenden entscheiden und handeln eigenverantwortlich im Rahmen ihrer Befugnisse und der vereinbarten Zielsetzungen. Die Führungskräfte verstehen sich nicht als Kontrolleure, sondern als Impulsgeber und Ideenförderer. Die positiven Wirkungen einer derartigen „Vertrauenskultur" beschränken sich nicht nur auf die soziale Ebene, sondern weisen auch auf der Sachebene funktionale Aspekte auf. Sie bewirken unter anderem

- Kostenvorteile durch die Verringerung des Kontroll- und Steuerungsaufwands,
- Zeitvorteile durch den Wegfall von aufwendigen und langwierigen Verhandlungs- und Abstimmungsprozessen und durch die Verkürzung der Entscheidungswege und eine hohe Einsatzbereitschaft
- und ein ausgeprägtes Verantwortungsbewusstsein auch ohne Prämien oder andere materielle Anreize.

Eng verbunden mit dem Bestehen einer Vertrauensbasis ist die interne und die überbetriebliche Kooperation. Genau genommen besteht zwischen beiden Aspekten eine wechselseitige Beziehung: So ist einerseits Vertrauen die Grundlage für eine funktionierende Zusammenarbeit und andererseits stärkt eine erfolgreiche Kooperation wiederum das Vertrauensverhältnis zwischen den Partnern. Gerade in unternehmensübergreifenden Innovationsprojekten ist das gegenseitige Vertrauen eine Grundvoraussetzung. Nur wenn sich die Innovationspartner sicher sein können, dass die Ergebnisse ihrer Forschungs- und Entwicklungstätigkeit nicht auch Dritten zugänglich gemacht werden, wird die Kooperation überhaupt zustande kommen. Häufig wird deshalb in Randbereichen mit der Zusammenarbeit begonnen. Erst wenn ausreichend positive Erfahrungen vorliegen und das einander entgegengebrachte Vertrauen nicht enttäuscht wurde, erfolgt eine Erweiterung in den sensiblen Bereich der Kernkompetenzen. Ebenfalls eine Voraussetzung für eine innovative Unternehmenskultur stellt Verbindlichkeit dar. Indem Vereinbarungen und Absprachen zwischen den Kooperationspartnern durch vertragliche Regelungen verbindlich gemacht werden, wird eine Kooperation zusätzlich gefestigt. Die fixierten Rechte und Pflichten bilden die Basis für eine dauerhafte und vertrauensvolle Zusammenarbeit und sie tragen mit dazu bei, die Gefahr von Missverständnissen und

Konflikten zu verringern (vgl. Beyer et al., 1995, S. 160). Tatsächlich schreiben Unternehmen mit einer ausgeprägten innovationsfördernden Kultur deren Voraussetzungen explizit fest (z. B. in Form von Unternehmens- und Führungsgrundsätzen). Allerdings sind derartige Beschreibungen der Unternehmenskultur nur dann als verbindlich anzusehen, wenn sich die Mitarbeiterinnen und Mitarbeiter auch im Konfliktfall auf sie berufen können und Verstöße gegen diese „Spielregeln" geahndet werden. In der betrieblichen Praxis dürfte dies eher die Ausnahme als die Regel sein, da Kulturverstöße zumeist nur schwer zu erfassen und nachzuweisen sind. Trotzdem sollten sich kulturbewusste Unternehmen erkennbar darum bemühen, die Verbindlichkeit ihrer kulturellen Regelungen sicherzustellen. Die Kombination der Elemente Vertrauen, Kooperation und Verbindlichkeit schaffen die Voraussetzung für eine innovationsfördernde Innovationskultur.

2.3 Merkmale innovationsfördernder Unternehmenskulturen

In innovativen Unternehmenskulturen ist es unverzichtbar, dass Kreativität und Innovationsfreudigkeit im gelebten Wertesystem einen hohen Stellenwert einnehmen. Diese Wertschätzung äußert sich unter anderem darin, dass die tradierten Mythen und Legenden insbesondere um die Innovationsleistungen und die Helden kreisen, die diese vollbracht haben. In der Unternehmensphilosophie ist die Innovation als ein Grundwert fest verankert. Innovative Leistungen werden durch die Unternehmensleitung für alle sichtbar gewürdigt. Insbesondere dieser Aspekt ist von entscheidender Bedeutung, denn es genügt nicht, Normen und Werte nur zu verbalisieren. Sie müssen vielmehr konsequent praktiziert und gelebt werden, damit sie glaubwürdig sind. Wenn es sich bei den von der Unternehmensleitung aufgestellten Maximen dagegen nur um Worthülsen handelt, die nicht in die Tat umgesetzt werden, so verunsichert dies die Mitarbeiter. Diese Unsicherheit führt zu Widerstand gegenüber jeder Art von Neuerung und Veränderung und wirkt sich damit negativ auf die Innovationsbereitschaft aus. Die Beschäftigten müssen wissen, woran sie sind. Dies gilt gerade und insbesondere dann, wenn es um Neuheiten geht, die mit hohen Risiken verbunden sind und deren Markterfolg keineswegs gewiss ist. Zu dem Faktor Sicherheit gehört auch die Tatsache, dass es innovative Unternehmen vermeiden, infolge von Prozessinnovationen Mitarbeitende zu entlassen. Dadurch werden ebenfalls Widerstände abgebaut und die Innovationsbereitschaft erhöht (vgl. Kieser, 1986, S. 48). Der Aufbau einer innovativen Unternehmenskultur ist nicht kurzfristig möglich, sondern erfordert einen Prozess, der sich über einen langen Zeitraum hinweg vollzieht. Die Kooperationsbereitschaft und das gegenseitige Vertrauen als Basis für eine Innovationskultur müssen langsam wachsen, vor allem dann, wenn die Kultur bisher eher von Misstrauen zwischen den verschiedenen „Parteien" geprägt war. Wirksame Arbeits-, Führungs- und Beteiligungskonzepte, die auf Kooperation statt auf Konfrontation ausgerichtet werden, sind wichtige Erfolgsfaktoren einer innovationsfördernden Unternehmenskultur. Ein engagiertes und verantwortungsvolles Handeln wird insbesondere durch die Beteiligung von Mitarbeitenden an den voraus-

2.3 Merkmale innovationsfördernder Unternehmenskulturen

gegangenen Entscheidungen, durch Freiräume für ein selbstständiges Arbeiten sowie durch eine möglichst hohe Qualifikation und eine umfassende Information unterstützt. Ein partizipatives Management und kooperative Arbeitsformen schaffen zum einen die strukturellen und sozialen Voraussetzungen für eine innovative Arbeitsweise, indem sie das an vielen Stellen im Unternehmen vorhandene Wissen und die Träger dieses Wissens eng miteinander verzahnen; zum anderen zeigen sie den Beschäftigten, dass der Unternehmensführung ernsthaft an einer partnerschaftlichen Zusammenarbeit gelegen ist. Aufgrund der Erkenntnis, dass qualifizierte und informierte Mitarbeitende ein wertvoller Produktionsfaktor sind, investieren innovationsfreudige Unternehmen in besonderem Maße in die Mitarbeiterentwicklung. Eine Möglichkeit bietet das Prinzip der Job-Rotation. Indem die Mitarbeitenden verschiedene Bereiche des Unternehmens kennenlernen, erweitern sie ihre Sachkenntnisse und lernen es, die bereichsspezifischen Probleme besser zu verstehen. Das ist hilfreich, um Bereichsegoismen abzubauen und trägt zu der Bildung von informalen Beziehungsnetzwerken bei, die für die Durchführung von komplexen und interdisziplinären Innovationsvorhaben von großer Bedeutung sind.

Ein weiteres Merkmal von innovationsfördernden Unternehmenskulturen ist die Unterstützung von hoch motivierten und innovativen Personen im Unternehmen. Sie können als eine Art „Innovationspromotor" gesehen werden, der vor Problemen nicht zurückschreckt, sondern stattdessen versucht, auftretende Schwierigkeiten zielstrebig und effizient zu lösen. Auffällig ist es, dass erfolgreiche Unternehmen diese potenziellen Innovationsträger gezielt fördern. Im Gegensatz zu den innovationsfeindlichen Unternehmen sind Informationen in innovativen Unternehmenskulturen kein knappes Gut und werden weder gefiltert noch blockiert. „Information-hiding" und eine „Wissen-ist-Macht"-Einstellung gelten als überholt. Außerdem demotivieren unzureichende Informationen die Mitarbeiter, weil sie sich nicht ernst genommen fühlen, und entziehen ihnen durch eine mangelnde Orientierung die Basis für eine zielgerichtete Aufgabenerfüllung. Es reicht also nicht aus, dass Informationen vorhanden sind – sie müssen auch zugänglich und verwertbar sein. Die Unternehmen mit einer innovativen Kultur sind insbesondere dadurch gekennzeichnet, dass sie über informelle Kommunikationssysteme und eine hohe Kommunikationsdichte verfügen. Sie setzen zusätzliche Hilfsmittel ein, um die Kommunikation zwischen den Beschäftigten noch weiter zu verbessern. So regen die in einer Abteilung angebrachten Informationstafeln über den Stand des Geschäftsverlaufs dazu an, über aktuelle Fragen und Probleme zu diskutieren. Dazu sind aber auch Freiräume für ein eigenständiges Handeln notwendig. Beispielsweise können sie einen Teil ihrer Arbeitszeit für die Entwicklung und die Verwirklichung von erfolgversprechenden Ideen verwenden. Die hierzu erforderlichen Sach-, Finanz- und Personalressourcen werden relativ problemlos zur Verfügung gestellt, was allerdings nicht heißt, dass sie unbegrenzt und unkontrolliert genutzt werden können. Die Aktivitäten der Mitarbeiter sind vielmehr in ein ergebnisorientiertes Evaluierungssystem eingebunden und einem ständigen internen Wettbewerb ausgesetzt. Dadurch haben nur solche Projekte eine Realisierungschance, die einen erfolgversprechenden Beitrag zu den langfristigen Unternehmenszielen erwarten lassen. Eng mit den Freiräumen für ein eigenständiges

Handeln verbunden ist die Toleranz gegenüber Misserfolgen und Fehlschlägen. Deshalb wird auch das Problemlöseverfahren „Trial-and-Error" bewusst zugelassen. Das gilt insbesondere für sehr dynamische Branchen mit sich schnell ändernden Produktanforderungen. Allerdings steigt mit der Anzahl der „Experimente" auch die Zahl der möglichen Fehlschläge. Erfolgreiche Unternehmen kennen diesen Zusammenhang und akzeptieren ihn nicht zuletzt deshalb, weil innovative Projekte immer mit besonderen Risiken verbunden sind. Daher muss ein Unternehmen, das ein innovationsförderndes Klima schaffen will, Misserfolge einkalkulieren und tolerieren. Entscheidend ist dabei, dass ein Fehlschlag nicht negativ, sondern positiv gesehen wird, nämlich als Chance, etwas daraus zu lernen. Insofern ist gerade in innovativen Unternehmen eine Fehler- und Lernkultur ein wesentlicher Bestandteil der Unternehmens- und Innovationskultur (vgl. Bürget et al., 1986, S. 47; Peters & Waterman, 1984, S. 245).

2.4 Innovationskultur in deutschen Unternehmen

Auf die Frage „Welches Land ist innovationsstark?" landet Deutschland, nach Angaben des VDE weit abgeschlagen unter „ferner liefen". In Deutschland sagten 40 % Japan sei es, 21 % hielten die USA und Südostasien dafür und nur 6 % das eigene Land. In Frankreich sprachen sich für Deutschland nur 2 % und in den USA gerade mal 4 % aus (vgl. Szyperski, 2005).

Wie kommt diese Zeitsicht zustande? Als Erklärungsversuch sollen drei Thesen dienen:

These 1: Wir haben eine emotionale Innovationsschwäche und zugleich einen sehr erfolgreichen Drang zur Perfektion.

Im internationalen Vergleich wird das Profil deutscher Entwicklungskompetenz folgendermaßen bewertet: Innovation, als nachhaltige Durchsetzung am und im Markt: 2 Sterne. Erfindung und Entwicklung neuer Konzepte bis hin zum Prototyping: 4 Sterne und Perfektion: 5 Sterne. damit wird deutlich, dass wir bei vielen guten Erfindungen uns schwertun, radikal neue Produkte selbstständig am Weltmarkt durchzusetzen. Daraus entwickelt sich ein zentrales wirtschaftliches Problem für Deutschland, denn wir sind davon abhängig, dass wir Chancen für eine Perfektionierung geboten bekommen. Solche Chancen sind jedoch rar, denn warum sollten andere Länder es zulassen, dass wir zu einem relativ späten Zeitpunkt des Produkt- bzw. Technologielebenszyklus anfangen, zu perfektionieren? Dem asiatischen Wirtschaftsraum gelingt das jedenfalls ständig besser.

These 2: Unsere Binnenmärkte zeichnen sich dadurch aus, dass sie sich sehr konservativ verhalten.

Die ersten Referenzen holen sich deutsche innovative Unternehmen oft erst im internationalen Markt, um dann hier auch eine „Chance" zu bekommen.

These 3: Es fehlt der Mut zur internationalen System-Führerschaft.

2.4 Innovationskultur in deutschen Unternehmen

Unsere geschichtlich politischen Strukturen lassen keine internationalen Konzepte (s. a. ARIANE, Airbus, GALILEO) zu, weil schon die „Streitereien" zwischen den Ministerien eine systemisch orientierte Entwicklung verhindern.

Vor dem Hintergrund der in den drei Thesen geschilderten Bedingungen müssen wir uns die Frage stellen, ob das uns betreffende Umfeld überhaupt noch in der Lage ist, den immer wiederkehrenden Appellen der Politiker nach „Innovationsoffensiven", „Zukunftsinvestitionen" und „Zukunftsprozessen" Folge zu leisten. Es geht m. E. nur dann, wenn jedem bekannt ist, dass Innovationen sich nur dann entfalten können, wenn bestehende Strukturen und tradiertes Wissen infrage gestellt werden und geklärt ist, welche Bereiche im Kräftedreieck zwischen Politik, Wirtschaft und den normativen Ansprüchen und dem Verhalten der Menschen reguliert werden müssen und welche weitgehend unreguliert und offenbleiben sollten. Inwieweit die Unternehmenskultur es zulässt, dass sich darin auch eine Innovationskultur entwickeln kann, ist überprüfbar. Die in Tab. 2.1 vorgestellte „Checkliste zur Gestaltung einer innovatonsfördernden Unternehmenskultur" ist ein Instrument zur Einschätzung der möglichen Chancen.

Tab. 2.1 Checkliste zur Gestaltung einer innovationsfördernden Unternehmenskultur. (Legende: 6 = stimmt genau, 5 = stimmt weitgehend, 4 = stimmt ein wenig, 3 = stimmt eher nicht, 2 = stimmt weitgehend nicht, 1 = stimmt überhaupt nicht)

Bewertungskriterien	1	2	3	4	5	6
Im Unternehmensleitbild sind die Veränderungsbereitschaft und eine innovative Grundhaltung explizit verankert						
Die Unternehmensgrundsätze werden von der Unternehmensführung vorgelebt						
Die Unternehmensgrundsätze sind verbindlich für alle Mitarbeiter und Verstöße gegen sie werden entsprechend geahndet						
Innovatives Verhalten wird genauso belohnt wie ein positives Ergebnis						
Den innovativen Mitarbeitern wird genügend Freiraum zugestanden						
Fehler und Misserfolge werden bei der Innovationstätigkeit toleriert						
Die Tätigkeiten und Verhaltensweisen der Mitarbeiter werden durch Richtlinien und Regeln vorgeschrieben						
Für die Mitarbeiter ist es sehr schwer, Ressourcen zur Umsetzung von innovativen Problemlösungen zu erhalten						
Die Zusammenarbeit zwischen den verschiedenen Funktionen und Bereichen im Unternehmen ist sehr intensiv						
Es gibt Gesprächskreise, Stammtische, Pausenecken oder sonstige Mittel der informalen Kommunikation						
Auf die Weiterbildung der Mitarbeiter wird viel Wert gelegt						
Die Mitarbeiter werden durch gezielte Maßnahmen weiterqualifiziert						

(Fortsetzung)

Tab. 2.1 (Fortsetzung)

Bewertungskriterien	1	2	3	4	5	6
Die Mitarbeiter werden durch Job Rotation o. Ä. weiterqualifiziert						
Das Unternehmen besitzt eine flache Hierarchie						
Mitarbeiterbeteiligungsmodelle werden im Unternehmen zur Erhöhung der Motivation eingesetzt						
Flexible Arbeitszeitmodelle dienen dazu, die Produktivität des Unternehmens zu erhöhen						
Diese Methoden werden schon sehr lange bei uns angewendet						
Die Mitarbeiter werden über die Unternehmensziele und -abläufe sowie über die laufenden Projekte und deren Ergebnisse informiert						
Diese Informationen sind leicht zugänglich						
Veränderungen werden von der Unternehmensführung von oben durchgesetzt						
Veränderungen werden mit Mitarbeitern aus unterschiedlichen Hierarchieebenen gemeinsam erarbeitet						
Konflikte und Probleme werden offen diskutiert						
Die bestehende Unternehmenskultur wird durch Workshops, Gespräche, Diskussionen und Mitarbeiterbefragungen laufend analysiert und auf ihre innovative Ausrichtung hin überprüft						

2.5 Ihr Lernerfolg aus diesem Kapitel

Dieses Kapitel dient dazu, Sie mit dem Begriff der Innovationskultur zu konfrontieren und Ihnen verschiedene Möglichkeiten der Beeinflussung und Entwicklung der Unternehmenskultur hin zu einer nutzbaren Innovationskultur aufzuzeigen. Nach der Bearbeitung des Textes und der vertiefenden Aufgaben sollten Sie folgende Lernziele erreicht haben:

- Sie sollen die Merkmale einer innovationsfördernden Unternehmenskultur benennen und Modifikationen für Ihre Erfahrungswelt ableiten können.
- Sie sollen die Bedeutung der Unternehmenskultur auf den Erfolg von Unternehmen bewerten können.
- Sie sollen die Notwendigkeit einer innovationsfördernden Unternehmenskultur kennenlernen und daraus Schlussfolgerungen für Ihr Unternehmen ziehen können.
- Sie sollen sich mit den Möglichkeiten zur Veränderung der Innovationskultur auseinandersetzen und erkennen, welche Vorgehensweise zur Innovationskulturentwicklung sinnvoll ist.
- Sie sollen eigene Argumente finden, um die Entwicklung einer innovationsfördernden Unternehmenskultur anzustoßen.

2.6 Übungsaufgaben zu diesem Kapitel

Aufgabe 1
Erläutern Sie den Begriff der Unternehmenskultur.

Aufgabe 2
Inwieweit wirkt sich der Wertewandel in den westlichen Industrienationen auf die Innovationsbereitschaft und die Innovationsfähigkeit der Gesellschaft aus?

Aufgabe 3
Welche Bestandteile begründen die Kultur eines Unternehmens?

Aufgabe 4
Stellen Sie mögliche positive (funktionale) und negative (dysfunktionale) Wirkungen der Unternehmenskultur auf die betriebliche Innovationstätigkeit dar.

Aufgabe 5
Wie beurteilen Sie die Bedeutung der Unternehmenskultur für den Erfolg von Unternehmen?

Aufgabe 6
Welche Voraussetzungen müssen grundsätzlich erfüllt sein, damit die Unternehmenskultur einen Beitrag zum Unternehmenserfolg leisten kann?

Aufgabe 7
Wie schätzen Sie den Stellenwert von »Innovations-Champions« für die Innovationskraft eines Unternehmens ein?

Aufgabe 8
Lässt sich die Kultur eines Unternehmens zielgerichtet verändern, und worauf ist bei der Kulturentwicklung vor allem zu achten?

Aufgabe 9
Welche Rolle spielt die Unternehmensführung im Prozess der Kulturveränderung?

Literatur

Bayer AG (Hrsg.). (1998). Deutsche Übersetzung von: Bayer AG Annual Report 1998 (S. 8). Leverkusen ISSN 0343-1975.
Hewlett Packard GmbH. (2005). Deutsche Übersetzung von: HP Annual Report, 2005, Palo Alto CA
Beyer, H., Fehr, U., & Nutzinger, H. G. (1995). *Unternehmenskultur und innerbetriebliche Kooperation. Anforderungen und praktische Erfahrungen*. Betriebswirtschaftlicher Verlag Dr. Th. Gabler GmbH.

Bleicher, K. (1991). *Organisation – Strategien – Strukturen – Kulturen.* Betriebswirtschaftlicher Verlag Dr. Th Gabler GmbH.

Bürget, H. D., Haller, C., Binder, M., & Kieser, A. (1986). *Innovationsmanagement industrieller Dienstleistungen. Theoretische Grundlagen und praktische Gestaltungsmöglichkeiten.* Betriebswirtschaftlicher Verlag Dr. Th Gabler GmbH.

DIW. (2006). https://www.innovationsindikator.de/pressematerial-und-downloads/. Zugegriffen: 26. Sept. 2022.

Kieser, A. (1986). Unternehmenskultur und Innovation. In E. Staudt (Hrsg.), *Das Management von Innovationen* (S. 42–51). Frankfurter Allgemeine Zeitung GmbH.

Peters, T. J., & Waterman, R. H. (1984). *Auf der Suche nach Spitzenleistungen. Was man von den bestgeführten US-Unternehmen lernen kann.* Verlag Moderne Industrie, Landsberg am Lech.

Schein, E. H. (1995). *Unternehmenskultur. Ein Handbuch für Führungskräfte.* Campus.

Schein, E. H. (2003). *Organisationskultur. The Ed Schein Corporate Culture Survival Guide.* Edition Humanistische Psychologie -EHP.

Schreyögg, G., & Koch, J. (2020). *Management. Grundlagen der Unternehmensführung.* Springer Gabler.

Szyperski, N. (2005). In A. Heinzl, T. Hildenbrand, Interview mit Norbert Szyperski über die „Innovationskultur in Deutschland". *Wirtschaftsinformatik, 47,* 295–297. https://doi.org/10.1007/BF03254917.

Vahs, D., & Burmester, R. (2005). *Innovationsmanagement. Von der Produktidee zur erfolgreichen Vermarktung.* Schäffer-Poeschel.

3. Handlungs- und Innovationskompetenz

Zusammenfassung

Ausgehend von den Anforderungen am Arbeitsplatz werden in diesem Kapitel die strukturellen und formalen Grundlagen erläutert, die notwendig sind, um systematisch Innovationskompetenzen zu entwickeln, sie zu beurteilen und die Innovationspotenziale von Menschen freizusetzen. Sie sollen die möglichen Verfahren kennenlernen, um von der Erfüllung von Anforderungen des Arbeitsgebietes zur Entwicklung von Innovationskompetenz zu gelangen. Die dabei verwendeten Methoden dienen gleichzeitig zur Dokumentation dieser Prozesse und als Grundlage der interpersonalen Kommunikation in innovationsbereiten Organisationen.

Innovationsfördernde Rahmenbedingungen der Politik, Gesellschaft und der Unternehmen wurden in den ersten beiden Kapiteln vorgestellt und Hintergründe erläutert. Es stellt sich nun die Frage, inwieweit sind die Innovationsträger, also Mitarbeiter, Führungskräfte, Manager, überhaupt in der Lage, Innovationspotenziale freizusetzen und ihre Innovationskompetenz unter Beweis zu stellen? Wie schon beschrieben, wird permanente Innovation – im Sinne von Veränderung und Erneuerung – als notwendige Voraussetzung für das Überleben von Organisationen postuliert. Angestrebt wird das flexible und anpassungsfähige Unternehmen, das durch das Initiieren und Umsetzen neuer Ideen seine Marktstellung sichert und ausbaut. Der Erfolg einer Veränderung hängt von vielen außerbetrieblichen Einflussfaktoren ab, die nichts mit dem Unternehmen und den dort tätigen Menschen zu tun haben; z. B. von der jeweiligen Marktsituation, von neuen Gesetzen oder von neuen Forschungsergebnissen. Aber eines ist sicher: Für die notwendigen Veränderungen werden innerbetrieblich veränderungswillige und veränderungsfähige Mitarbeiter und Führungskräfte gebraucht, die sich nicht fragen, ob sie Innovationen tätigen sollen, sondern vielmehr die Frage stellen, wie Innovationen planmäßig und in organisierter Weise als bestandserhaltende und entwicklungsfördernde Mittel eingesetzt werden können.

3.1 Handlungskompetenzmodell

Am Arbeitsplatz wird die Erfüllung verschiedener Kategorien von Anforderungen erwartet. Das Unternehmen sieht sich vor die Aufgabe gestellt, den Einzelnen nicht so sehr inhaltlich, sondern mehr formal zu bilden, d. h., ihn zum freien, autonomen und ich-haften Individuum zu entwickeln.

„War bislang die Ausbildung von Fach- und Führungskräftenachwuchs in allererster Linie darauf gerichtet, diesem das notwendige fachliche Spezialwissen zu vermitteln sowie die damit verbundenen Fähigkeiten und Fertigkeiten zu entwickeln, so stellt die eskalierende Veralterungsrate von Wissen sowie die wachsende Komplexität der Anforderungen in beruflichen Anwendungssituationen ein solches Vorbereitungslernen zunehmend in Frage. Der Stellenwert des Fachwissens ändert sich grundlegend: Einerseits wird erkannt, dass Fachwissen ‚nicht alles' ist, und dass es möglicherweise sehr viel stärker darauf ankommt, der nachwachsenden Generation die Fähigkeit zur selbstständigen Aneignung von Wissen zu vermitteln, als diese mit materialen Wissenselementen zu mästen, während sich andererseits – ergänzend zu dieser Perspektive – die Einsicht verbreitet, dass die Entwicklung beruflicher Kompetenz eine Aufgabe lebenslangen Lernens ist." (Arnold, 1999, S. 17). Die Gesamtheit der Arbeitsplatzanforderungen setzt sich aus fachorientierten Anforderungen und persönlichkeitsorientierten Anforderungen zusammen. Es zeigt sich bei intensiverer Auseinandersetzung, dass eine weitergehende Aufteilung in vier Anforderungskategorien für die Strukturierung der Anforderungen am Arbeitsplatz hilfreich ist. Zur Erfassung der Anforderungen wird eine Differenzierung in vier Basiskompetenzbereiche vorgeschlagen. Das integrative und ganzheitliche Zusammenspiel von vier Basiskompetenzbereiche ergibt die am Arbeitsplatz notwendige Handlungskompetenz, die zunehmend die Begriffe „berufliche Bildung" und „Qualifikation" verdrängt. Handlungskompetenz meint, „die Fähigkeit, aufgabengemäß, zielgerichtet, situationsbedingt und verantwortungsbewusst betriebliche Aufgaben zu erfüllen und Probleme zu lösen, und zwar – je nach arbeitsorganisatorischen Gegebenheiten und Erfordernissen – entweder allein oder in Kooperation mit anderen." (Münch, 1997, S. 11, 2003, S. 15). Die Handlungskompetenz gründet auf ‚Basiskompetenzen', die zwar jeweils für sich bedeutsam sind, aber nur in enger Verbindung und in enger Verschränkung mit den anderen Kompetenzen zu einer vollen Handlungsfähigkeit führen, sei es in außerberuflichen oder in beruflichen Situationen. Im Großen und Ganzen gibt es in Theorie und Praxis wenig Dissens darüber, dass es sich dabei vor allem um folgende Basiskompetenzen handelt:

3.1 Handlungskompetenzmodell

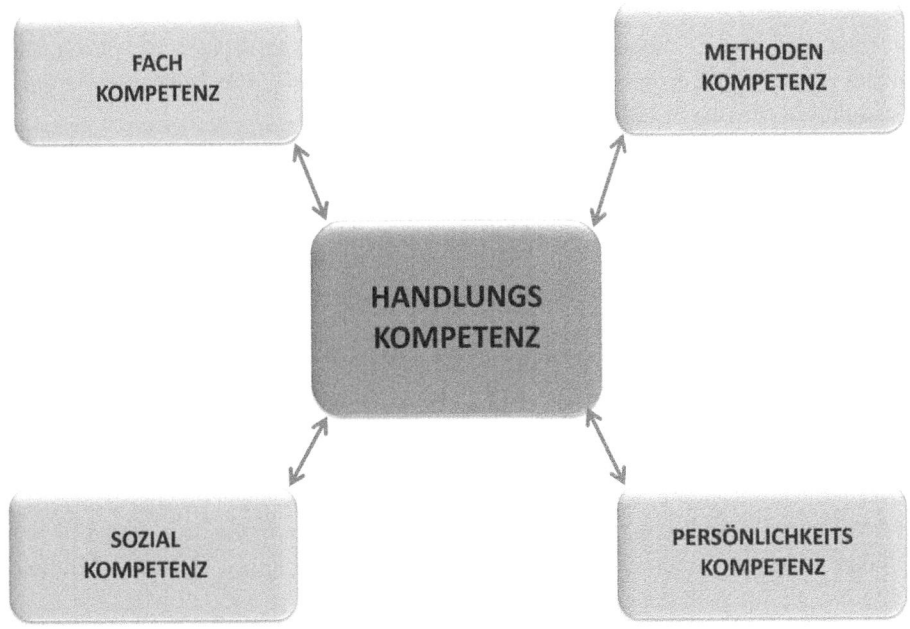

Abb. 3.1 Das Handlungskompetenzmodell. (Quelle: eigene Darstellung)

- Fachkompetenz,
- Methodenkompetenz,
- Sozialkompetenz,
- Persönlichkeitskompetenz

Das Handlungskompetenzmodell (vgl. Abb. 3.1) ist die Basis für die Entwicklung von Anforderungsprofilen für einzelne Arbeitsplätze, Funktionen und Führungsaufträge.

Fachkompetenz
bedeutet, fachliches Wissen zu besitzen, Fachwissen situationsgerecht umsetzen zu können und dadurch Fertigkeiten zu erlangen. Ergänzend dazu muss auch das im Laufe der beruflichen Entwicklung erworbene Spezialistenwissen und das auf Lebenserfahrung beruhende Generalistenwissen genannt werden.

Methodenkompetenz
Ist das Know-how, das jemand im Laufe der Berufspraxis erworben hat, um bestimmtes Wissen zielgerichtet umsetzen zu können, Instrumente zu beherrschen und durch deren Anwendung zu Problemlösungen zu gelangen.

Sozialkompetenz

Bedeutet, Gedanken, Gefühle, Einstellungen der anderen wahrnehmen zu können, sich situationsgerecht und personenbezogen verständigen zu können und mit anderen einen konstruktiven Umgang zu pflegen.

Persönlichkeitskompetenz

Bedeutet, ein realistisches Selbstbild zu haben, der eigenen Überzeugung nach handeln zu können und bereit zur Verantwortungsübernahme zu sein. Persönlichkeitskompetenz heißt auch, sich den Werten und Normen verpflichtet zu fühlen, die das eigene Weltbild vorgibt.

Das harmonische Miteinander der vier Kompetenzbereiche ergibt die notwendige berufliche Handlungskompetenz (vgl. Abb. 3.2).

Jede komplexere Handlung und somit auch jede Zusammenstellung von Anforderungen am Arbeitsplatz kann unter diesen vier Gesichtspunkten analysiert und bewertet werden, und somit können maßgeschneiderte Anforderungen für bestimmte Mitarbeitergruppen oder Positionen erarbeitet werden. Diese Anforderungen sind Soll-Vorstellungen, die vom Unternehmen als notwendige Kompetenzen zur optimalen Erfüllung

Abb. 3.2 Bedeutung der vier Kompetenzbereiche. (Quelle: eigene Darstellung)

eines Arbeits- und/oder Funktionsauftrags definiert werden. Die genaue Beschreibung der Soll-Vorstellungen des Unternehmens an die Inhaber von Arbeitsplätzen und an Funktionsträger führt zu einem Anforderungskatalog, in dem alle Anforderungen der Organisation an die Professionalität und Handlungskompetenz ihrer Mitglieder beschrieben sind. Die dem Arbeitsbereich bzw. der Funktion genau zugeordneten Anforderungen ergeben ein spezifisches Anforderungsprofil mit den individuellen Ausprägungsfaktoren der Kompetenzen (vgl. Abb. 3.3).

So ist es möglich für jede Berufsgruppe individuelle Anforderungsprofile zu entwickeln, die eine exakt auf die Belange des Arbeitsplatzes zugeschnittene Stellenbesetzung ermöglichen (vgl. Abb. 3.4).

Da in verschiedenen Bereichen eines Unternehmens für die gleiche Funktion unterschiedlich hohe Anforderungen gestellt werden können, muss der Ausprägungsgrad jeder einzelnen Anforderung in jedem Kompetenzbereich definiert sein (vgl. Abb. 3.5).

Dem Anforderungsprofil des jeweiligen Arbeitsbereiches steht das Kompetenzprofil des Mitarbeiters gegenüber, also das, was er aufgrund seiner Ausbildung, Erfahrung und Weiterentwicklung am Arbeitsplatz zur Verfügung stellen kann. Auch das ist unter den genannten vier Kompetenzbereichen analysierbar und bewertbar. Durch einen Soll-Ist-Vergleich können Bildungs- und/oder Entwicklungsbedarf erkannt werden (vgl. Abb. 3.6): Ergeben sich zwischen dem Anforderungsprofil des Arbeitsbereichs und dem Qualifikationsprofil des Mitarbeiters Defizite, d. h. der Teilaspekt eines Kompetenzbereiches ist gar nicht oder mit einem geringeren Ausprägungsgrad vorhanden als gefordert, ergibt sich ein Bildungsbedarf. Die Handlungskompetenz des Mitarbeiters muss durch geeignete Bildungsmaßnahmen angepasst werden. Eine Anforderungsübererfüllung dagegen zieht notwendigerweise Maßnahmen nach sich, die den Arbeitsbereich betreffen, und zwar entweder durch die wechselseitige Heranführung des Mitarbeiters an die Anforderungen mehrerer Arbeitsplätze (Job Rotation), durch die horizontale Erweiterung des Verantwortungsbereiches (Job Enlargement) oder durch Erhöhung der Anforderungen an den Arbeitsbereich durch z. B. Hereinnahme komplizierterer Arbeitsgänge oder Übernahme von mehr Verantwortung (Job Enrichment). In allen Fällen sind Maßnahmen erforderlich Personalentwicklung notwendig, die definiert ist als das „… Insgesamt derjenigen Maßnahmen, die geeignet sind, die Handlungskompetenz der Mitarbeiter weiterzuentwickeln, zu erhalten und ständig zu erneuern, und zwar mit dem Ziel, den Unternehmenserfolg unter weitestgehender Berücksichtigung der Potenziale und Interessen der Mitarbeiter zu sichern" (Münch, 1997, S. 8). Mitarbeiterentwicklung ist eine Managementaufgabe. Um dieser gerecht zu werden gilt: „Damit Führungskräfte in diesem Sinne die Kompetenzentwicklung ihrer Mitarbeiter zu fördern vermögen, ist einerseits eine betriebliche Lernkultur erforderlich, die eine umfassende Stärkung (,Empowerment') der Mitarbeiterpotenziale ermöglicht und durch geeignete Arrangements von ,Lerngelegenheiten' fördert. Ein solches Arrangement ist auch die Gestaltung von lernintensiven Arbeitsplätzen." (Arnold, 2000, S. 17).

Der Zusammenhang zwischen dem Abgleich von Anforderungs- und Kompetenzprofil und der daraus resultierenden Maßnahmen geht aus Abb. 3.6 hervor.

```
                  ┌─────────────────────────┐
                  │  Die genaue Beschreibung│
                  │  von Anforderungen an   │
                  │     Professionalität    │
                  │           und           │
                  │     Handlungskompe-     │
                  │          tenz           │
                  └─────────────────────────┘
```

```
                  ┌─────────────────────────┐
                  │    Anforderungskatalog  │
                  └─────────────────────────┘
```

Für ähnliche Handlungsfelder im Unternehmen gilt zwar der gleiche Anforderungskatalog, der Ausprägungsgrad jeder einzelnen Kompetenz ist aber nicht unbedingt identisch!

```
                  ┌─────────────────────────┐
                  │    Anforderungsprofil   │
                  └─────────────────────────┘
```

Anforderungsprofil: Innovationsmanager

Fachkompetenz

Kenntnisse-Fertigkeiten	Ausprägung	20	40	60	80	100
• der Organisationsstruktur					X	
• des Organisationsbegriffs				X		
• Ganzheitliches Verständnis von Innovation					X	
• Phasenspezifisches Verständnis von Innovation					X	
• Arten von Innovationen						
➤ Produktinnovationen						X
➤ Verfahrensinnovationen						X
➤ Sozialinnovationen						X
• Organisationsstrukturelle Konzepte						
- Systemtheoretische Ansätze						

Abb. 3.3 Anforderungskatalog – Anforderungsprofil. (Quelle: Nauendorf, 2004: S. 151)

3.1 Handlungskompetenzmodell

Anforderungsprofil: QM-AssistentIn

Fachkompetenz

Kenntnisse-Fertigkeiten — Ausprägung 20 40 60 80 100

- ... der TQM-Philosophie
- ... der Aufgaben und Verhaltensweisen von Führungskräften in TQM
- ... der TQM-Prinzipien als Bestandteil eines sozio-technischen Systems
- ... der Methoden zur Qualitätsoptimierung im Entwicklungsbereich
  - Quality-Function-Deployment
  - Design of Experiments (Taguchi, Shainin)
  - FMEA
  - FTA (Fehlerbaumanalyse)
  - PCM (Parts Count Method)
- ... der Methoden zur Herstellungsoptimierung
  - SPC
  - Auswerteverfahren
  - Kundenspezifische Qualitätssysteme (QOS etc.)
- ... aus der DIN ISO 9000ff

Methodenkompetenz

Kenntnisse-Fertigkeiten — Ausprägung 20 40 60 80 100

- Fertigkeiten und Erfahrungen in der Anwendung von:
  - QFD
  - DoE
  - FMEA
  - FTA
  - SPC
- moderne Visualisierungstechniken
- Entscheidungs- und Problemlöseverfahren

Soziale Kompetenz

Kenntnisse-Fertigkeiten — Ausprägung 20 40 60 80 100

- Kenntnisse und Anwendung der normativen Verhaltensregeln menschlichen Zusammenlebens im Arbeitsprozeß
- Grundkenntnisse der Wirtschafts- und Technikethik (z.B. Normen im Entstehungs-, Begründungs- und Verwertungszusammenhang)
- Wirtschaftsethik (Ursachen und Folgen des Wirtschaftens; Konflikte zwischen Ökologie und Ökonomie und deren Handhabung)
- Kenntnisse und Anwendung der Unternehmensethik
  - Zielkonflikte (betriebswirtschaftliche Sichtweise vs. Qualitätsdenken)
  - Umweltverträglichkeit von Produktion und Produkt
  - Sozialverträglichkeit der TQM-Philosophie

Persönlichkeitskompetenz

Kenntnisse-Fertigkeiten — Ausprägung 20 40 60 80 100

- Auseinandersetzung mit der eigenen Person
  - Kenntnis der eigenen Stärken und Schwächen
  - Fähigkeit zur Selbstkritik
  - Konstruktive Verarbeitung eigener Erfolge / Mißerfolge
  - Wirkung des eigenen Verhaltens auf andere
- Erkennen des eigenen Anteils an Problemen / Konflikten
- konstruktiver Umgang mit eigenen Ängsten, Minderwertigkeitsgefühlen, Unsicherheiten, Hoffnungen, Illusionen, Wünschen
- Fähigkeit zur Entwicklung von Visionen
  - die eigene Person betreffend

Abb. 3.4 Auszug aus dem Anforderungsprofil einer(s) Assistent*in im Qualitätsmanagement. (Quelle: Nauendorf, 2004: S. 152)

Die Frage stellt sich nun, ob dieses Handlungskompetenzmodell auch für Anforderungen am Arbeitsplatz nützlich ist, die an die Beteiligten von Innovationsprozessen gestellt werden, und weiterhin muss definiert werden, was denn so Besonderes von den Innovatoren gefordert wird.

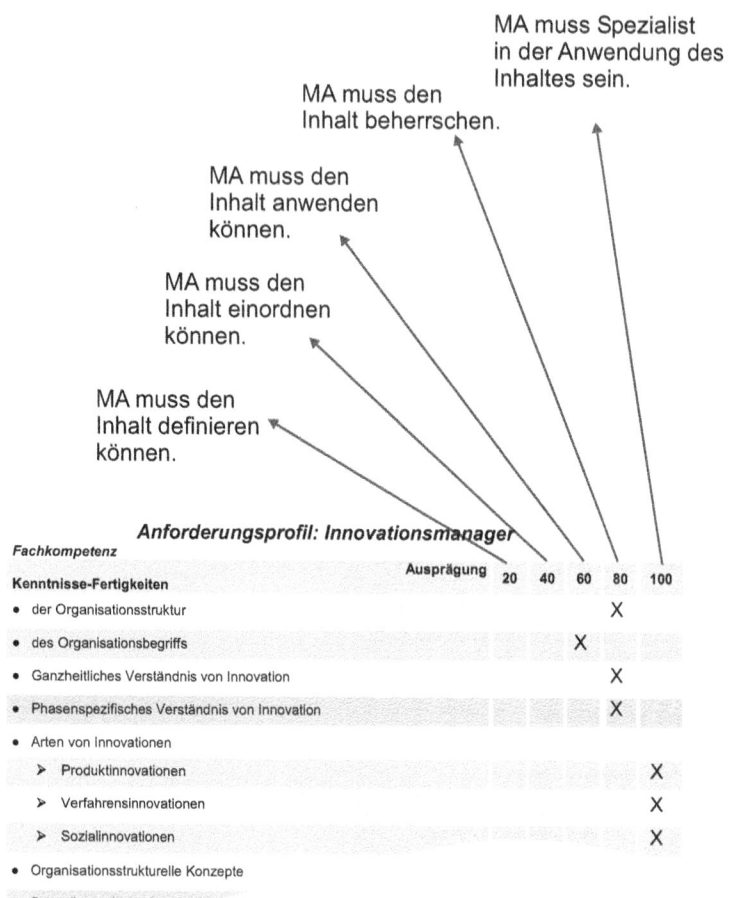

Abb. 3.5 Beispiel für die Bestimmung des Ausprägungsgrades von Fachkompetenz. (Quelle: Nauendorf, 2004: S. 153)

Abb. 3.6 Anforderungs- und Kompetenzprofil als Basis für Maßnahmen zur Personalentwicklung (Quelle: Nauendorf, 2004: S. 155)

3.2 Innovationskompetenzmodell

Innovationen können von ihrem Inhalt her sehr unterschiedlich sein. So spricht man von Produkt-, Prozess, Struktur- oder Sozialinnovationen. Bei aller Verschiedenheit handelt es sich jedoch immer um das Verändern eines Ist-Zustandes hin zu einem mehr oder weniger definierten Soll-Zustand. Innovationen konfrontieren die Betroffenen immer mit einer Situation, deren Ausgang ungewiss ist und so wird sie zu einer typischen Problemsituation, wenn wir davon ausgehen, dass jede Aufgabenstellung, deren Lösung ungewiss erscheint, zu einem Problem wird. Solche Situationen sind charakterisiert durch ein hohes Maß an Neuheit, Komplexität und Ungewissheit, und sie bergen einen hohen Konfliktgehalt. die Frage lautet daher: Welche Bedingungen lassen sich für die Problemsituation „Innovation" als übergreifend und von allgemeiner Gültigkeit herausdestillieren? Kriterium eines Bedingungsmodells der Innovation kann nicht die realisierte Innovation selbst sein, denn wie schon in den vorausgegangenen Kapiteln beschrieben, hängt der Erfolg einer Innovation von vielen außerbetrieblichen Faktoren ab, die nichts mit dem Unternehmen und den dort tätigen Menschen zu tun haben. Wir hatten die herrschende Marktsituation, Globalisierung, Forschungspolitik als Beispiele genannt. Vielmehr muss die Frage beantwortet werden, ob sich die Menschen in einem Unternehmen, in einer Abteilung oder allgemein, in einer Organisation, konstruktiv und förderlich mit der Problemsituation „Innovation" auseinandersetzen, oder ob sie eher destruktiv Widerstand leisten.

Beispiele für konstruktives Verhalten in Innovationsprozessen:

- Analyse der Veränderungssituation;
- Kommunikation mit anderen über die Problemsituation;
- Informationen beschaffen und weitergeben;
- Anregungen geben und Vorschläge machen;
- Abläufe planen;
- konstruktive Kritik üben;
- Schwachstellen aufspüren und verbessern.

Keineswegs kann es bei jeder Neuerung darum gehen, sie freudig zu begrüßen und tatkräftig zu ihrer schnellstmöglichen Realisierung beizutragen. Vielmehr ist es häufig besser, abzuwarten, um Stellungnahmen einzuholen und auch die Kraft zu haben, nach entsprechenden Analysen sich Neuerungen zu verschließen. Innovationshinderliches Verhalten hat destruktiven Charakter und bezieht sich auf Handlungen, die eine Auseinandersetzung mit der Innovation verhindern oder sogar unmöglich machen, wie z. B.

- Miesmachen,
- bürokratisches Verschleppen,
- Zustimmung ohne Überzeugung

- Ängste unterdrücken,
- Entscheidungen verzögern,
- übertriebene Absicherung,
- Informationen ignorieren.

Im Zentrum eines jeden Innovationsprozesses steht der Mensch. Auf ihn kommt es letztlich an, ob die Innovation vorangetrieben oder blockiert wird, denn der Mensch als handlungsbewusstes Wesen bestimmt dies in den Projektgruppen, in Abteilungen einer Organisation oder im gesamten Unternehmen. Aus diesem Grund muss auch der Mensch in seiner Individualität die wichtigste Komponente eines Innovationskompetenzmodells sein.

Es stellt sich für den Einzelnen die Frage, ob er die Situation bewältigen und wie er ein Minimum an Sicherheit für sein Handeln gewinnen und einen, wenn auch nur vorläufigen Plan definieren kann. Mit dieser Frage wird ein psychologischer Prozess ausgelöst, der im günstigen Fall dem Betroffenen den Weg weist, was zu tun ist oder – im ungünstigen Fall – ihn verunsichert und frustriert, sodass er sich verweigert und mit destruktivem Widerstand reagiert. Analysiert man den Prozess, so kommt man zu einer Reihe von Fragen, die sich jeder in einer derartigen Situation bewusst oder unbewusst stellt: Angesichts eines Innovationsproblems wird sich der Betroffene zunächst fragen, ob er über ein Mindestmaß an Fachwissen verfügt, um diese Neuerung zu begreifen (Fachkompetenz). Da eine Veränderung immer ein Abweichen vom Status quo und damit Ungewissheit bedeutet, wird er sich dann fragen, ob er die mit der Veränderung verbundene innere Unsicherheit aushalten kann und will (Ungewissheitstoleranz), und ob sich das auch lohnt; damit prüft er die eigene Stabilität und Motivation (Persönlichkeitskompetenz). Als Nächstes wird er sich fragen, ob er das Problem Innovation durch eigene Gedanken und Ideen aktiv formen, gestalten und verändern kann. Das Vertrauen in das eigene geistige Potenzial und in seine Kreativität sind seine Kriterien, ob er aus der misslichen Situation etwas Positives konstruieren kann. Dazu gehört unweigerlich die Frage, ob er auch methodisch gerüstet ist und über Instrumente und Vorgehensweisen verfügt, die ihm in dieser Situation helfen können (Methodenkompetenz). Da nun aber Veränderungen in der Regel mit anderen Personen zusammenhängen, fragt der Betroffene sich dann, ob er mit den anderen gut kooperieren und kommunizieren kann; ob er zum Beispiel Kollegen fragen und sich im Notfall auf sie verlassen kann. Diese Frage betrifft einerseits die Einschätzung des sozialen Umfeldes und andererseits die Beurteilung der eigenen Fähigkeit, sich in dieses Umfeld zu integrieren. Kann er alle vorherigen Fragen positiv beantworten, geht es letztlich noch um die Frage, ob er die eigenen Gedanken und Überlegungen auch in den Gestaltungs- und Entscheidungsprozess einbringen kann, beziehungsweise ob er in dem Prozess eine aktive und handelnde Rolle spielen kann und will. Mit diesen Fragen berührt er seine eigene Courage und seinen Willen, sich aktiv einzubringen. (Sozialkompetenz). Wir sehen, wenn wir diese Fragen in den Rahmen des Handlungskompetenzmodells stellen, werden die gleichen individuellen Kompetenzbereiche wie bei „normalen" Handlungen im Arbeitsumfeld sichtbar.

3.2 Innovationskompetenzmodell

Aufgrund der Ausführungen in den ersten beiden Kapiteln können wir die unterschiedlichen Bedingungsebenen, die bei Innovationen von äußerster Wichtigkeit sind, jetzt nicht nur auf die Individuumsebene reduzieren. Damit der Einzelne bei Innovationsprozessen konstruktiv handeln kann, muss neben den politischen und gesellschaftlichen Gegebenheiten beachtet werden:

- **Das soziale Umfeld:** die Führungskräfte, Kolleginnen und Kollegen, Arbeitsgruppen, Projektteams, die mit der Innovation direkt zu tun haben.
- **Das organisatorische Umfeld:** alle non-personalen verhaltensrelevanten Bedingungen des Unternehmens, z. B. die Form der Auf- und Ablauforganisation, Arbeitsformen, Führungsstile.
- **Das innovative System:** das ist die Veränderung mit den typischen Merkmalen und Charakteristika und ihre Transparenz, Steuerbarkeit und Beteiligungsmöglichkeit.

Diese drei Bedingungsfelder bilden im Innovationskompetenzmodell die zweite strukturierende Dimension, sodass darin die individuelle Handlungsplanung mit deren äußeren Rahmenbedingungen verknüpft wird (vgl. Tab. 3.1).

Tab. 3.1 Innovationskompetenzmodell. (Quelle: Eigene Darstellung)

	Kompetenz			
	Fachkompetenz	Methodenkompetenz	Sozialkompetenz	Persönlichkeitskompetenz
Individuum	Fachwissen Fertigkeiten Erfahrung	Anwendung von Methoden und Instrumenten Verfahren mit Intelligenz, Kreativität und Flexibilität	Offenheit, Kommunikations- und Interaktionsbereitschaft Kooperationsbereitschaft Mitwirkungsbereitschaft	Reife emotionale Stabilität Ungewissheitstoleranz Verantwortungsbewusstsein Entscheidungswille Wertebewusstsein Normenbewusstsein
Soziales Umfeld	Qualifikationsniveau	funktionaler Arbeitsstil Zulassen der Anwendung kreativer Methoden	Unterstützung Vertrauen Aktivitätsorientierung	Identifikation mit dem System Corporate Identity Wertesystem Normensystem Richtlinien
Organisatorisches Umfeld	Qualifikationsanforderungen	Projektmanagement Informationsmanagement	partizipativer, situationsgerechter Führungsstil	Innovationskultur Entscheidungsfreiräume
Innovationssystem	Komplexität	Systematik Gestaltbarkeit	Wirkungen auf das soziale System	Nutzen Beherrschbarkeit

Mit diesem Modell kann die Innovationskompetenz eines Systems erschlossen werden. Man will wissen:

- Wie ist die Innovationskompetenz auf den Bedingungsebenen ausgeprägt?
- Wie viel der Innovationskompetenz steht dem Unternehmen, der Organisation zur Verfügung, also wie hoch ist das Innovationspotenzial?

3.3 Entdeckung von Innovationskompetenz

Um Innovationskompetenz in einem Unternehmen zu entdecken, also die Fragen beantworten zu können: Wer sind die Innovationsträger? gehören zwangsläufig die Fragen dazu: Lässt das soziale Umfeld Innovationen zu? Ist die Organisation auf Innovationen eingestellt? Und: Sind die Innovationen überhaupt geeignet für die uns umgebene Mitwelt? In Form von Fragebögen kann für die jeweilige Bedingungsebene für jede Kompetenz ein Katalog von interessierenden Fragen zusammengestellt werden, um so für die generellen Fragen Antworten zu finden. Für die vier interessierenden Kompetenzbereiche sind hier einige Bespiele aufgeführt (in Anlehnung an Dreesmann & Kraemer-Fieger, 1994):

- Innovationsrelevante Fragen zur **Fachkompetenz** auf vier Ebenen:
  - **Individuelle Ebene:**
    Habe ich genügend Fachwissen für die Innovation?
    Habe ich ausreichende fachliche Erfahrung dafür?
    Bin ich mit ähnlichen Herausforderungen schon einmal umgegangen?
    Kenne ich die Rahmenbedingungen und Voraussetzungen für die Neuerung?
  - **Gruppenebene:**
    Gibt es bei uns genügend Expertentum für die Neuerung?
    Haben wir fachlich erfahrene Leute für die Innovation?
    Haben Leute von uns ähnliche Situationen schon einmal bewältigt?
  - **Organisatorische Ebene:**
    Gibt es eine ausreichende und permanente fachliche Qualifizierung?
    Gibt es für den innovativen Bereich relevante fachliche Dokumentationen?
    Gibt es einen organisierten Know-how-Transfer, etwa über Tutoren?
  - **Ebene des innovativen Systems:**
    Ist das innovative System vollkommen neu für mich und baut nicht auf meinen bisherigen Erfahrungen auf?
    Enthält das innovative System für mich kaum zu bewältigende fachliche Anforderungen?
    Ist das innovative System begleitet von ausreichender Unterstützung (Manual, Einweisung, Training etc.)?

3.3 Entdeckung von Innovationskompetenz

- Innovationsrelevante Fragen zur **Methodenkompetenz** auf vier Ebenen:
  - **Individuelle Ebene:**
    Bin ich mit Kreativitätstechniken und mit Methoden der systematischen Problemlösung vertraut?
    Bin ich erfahren in den Methoden des Projektmanagements?
    Wende ich in der alltäglichen Arbeit Methoden, Instrumente und Checklisten an?
    Fällt mir in Problemsituationen meistens eine hilfreiche Lösung ein?
    Gelingt es mir, Veränderungen in der ganzen Breite ihrer Bedeutung zu erfassen?
    Bin ich mir ausreichend bewusst, dass Veränderungen sich nicht mit einem Sprung, sondern nur in vielen kleinen Schritten erreichen lassen?
  - **Gruppenebene:**
    Wird in unserer Abteilung methodisch und systematisch gearbeitet?
    Werden bei uns in Besprechungen Moderationstechniken angewendet?
    Wird das methodische Abwickeln von Projekten ausreichend gut beherrscht?
    Wird bei uns ein ständiger Erfahrungsaustausch betrieben?
    Wird bei uns regelmäßig über Ergebnisse und Fortschritte der Arbeit gesprochen?
  - **Organisatorische Ebene:**
    Ist Gruppen- oder Zirkelarbeit eine übliche Arbeitsform?
    Gibt es Standardprozeduren für Problemsituationen?
    Sind Tools, Instrumente und Methoden ausreichend verfügbar und nutzbar?
    Wird von Unternehmensseite gefördert, dass man sich ständig mit neuen Entwicklungen auseinandersetzt?
    Sind die Strukturen und Prozesse des Unternehmens transparent?
    Gibt es ein ausreichendes Qualifizierungs- und Informationsangebot?
  - **Ebene des innovativen Systems:**
    Ist das neue System in seinen Strukturen und Prozessen transparent?
    Lässt die Neuerung Eingriffe und Korrekturmöglichkeiten zu?
    Haben die von der Neuerung Betroffenen das Gefühl, aktiv steuern und eingreifen zu können?
    Passt sich das neue System gut in die Bedingungen vor Ort ein?
    Ermöglicht die Veränderung ein unproblematisches Hineindenken und Hineinarbeiten?
    Gestatten die Strukturen und Prozesse der Neuerung eine Anpassung an die Bedingungen vor Ort?
    Ist der Veränderungsprozess gegliedert und in Teilziele gestuft?
- Innovationsrelevante Fragen zur **Sozialkompetenz** auf vier Ebenen:
  - **Individuelle Ebene:**
    Fällt es mir leicht, mit anderen zusammenzuarbeiten?
    Macht es mir nichts aus, bei Problemen andere um Hilfe zu bitten?
    Kann ich locker und konstruktiv mit Meinungsverschiedenheiten umgehen?
    Kann ich meine Meinung und meine Vorschläge in Diskussionen einbringen?

- **Gruppenebene:**
  Wird bei uns offen kommuniziert und informiert?
  Wird bei uns kooperativ zusammengearbeitet?
  Besteht untereinander ein gutes Vertrauensverhältnis?
  Wird von den Kollegen anerkannt, wenn sich jemand weiterbildet und sich kompetent macht?
  Werden bei uns Entscheidungen in einem gemeinsamen Prozess vorbereitet?
  Sind wir geübt im Erörtern von Sachproblemen und im Diskutieren von unterschiedlichen Meinungen?
- **Organisatorische Ebene:**
  Ist die Mitarbeitendeführung kooperativ und partizipativ?
  Gibt es Barrieren zwischen Führungskräften und Mitarbeitenden?
  Wird das Arbeiten in Gruppen und Teams gefördert?
  Sind formale Kompetenzen klar und transparent geregelt?
  Liefert das Unternehmen regelmäßig Informationen über Status und Entwicklungen?
  Merkt man, dass sich Vorschläge und Anregungen von Beschäftigten in den Entscheidungen der Abteilung niederschlagen?
- **Ebene des innovativen Systems:**
  Verändert die Neuerung die Rollen der Betroffenen nachteilig?
  Wird die Kommunikation durch die Veränderung beschnitten oder eingeengt?
  Schafft das neue System Kommunikationsabläufe, auf die die Betroffenen nicht vorbereitet sind?
  Ist die Neuerung für die Betroffenen transparent und verständlich dargestellt?
  Beschneidet die Neuerung den Handlungsspielraum der Betroffenen erheblich?
- Innovationsrelevante Fragen zur **Persönlichkeitskompetenz** auf vier Ebenen:
  - **Individuelle Kompetenz:**
    Bin ich in der Lage, mit den Unsicherheiten, die auf mich zukommen, umzugehen?
    Wie werde ich mit eventuellen Misserfolgen fertig?
    Identifiziere ich mich voll und ganz mit den Zielen der Veränderung?
    Habe ich ein Interesse daran, den Veränderungsprozess aktiv mitzugestalten?
- **Gruppenebene:**
  Werden die anderen mich unterstützen, wenn ich mit der Veränderung Probleme habe?
  Verkraften wir als Gruppe auch außergewöhnliche Belastungen?
  Identifiziert sich meine Gruppe mit der Veränderung und steht sie voll dahinter?
  Nimmt bei uns jeder seine Verantwortung für den Erfolg von Projekten wahr?
  - **Organisatorische Ebene:**
    Kann ich bei Fehlern damit rechnen, dass mein Vorgesetzter loyal hinter mir steht?
    Wird uns vom Unternehmen Rückendeckung gegeben, wenn wir uns auf Risiken einlassen?
    Wird darauf geachtet, dass bei der Veränderung niemand ungebührlich benachteiligt wird?

– **Ebene des innovativen Systems:**
  Ist mit unangenehmen Überraschungen zu rechnen, die das neue System mit sich bringt?
  Ist die Veränderung in ihren Auswirkungen gut zu überblicken?
  Wird die Veränderung zu Beeinträchtigungen der körperlichen oder seelischen Gesundheit führen?

Dieses zweidimensionale Modell mit seinen insgesamt 16 Inhaltskategorien eröffnet eine Reihe von Anwendungsmöglichkeiten in der betrieblichen Praxis. Sie reichen von der Erfassung des Innovationspotenzials, das ist die tatsächlich zur Verfügung gestellte Innovationskompetenz, oder der Veränderungsfähigkeit bis hin zur Bewusstseinsbildung und Durchführung von Entwicklungsmaßnahmen zur Erhöhung der Innovationskompetenz. Dem weit verbreiteten Wissens- und Erfahrungsdefizit darüber, wie Veränderungsprozesse systematisch anzugehen sind, kann durch das Innovationskompetenzmodell checklistenartig begegnet werden. Es sagt uns, woran wir zu denken haben, wenn Neuerungen eingeführt werden sollen, welche Voraussetzungen zu schaffen sind, und es lenkt das Augenmerk auf die multifaktoriellen Verknüpfungen der Innovationsbedingungen.

Ist damit das Problem Innovation schon gelöst? Das wäre zu schön, um wahr zu sein. Die eigentlichen Fallstricke und Probleme von Innovationen tauchen nämlich in der Regel während des Prozesses auf, wenn die Bedingungen in Wechselwirkung miteinander treten: wenn zum Beispiel notwendige Partizipation kollidiert mit Zeitdruck oder die Veränderung von formalisierten und bewährten Ablaufprozeduren Unsicherheit auslöst und Fehler hervorruft. Allerdings hilft das Modell auch hier, da es dazu anhält, vor einem Veränderungsprozess in relativer Vollständigkeit die Bedingungen einzuschätzen, die auf der Basis wissenschaftlicher und praktischer Erfahrungen berücksichtigt werden müssen.

3.4 Anwendung der Innovationskompetenzanalyse

Beantwortet man die Fragen zu den Kompetenzbereichen auf den vier Ebenen, erhält man Auskunft darüber, ob die einzelnen Menschen (individuelle Ebene), die Arbeitsgruppen und -teams (soziale Ebene), das Unternehmen beziehungsweise eine Abteilung (organisatorische Ebene) oder das Innovationssystem sich für eine erfolgreiche Veränderung anbieten – ob also die Möglichkeit besteht, dass eine geplante Innovation mit Aussicht auf Erfolg eingeführt werden kann. In standardisierter Form können diese Fragen als Innovations-Kompetenz-Analyse IKA (in Anlehnung an: Dreesmann / Kraemer-Fieger, 1994 S. 80–82) formalisiert werden. Die IKA misst in quantitativer Form, wie die Chancen für die Einführung einer Neuerung stehen. Die Kennzahlen geben Auskunft darüber, wo für den Innovationsprozess besondere Stärken vorhanden sind und wo Schwächen abgebaut werden müssen, um die Einführung einer Neuerung nicht zu gefährden.

Die Fragen der IKA sind zunächst für drei Personengruppen von praktischer Bedeutung:

- Personen, die direkt und indirekt von einer Veränderung betroffen sind. Die Ergebnisse lassen schnell erkennen, wo mit Schwierigkeiten zu rechnen ist und welche Stärken strategisch für den Prozess genutzt werden können. Außerdem eignen sich die Ergebnisse hervorragend, um einen Diskussionsprozess unter den Betroffenen zu initiieren, der erfahrungsgemäß nicht nur die Akzeptanz für die anstehende Veränderung steigert, sondern auch unterstützende Energien freisetzt.
- Führungskräfte und die Innovationspromotoren, also Personen, die den Veränderungsprozess zu steuern und zu koordinieren haben. In einer Art Bilanz können sie ihre Erfahrungen mit den von der Veränderung Betroffenen systematisch bilanzieren und ihre Eindrücke durch das Fragenraster verdichten und systematisieren. Eine effiziente Steuerung des Innovationsprozesses sollte dadurch möglich werden.
- Teilnehmer von Fortbildungsveranstaltungen zum Thema Innovationsmanagement. Mit der IKA wird in systematischer Form die Auseinandersetzung mit innovationsrelevanten Bedingungen gefördert und ein Veränderungsbewusstsein entwickelt.

Als Messinstrument baut die IKA auf den subjektiven Einschätzungen beziehungsweise subjektiven Urteilen der Beteiligten auf. Um verlässliche Kennwerte zu erhalten, ist das Instrument damit auf die Bereitschaft des Einzelnen zu ehrlichen und unvoreingenommenen Antworten angewiesen. Damit kommt es auf die positive Einstellung zur Beantwortung des Fragebogens an. Jeder Zwang oder jede Beeinflussung führt zu unerwünschten Verzerrungen der Ergebnisse. In der Innovations-Kompetenz-Analyse haben die subjektiven Einschätzungen der Befragten zu den Veränderungsbedingungen folgende Vorteile:

- Schnelle Bearbeitbarkeit des Fragebogens (Beantwortung und Auswertung).
- Leichte Interpretierbarkeit der Ergebnisse, da die Fragen ganz offen und durchschaubar die Bedingungen ansprechen.
- Konstruktive Ansätze für Verbesserungen, da die Befragten mit ihren Kreuzen in dem Fragebogen klar ausdrücken, was sie von den Bedingungen halten.
- Das Instrument beinhaltet die Botschaft an die Befragten: Ihre Meinung ist uns wichtig! – Die IKA trägt damit zur Akzeptanzförderung eines Innovationsprozesses bei.

Bei den durchgeführten Befragungen mit der IKA sind, aufgrund der subjektiven Beantwortungsform, häufig auch Nachteile aufgetreten, die nicht vernachlässigt werden dürfen. Das Instrument ist verzerrbar und die IKA ist abhängig von Stimmungen und Einflüssen, die möglicherweise für die Aussagen irrelevant sind (gute oder schlechte Marktlage, Gerüchte etc.).

3.4 Anwendung der Innovationskompetenzanalyse

In der IKA wird bewusst die Subjektivität des Befragungsinstruments genutzt, da für das konstruktive Handeln oder den Widerstand bei einem Veränderungsprozess auch nur das subjektive Erleben der Betroffenen relevant ist. Die IKA bietet sich für eine Reihe von Problemstellungen als Unterstützung und Hilfe an: Vor Einführung einer Innovation – ganz gleich welcher Art – kann mit der IKA eine Prüfung der Erfolgswahrscheinlichkeit des Veränderungsprozesses vorgenommen werden. Sie gibt Antwort auf die Frage, ob man aufgrund der Bedingungen das Risiko eines Misserfolgs eingeht. Die als kritisch erkannten Faktoren können bearbeitet werden, um die Aussicht auf Erfolg der Innovation zu steigern.

Während des Innovationsprozesses lässt sich die IKA als Prozessregelinstrument anwenden, um Veränderungen der Bedingungen zu erkennen und um Faktoren zu identifizieren, die sich möglicherweise im Veränderungsprozess negativ entwickelt haben. Im Sinne einer Stärken-Schwächen-Analyse mit Blick auf die allgemeine Veränderungsfähigkeit eines Unternehmens oder einer Abteilung kann die IKA aufzeigen, auf welche Stärken man bauen kann und wo Risiken für Veränderungen liegen. Eine solche Diagnose kann auch ein Schritt zu einem dynamischen, von den Veränderungsprozessen lernenden Unternehmen sein, da alle Bereiche einer zukunftsorientierten Organisationsentwicklung berührt werden und die Ergebnisse aussagen, wo man sich verbessern kann. Ein wichtiger Anwendungszweck der IKA liegt darin, den Bewusstseinswandel bei allen Mitarbeitern in Richtung auf Innovationsbereitschaft einzuleiten. Das Durcharbeiten der bedeutsamen Inhalte und Fragen der Veränderung und die anschließende Diskussion über die Ergebnisse zwingen die Beteiligten, wichtige Fragen der Veränderung und des Wandels zu erörtern.

Einsatzmöglichkeiten
Die IKA unterliegt in ihren Einsatzmöglichkeiten nur wenigen Beschränkungen. Da die Items inhaltsneutral formuliert sind, lässt sich das Instrument in allen Branchen, in Organisationen und Abteilungen jeder Größenordnung einsetzen. Die Zuverlässigkeit und die Validität der Ergebnisse setzen jedoch eine ausreichende Kenntnis des Unternehmens beziehungsweise des Bereiches oder der Abteilung durch die Beantwortenden voraus. Nur wenn die Befragten die Gegebenheiten ausreichend gut kennen, wird der Fragebogen aussagekräftige Ergebnisse liefern. Dort, wo die IKA aufgrund von Vermutungen oder Mutmaßungen ausgefüllt wird, kann sie zu keinen verlässlichen Aussagen führen.

Durchführung
Die IKA kann prinzipiell von zwei Gruppen angewendet werden:
Von Betroffenen und Beteiligten der Bereiche, über die eine Aussage getroffen werden soll.

- **Beantwortung durch Einzelpersonen:**
Es ist legitim und wichtig, dass man als betroffene Einzelperson die IKA ausfüllt, um sich ein genaueres und differenzierteres Bild von der eigenen Abteilung oder vom eigenen Team zu machen. Unnötig zu sagen, dass dies hochgradig subjektiv ist, aber dennoch von Nutzen sein kann, um sich über die relevanten Bedingungen im Zusammenhang klar zu werden. So mag sich ein Werkleiter, ein Abteilungsleiter oder ein Projektleiter fragen, wie die Bedingungen für Veränderungen einzuschätzen sind und was er tun sollte, um seine Mitarbeiter innovationsfreudiger zu machen.
- **Beantwortung durch Gruppen:**
Führt man die IKA in einem definierten sozial-organisatorischen Bereich durch, so ist in der Regel eine Vorbedingung für vernünftige Ergebnisse, dass der Bogen anonym ausgeteilt und eingesammelt wird.
Sehr wichtig ist die Erläuterung, wie die Daten verwendet werden und welcher Sinn hinter der Durchführung steckt. Sehr motivierend ist die An-kündigung, die Ergebnisse anschließend mit den Beteiligten zu diskutieren und gemeinsam zu überlegen, welche Folgerungen daraus zu ziehen sind.
Von Nichtbetroffenen und Nichtbeteiligten, die den Bereich von außen kennen und das Instrument nutzen, um ihren Eindruck darüber zu verdichten.
- **Beantwortung durch Nichtbetroffene beziehungsweise Externe:**
In der Regel trifft dies nur zu, wenn firmenexterne Berater ihre zunächst mehr oder weniger diffusen Eindrücke systematisieren und auf den Punkt bringen wollen. Bei aller Subjektivität, die hier zum Tragen kommt, eignen sich die Erkenntnisse, um auf ihrer Basis Gespräche mit den Betroffenen zu führen und dann durch eine Feedback-Schleife den wahren Gegebenheiten dann auf den Grund gehen zu können.

Durchführung der Erhebung[1]

Mit den Anweisungen erklärt sich die IKA selbst. Die Beantwortung nimmt in der Regel ca. 15 min in Anspruch. Nach der Beantwortung sind die angekreuzten Zahlen jeweils pro Block zu addieren und in das Auswertungsschema zu übertragen. Hier sind weitere Summen pro Spalte und pro Zeile zu bilden (vgl. Tab. 3.2).

Interpretation

Zur IKA existieren derzeit noch keine Normwerte.
Bezugsgröße für die Interpretation sind (vgl. Tab 3.3)

---

[1] Dreesmann hat relevante Fragestellungen zu einem Fragenkatalog für eine schriftliche Befragung zusammengeführt (vgl. Dreesmann in: Dreesmann & Kraemer-Fieger 1994, S. 66–79). Er nennt dieses Instrument „Innovations-Potenzial-Analyse" (IPA) (Dreesmann & Kraemer-Fieger, 1994, S. 331–347). „Die einzelnen Items der IPA resultieren aus umfangreichen Recherchen der wissenschaftlichen Literatur und aus Untersuchungen der Organisationspraxis. Im Sinne einer Validitätsprüfung wurden nur solche Items aufgenommen, die von verschiedenen Autoren als innovationsrelevant identifiziert wurden." (ebd., S. 331)

3.4 Anwendung der Innovationskompetenzanalyse

Tab. 3.2 Auswertungsschema IKA. (Eigene Darstellung)

	Kompetenz				
	Fach kompetenz	Methoden- kompetenz	Sozial- kompetenz	Persönlickeits- kompetenz	Summe
Individuum	FKA	MKA	SKA	PKA	
Gruppe	FKB	MKB	SKB	PKB	
Unternehmen	FKC	MKC	SKC	PKC	
Innovations system	FKD	MKD	SKD	PKD	
Summe					

- Der Mittelwert (eines Blocks, einer Spalte, einer Zeile), von dem signifikante Abweichungen nach oben und nach unten interpretiert werden können. Liegt der empirische Mittelwert der erhobenen Daten über oder unter dem theoretischen Mittelwert, ist die Tendenz entsprechend der Abweichung positiv beziehungsweise negativ einzuschätzen.
- Zielwerte, die selbst gesetzt werden. So mag sich ein Vorgesetzter oder eine Abteilung das Ziel setzen, in bestimmten Bereichen bei keinem Item schlechter als mit einem Durchschnitt von 5 oder bei keinem Itemblock schlechter als mit einem Durchschnitt von 20 abzuschneiden.
- Stärkenbereiche wären gegeben, wenn die Addition der jeweiligen Werte zeigt, dass die entsprechenden Items im Schnitt mindestens mit einer 4 beantwortet wurden (Stärken Kritischer Bereich: Mittelwert >4). Schwächenbereiche lägen vor, wenn die Addition der Zahlen aussagt, dass im Schnitt nicht mehr als 3 Punkte angekreuzt wurden (Schwächen Kritischer Bereich: Mittelwert <3).

Beispiel

Eine Abteilung erreicht in dem Block MKB (Methodenkompetenz der Gruppe) einen Durchschnittswert von 25 und in dem Block MKC (Methodenkompetenz der Organisationseinheit) einen Durchschnittswert von 10. Der erste Wert würde eindeutig belegen, dass die Belegschaft in diesem Punkt die Bedingungen so einschätzt, dass sie für einen Innovationsprozess sehr förderlich sind (Stärke). Der letztere Punktwert würde aussagen, dass hier eine Schwäche vorliegt und man Maßnahmen überlegen muss, wie sie abgebaut werden kann. ◄

Liegen Werte im positiven kritischen Bereich, ist hier eine Stärke der untersuchten Organisationseinheit vorhanden, liegen sie im negativen kritischen Bereich, handelt es sich um eine Schwäche. Liegen die Werte im mittleren Bereich, gelten sie als unkritisch – sie sind damit aber nicht als normal zu bezeichnen, da die Bezugsgröße nicht eine, wie immer definierte Normalität ist, sondern nur das, was man sich für den speziellen

Tab. 3.3 Kritische Werte der Innovationskompetenzanalyse. (Quelle: Dreesmann & Kraemer-Fieger, 1994, S. 331)

	Kompetenz							
	Fach kompetenz	Methodenkompetenz	Sozialkompetenz	Persönlichkeitskompetenz	M	Σ min	Σ max	Σ krit -	Σ krit +
Individuum	FKA	MKA	SKA	PKA	73,5	21	126	<63	>84
Gruppe	FKB	MKB	SKB	PKB	77,0	22	132	<66	>88
Unternehmen	FKC	MKC	SKC	PKC	73,5	21	126	<63	>84
Innovationssystem	FKD	MKD	SKD	PKD	70,0	20	120	<60	>80
Σ min	19	20	22	23					
Σ max	114	120	132	138					
Σ krit -	<57	<60	<66	<69					
Σ krit +	>76	>80	>88	>92					
Mittelwert	66,5	70,0	77,0	80,5					

Aussagebereich als Ziel setzt. Modalwerte: Will man bei der Auswertung inhaltlich sehr differenziert vorgehen und die Beantwortung der einzelnen Items auswerten, so bietet sich statt der Itemmittelwerte der Modalwert an, also der Wert der Skala, der am häufigsten angekreuzt worden ist. Der Grund liegt darin, dass Mittelwerte oft sehr eng um die 3,5 als rechnerisch mittlerem Wert herum liegen, sodass sich zum Beispiel Zweien und Fünfen oder Einsen und Sechsen in der Mittelwertberechnung ausgleichen. Modalwerte zeigen hier klarer die Tendenz der Beantwortung auf. So mag bei einem Item der Mittelwert bei 3,5 liegen, der Modalwert aber bei 2. Während die 3,5 eine mittlere Beantwortung der Frage ausdrückt, sagt die 2 aus, dass die meisten Personen einen sehr niedrigen Wert ankreuzen. Das gesamte Erhebungsinstrument zur Innovationskompetenzanalyse befindet sich in Abschn. 12.1.

3.5 Ihr Lernerfolg aus diesem Kapitel

Dieses Kapitel dient dazu, Sie mit dem Handlungskompetenzmodell vertraut zu machen und um zu verstehen, warum eine weitere Dimension, die Umwelt in den Handlungen erbracht werden müssen, zu einer neuen Qualität von Handlung führt. Nach der Bearbeitung des Textes und der vertiefenden Aufgaben sollten Sie folgende Lernziele erreicht haben:

- Sie sollen die vier Kompetenzbereiche erläutern und richtig in den Kontext der Anforderungen am Arbeitsplatz einordnen können.
- Sie sollen die einzelnen Kompetenzbereiche voneinander abgrenzen können.
- Sie sollen Anforderungsprofile entwickeln können.
- Sie sollen Vergleiche zwischen Qualifikationsprofilen und Anforderungsprofilen anstellen können.
- Sie sollen aus den Vergleichsergebnissen Maßnahmen zur Entwicklung von Mitarbeitern gestalten können.
- Sie sollen die weiteren Dimensionen, die zur Innovationskompetenz führen nennen können und begründen, warum dies zu einer Erweiterung von Handlungskompetenz führt.
- sie sollen die Innovationskompetenzanalyse anwenden, auswerten und interpretieren können.
- Sie sollen die Anwendung von Analyseinstrumenten im Kontext von Innovationskompetenz begründen können.

3.6 Übungsaufgaben zu diesem Kapitel

Aufgabe 1
Erklären sie den Unterschied zwischen der Handlungskompetenz eines Sachbearbeiters in der Buchhaltung und der Innovationskompetenz desselben Sachbearbeiters bei der Einführung des TQM-Systems (Total Quality Management) als Prozessinnovation.

Aufgabe 2
Warum bezeichnet man das Handlungskompetenz- und das Innovationskompetenzmodell als Modelle in den Sozial- und Wirtschaftswissenschaften?

Aufgabe 3
Gibt es „Entwicklungskompetenz"? Begründen Sie Ihre Meinung.

Aufgabe 4
Jemand behauptet, alle vier Kompetenzbereiche des Innovationskompetenzmodells müssen bei allen Beteiligten gleich stark ausgeprägt sein. Ist die Behauptung richtig? Begründen Sie.

Aufgabe 5
Entwerfen Sie das Anforderungsprofil für einen Projektleiter in einem Großunternehmen, der wesentliche Bereiche des Total-Quality-Management-Systems als Prozessinnovation im Unternehmen einführen soll.

Literatur

Arnold, R. (1999). Schlüsselqualifikationen aus berufspädagogischer Sicht. In R. Arnold & H.-J. Müller (Hrsg.), *Kompetenzentwicklung durch Schlüsselqualifizierung* (S. 17–26). Schneider Verlag Hohengehren.

Arnold, R. (2000). *Das Santiago-Prinzip. Führung und Personalentwicklung im lernenden Unternehmen.* Fachverlag Deutscher Wirtschaftsdienst.

Dreesmann, H., & Kraemer-Fieger, S. (1994). *Moving – Neue Managementkonzepte zur Organisation des Wandels.* Springer-Gabler.

Münch, J. (1997). *Personal und Organisation als unternehmerische Erfolgsfaktoren.* Neres Verlag.

Münch, J. (Hrsg.) (2003). *Status und Rolle der Corporate University zwischen betrieblicher Bildungsabteilung und öffentlicher Hochschule.* Universität Kaiserslautern.

Nauendorf, W. (2004). *Total Quality Management als Vertrauensmanagement.* Hampp.

4 Widerstände bei der Nutzung von Innovationskompetenzen

Zusammenfassung

Widerstand in Change Management- und Veränderungsprozessen ist ein gängiges Phänomen und tritt regelmäßig auf. Widerstände werden dabei oft als „lästig" und störend empfunden. Dabei haben sie eine durchaus sinnvolle Funktion. Lesen Sie in diesem Kapitel, wie man Widerstände in Veränderungsprozessen, Organisationsentwicklung und Innovationsmanagement produktiv nutzen kann. Leider genügt das Wissen über den Grad der Innovationskompetenz nicht aus, um zu erfahren, wie viel Widerstände tatsächlich noch aufgebaut werden, bis die Innovationen tatsächlich auch umgesetzt werden. In diesem Kapitel werden die psychologischen Aspekte bei der Umsetzung von Innovationen in Organisationen dargestellt. Im Fokus der Ausführungen stehen Angst und Widerstand der Betroffenen sowie die Frage nach den Wirkungen, die Veränderungen in Organisationen auf Individuen ausüben. Daraus ergeben sich eine Reihe von Faktoren, die bei der Gestaltung eines betriebs- und führungspädagogischen Modells zur Integration von Innovationskompetenz in die Unternehmenspraxis zu beachten sind. Einem systemischen Organisationsverständnis folgend, kann festgestellt werden, dass jede Veränderung, also auch jede Innovation immer alle Aspekte einer Organisation erfasst. Gleichgültig, wodurch die Veränderungen ausgelöst werden, immer verändern sich die Aufgaben, die Struktur und die Kultur der Organisation. Zuerst soll die Frage beantwortet werden, inwieweit die Individuen einer Organisation durch Veränderungen des jeweiligen Arbeitsbereiches in ihrer Bereitschaft und Möglichkeit beeinflusst werden, die weiterhin geforderte Leistung zu erbringen.

© Der/die Autor(en), exklusiv lizenziert an Springer Fachmedien Wiesbaden GmbH, ein Teil von Springer Nature 2023
W. Nauendorf, *Innovationskompetenz und Leadership*,
https://doi.org/10.1007/978-3-658-42678-1_4

4.1 Die organisationspsychologische Bedeutung von Veränderungen

Veränderungen betreffen sowohl das Aufgabenverständnis der Beschäftigten als auch die Ziele und Strategien bei deren Bearbeitung. Die Ausprägungen der Kernkompetenzen des Einzelnen müssen nach der Veränderung genauso überprüft werden wie der Sinn der Aufgabenerfüllung im Kontext des gesamten Arbeitsbereiches. Organisationspsychologisch betrachtet, geben Aufgabenstellungen bzw. Arbeitsanweisungen den Mitarbeitenden eine bestimmte Richtung in ihrem Handeln vor und ermöglichen die Orientierung des Einzelnen in den zum Teil komplexen Arbeitsabläufen. Arbeitsanweisungen und Aufgabenstellungen sollen Sinn vermitteln und damit die Bindung affektiver Energien ermöglichen. Das bedeutet einen ersten Schritt zur Identifikation des Einzelnen mit seinem Arbeitsplatz. Demzufolge schaffen sinnvolle Aufgabenstellungen am Arbeitsplatz Verbindlichkeiten, ermöglichen Gemeinsinn und damit kooperativen Zusammenhalt. Sie eröffnen aber auch Entwicklungsmöglichkeiten für die Mitarbeitenden, stecken Handlungsspielräume ab und fördern die Autonomie. Aber es sind auch Risiken damit verbunden: Je nach kognitivem Orientierungsstil mehr oder weniger stark ausgeprägt, werden veränderte Aufgabenstellungen bei einem Teil der Mitarbeitenden Orientierungslosigkeit hervorrufen, werden Einzelne in eine Sinnkrise stürzen, werden Frustration sowie Aggression erzeugen und zum Verlust der gemeinsamen Idee und des Zusammenhalts führen. Als Ergebnis einer Veränderung kann Verlust der Identifikation und somit weniger Engagement und Motivation resultieren. Die Arbeits- und Organisationsstrukturen eines Unternehmens müssen sich im Zuge von Veränderungen ebenfalls neu entwickeln. Dies bezieht sich auf folgende Bereiche:

- Aufgabenteilung
- Vergabe formaler Kompetenz
- Übertragung von Verantwortung
- Regelung der Arbeitsabläufe
- Anwendung unternehmensspezifischer Führungsinstrumente

Arbeits- und Organisationsstrukturen sind von der Organisation formal oder informell vorgegebene, sicht- und spürbare Rahmenbedingungen, die den Einfluss des einzelnen Mitarbeiters, die Machtverteilung, soziale Einbindung und Entwicklungsmöglichkeiten regeln. Organisationsstrukturen sind Orientierungshilfe für das Individuum, bieten Stütze und Halt und reduzieren Beliebigkeit. In Verbindung mit der Angstreduzierung und -abwehr geben organisationale Strukturen Sicherheit und dienen der Konfliktregelung. Bei Veränderung der Strukturen erzeugt dies Ungewissheit, Orientierungslosigkeit und letztendlich Angst. Durch Verwendung von Energie für interne Auseinandersetzungen aufgrund mangelhafter Information, um neue Strukturen zu verstehen, statt für neue Aufgabenstellungen, wird Frustration beim Einzelnen erzeugt. Es treten Interessenkonflikte und Verlust von Perspektiven auf, sodass häufig der Einzelne im Unternehmen in die organisationale Isolation getrieben wird. Neben Arbeitsaufgaben und Strukturen wird beim Innovationsmanagement die Unternehmenskultur unter organisationspsychologischen Gesichtspunkten eine Veränderung erfahren. Durch die Unternehmenskultur wird bewusst oder unbewusst die Interpretation von Aufgaben und die strukturelle Ausgestaltung der Organisation „geregelt". Sie bestimmt die Fähigkeit zur kritischen Realitätsprüfung und Auseinandersetzung mit dem Wirklichkeitsverständnis. Durch sie wird die Qualität aller Handlungen und Verhaltensweisen bestimmt und damit die Qualität von Kommunikation und Interaktion im Unternehmen. Sie ist maßgebend für das im Unternehmen entwickelte Vertrauen und bestimmt somit die Fähigkeit zur Konfliktregelung. Die Unternehmenskultur ist es, die das Betriebsklima bestimmt, das Zusammengehörigkeitsgefühl aller Mitglieder des Unternehmens definiert und die Stärke der Kohäsionskräfte festlegt. Sie vermittelt das Gefühl einer Einheit, ermöglicht das Bewusstsein der Identität der Organisation als Ganzes und in ihrer Biografie und ermöglicht die Sinnhaftigkeit und Zweckorientierung, auch der informellen Strukturen im Unternehmen. Dies zeigen auch die Ergebnisse von Befragungen, die der Verfasser in mehreren Unternehmen durchgeführt hat. In den Unternehmen, in denen die Befragten subjektiv das Gefühl hatten, ihre Umsetzungsbemühungen im Rahmen von Prozessinnovationen (z. B. Einführung von TQM, neuer Entgeltstrukturen u. ä.) wären erfolgreich, wurden auch die Faktoren, die im Wesentlichen die Unternehmenskultur beeinflussen, wie Führungsverhalten, Mitarbeiterbeziehungen, organisationales Umfeld, Information und Kommunikation sowie das „Betriebsklima" positiv beurteilt. Wenn Veränderungen geplant, teilweise schon umgesetzt sind oder auch nur „geahnt" werden, kann dies bei einigen Organisationsmitgliedern bereits zu Orientierungslosigkeit und Verwirrung führen. Sie wollen wissen, was noch gilt; kommt die Antwort darauf nicht prompt genug bzw. wird der Wahrheitsgehalt der Antwort angezweifelt, treten Motivationsverluste und mangelndes Engagement auf. Einige Mitarbeiter erleben Sinnkrisen, da das Zusammenwirken der einzelnen Mitarbeiter in Mitleidenschaft gezogen wird. Es tritt Vertrauensverlust auf und damit werden vermehrt Einzelinteressen verfolgt und nicht mehr Unternehmensziele. Der unsensible Umgang bei geplanten Veränderungen mit den Aspekten Arbeitsaufgabe, Arbeits- und Organisationsstruktur und Unternehmenskultur gefährdet in hohem Maße die Leistungsbereitschaft und -fähigkeit der Mitarbeiter und bedroht damit sogar die Existenz des Unternehmens.

4.2 Phasen der Veränderungen im Innovationsmanagement

Die Umsetzung von Veränderungen im Unternehmen verläuft nicht gradlinig, sondern es ist ein Prozess, der immer wieder von Rückschlägen gekennzeichnet ist. Dieser Verlauf wird durch die operationalen Phasen, die von den „Innovationsmanagern" durchgeführt werden, und durch die auftretenden Reaktionsmuster der Beteiligten beschreibbar (vgl. Abb. 4.1).

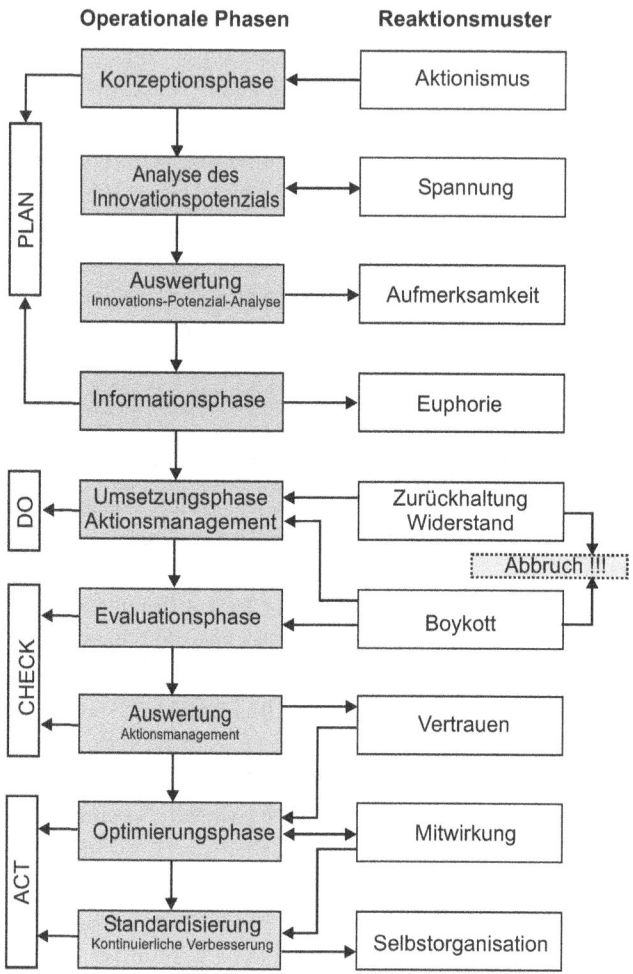

Abb. 4.1 Zusammenhang zwischen operationalen Phasen und Reaktionsmustern der Betroffenen während der Umsetzung von Innovationen. (Quelle: Nauendorf, 2004: S. 97)

Die technischen Gesichtspunkte des Innovationsmanagements stehen häufig so im Vordergrund, dass dabei die ausführenden Individuen mit ihren Verhaltensweisen übersehen werden. So ist insbesondere eine aufeinander abgestimmte Anzahl von Einzelaktionen zur Erreichung einer komplexeren Veränderung trotz aller Planungen selten effektiv und oft mit allerlei Widerständen verbunden. Was Widerstand ist und wie damit umgegangen werden soll, wird im nächsten Abschnitt beschrieben, denn vielfach droht an dieser Stelle des Prozesses schon ein Abbruch der Veränderungsmaßnahmen.

4.3 Widerstand gegen Innovationen

Innovationen beinhalten immer Veränderungen und Veränderung bedeutet für den Einzelnen immer Veränderung seiner Wirklichkeit. Welche Wirklichkeit aber soll verändert werden, wenn diese von Menschen sehr verschieden wahrgenommen wird? Das, was Menschen erkennen, ist davon abhängig, was sie zu erkennen gewohnt sind. Was sie zu erkennen gewohnt sind, wird durch individuelle Deutungsmuster geprägt. Der Begriff „Deutungsmuster" beschreibt den Sachverhalt, dass Menschen über einen Vorrat an Perspektiven und Routinen zur Deutung und Interpretation von Situationen verfügen. Der Einzelne wägt in einer Situation nicht jeweils erneut ab, was diese Situation bedeutet, was sie von ihm erwartet und wie er sich am besten ihr gegenüber verhalten sollte; er verfügt vielmehr über ein Alltags- und Routinewissen, auf das er zurückgreifen kann. Dieses Wissen ist strukturiert; es setzt sich aus Deutungsmustern zusammen, die durch Erfahrungslernen erworben sind. Da diese schon in der frühkindlichen Entwicklung Grundorientierungen bieten und über die weiteren Entwicklungsphasen für die Entstehung moralischer oder politischer Orientierungen verantwortlich sind, prägen sie die Basispersönlichkeit. Deutungsmuster sind im Individuum festgesetzte soziale Erfahrungen.

Interpretationen und Verhaltensweisen, die sich bewährt haben, werden auf andere ähnliche oder gleiche Situationen übertragen. Bewähren sie sich, so werden sie abgespeichert, erweisen sie sich als falsch oder unzureichend, werden sie modifiziert oder weiterentwickelt.

Trotz dieser scheinbaren Dynamik sind Deutungsmuster häufig relativ stabil. Die Menschen sind in der Regel darum bemüht, an ihren Sichtweisen festzuhalten. Sie sind ihnen vertraut und helfen ihnen, ihre Welt so zu interpretieren, dass eine mehr oder weniger konsistente Wirklichkeit entsteht. Deutungsmuster sind auf Kontinuität angelegt und bieten dem Einzelnen Sicherheit, Vertrautheit und Gewissheit. Dies kann bei Veränderungsprozessen eine große Gefahr darstellen. Das Bemühen um Kontinuität der Sichtweisen kann nämlich zu Lasten einer adäquaten Interpretation neuer Anforderungen und Problemsituationen gehen.

„Die Stabilität und Kontinuität von Deutungsmustern, um die sich das Individuum ständig bemüht, wird somit durch den beständigen Wandel der betrieblichen und privaten Anforderungen nachdrücklich konterkariert und in Frage gestellt. Und es spricht einiges dafür, dass der erfahrene Mensch, der weiß, was er will und sich durch nichts so schnell aus der Ruhe bringen lässt, nicht mehr identisch ist mit dem Menschen, der in kontinuierlichen Wandlungsprozessen beständig um die Stabilität und Kontinuität seiner Deutungsmuster ringt." (Arnold, 2000, S. 81) Im Unternehmen, in dem Handlungsorientierungen und Sichtweisen unmittelbar mit der Persönlichkeitskompetenz des Einzelnen zusammenhängen, können tiefgreifende Veränderungen nur selten erreicht werden, ohne dass es zu Identitätskrisen kommt, in denen der Einzelne gezwungen ist, seine Eigenbeschreibungen und Deutungsmuster zu revidieren. Wenn Entscheidungen oder Maßnahmen, die der Unternehmensleitung als sinnvoll erscheinen, bei einzelnen Mitarbeitern, Gruppen oder bei der ganzen Belegschaft auf Ablehnung stoßen, Bedenken erzeugen oder unterlaufen werden, kann von Widerstand gesprochen werden. Widerstände sind eine existenzielle Notwendigkeit für die Ausbildung von Identität. Fehlen sie, kommt es zu einer Desintegration des Ichs. Allerdings können Abwehrmechanismen, die zunächst vielleicht Schutz gegeben haben, auch unangemessen sein und zu einer immer weiter greifenden Entfremdung von der Außenwelt und dauernden Schwächung des Ichs führen.

4.4 Individuelle Widerstände und Widerstände durch Gruppen

In der einschlägigen Literatur (hier sind besonders zu nennen: Schmidtbauer, 1982; Doppler & Lauterburg, 1994; Lewin, 1951) tauchen generell fünf Thesen zu Widerständen bei Veränderungsprozessen auf:

- Es gibt keine Veränderungen ohne Widerstände.
- Widerstand beruht auf Verdrängungen und äußert sich daher nicht unmittelbar sichtbar, sondern eher in Form von verschlüsselten Botschaften.
- Nichtbeachtung von Widerstand führt zu Blockaden.
- Veränderungen finden nicht gegen den Widerstand statt, sondern mit ihm.
- Die änderungshemmenden Kräfte und die änderungsfördernden Kräfte sind unabdingbare Komponenten der Systemstabilität.

Um Veränderungsprozesse im System zu bewerkstelligen, also einen organisatorischen Übergang von alten Deutungs- und Verhaltensmustern zu einer zukunftsorientierten Form der Problembewältigung einzuleiten, müssen die hemmenden Kräfte vermindert und die fördernden Kräfte verstärkt werden (vgl. Abb. 4.2).

Im Hinblick auf Veränderungsprozesse im soziotechnologischen System Unternehmen muss der Begriff „Widerstand" operationalisiert und näher definiert werden.

Verhaltenswiderstände gehen von einzelnen Organisationsmitgliedern und von Gruppen aus. Sie können unterschiedlich motiviert sein: von der Bedrohung einer Machtposition über konträre Wertvorstellungen bis hin zu Ängsten, den Anforderungen der Veränderung nicht gewachsen zu sein. Neben der aktiven Form des Widerstandes existiert auch ein „Unvermögen zum Wandel", das seine Ursachen in den schon erwähnten festgefahrenen Denkstrukturen oder tradierten Normenkonstrukten (Deutungsmuster) haben kann. Man spricht auch von „Verhaltensträgheit". Nach vielfachen Erfahrungen des Autors in der team- und unternehmensorientierten Supervision muss m. E. Widerstand stets in Beziehung zum Phänomen der Angst gesehen werden. Angst entsteht aus dem „Verlust an Umweltkontrolle", d. h. dem „Verlust an Handlungsfähigkeit und Orientierung". Hinter Abwehr und Widerstand versteckt sich also allemal Angst, die verborgen

4.4 Individuelle Widerstände und Widerstände durch Gruppen

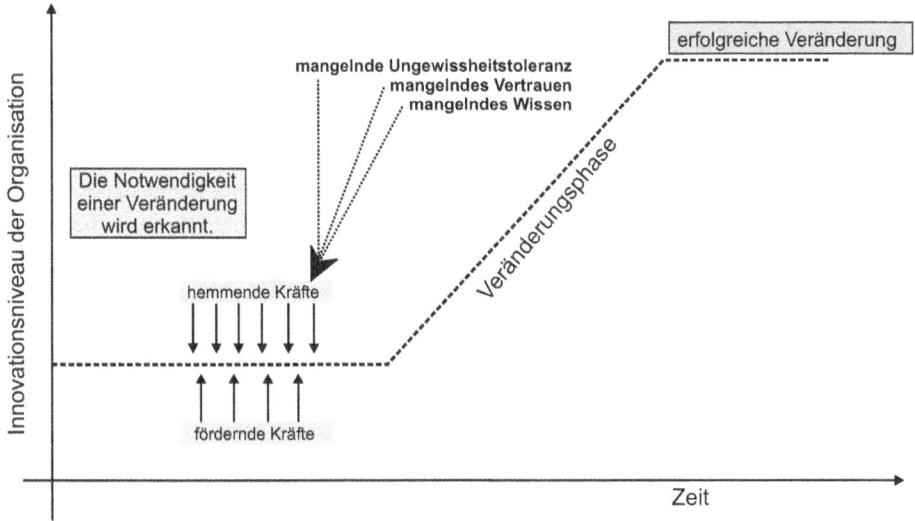

Abb. 4.2 Ablauf einer Veränderung (vgl. Nauendorf, 2004: S. 111)

bleiben will. „Man will bestimmte Dinge nicht an sich heranlassen, weil sie Angst erzeugend sind." Widerstand dient der Angstabwehr. Potenziell können so alle als problematisch erlebten Situationen im Rahmen von Veränderungsprozessen Anlässe für einen Widerstand darstellen, indem sie subjektiv verborgene oder auch bewusste Ängste auslösen. Veränderungen können auf der individuellen Ebene eines Mitarbeiters einhergehen mit eingetretenen negativen Folgen oder subjektiv befürchteten Auswirkungen auf den bisherigen Status und den Einfluss, das Tätigkeitsspektrum, die Arbeitsbedingungen und -beziehungen, die Vergütung und die Arbeitsplatzsicherheit. Es überwiegen ökonomische und soziale Ursachen von Widerständen, und somit ist die Akzeptanz von Veränderungen eher gering zu bewerten. Aber man kann keinen Automatismus in dem Sinne unterstellen, dass jegliche Form des Verlustes von Kontrolle, Macht und Sicherheit angesichts von Veränderungen zum Widerstand führen muss, weil das Gefühl existenzieller Bedrohung, die Stärke des Angstempfindens und das aktive Aufbegehren von individuellen Erfahrungen und Gewohnheiten, der jeweiligen Persönlichkeitskompetenz, dem aktuellen Umfeld und den zukünftigen Perspektiven abhängig sind. Wahrscheinlich wird Widerstand erst nach Überschreiten eines individuell unterschiedlichen Schwellenwertes evident und durchläuft im Sinne eines Prozesses mehrere Phasen, die sich von einem diffusen Gefühl über den verbalen Widerspruch bis zum Handlungsakt entwickeln können. (vgl. „Das Widerstandsexperiment" von Gamson/Fireman/Rytine, zit. n. Staehle, 1991, S. 900) Neben diesem ökonomisch und sozialpsychologisch orientierten Widerstand wird auch Widerstand gegen mögliche zukünftige Überforderung und Überlastung entwickelt. So kann beispielsweise die Einführung von kooperativen Arbeitsformen und die Betonung der Selbstorganisation als problemlösungsorientiertes Handlungsprinzip genauso wie die Einführung von TQM mit seinen qualitätssichernden Methoden und Instrumenten eine interessante Veränderung von Arbeitsorganisationen und -abläufen bedeuten. Parallel dazu erfolgt in diesem Prozess eine Delegation von Verantwortung auf die Mitarbeiter. Angesichts der angeführten Veränderungen können sich einzelne Mitarbeiter subjektiv überfordert fühlen. Die Angst vor Überforderung hängt dabei sicherlich vom Grad der Neuartigkeit und dem Ausmaß der Veränderung ab, aber dies stellt hier kein Verlustproblem, sondern ein Kompetenzproblem dar. „Furcht und Angst entstehen ..., wenn der Mitarbeiter die Aufgabenstellung als ungewöhnlich schwierig oder gar unlösbar empfindet." (Becker & Langosch, 2002, S. 1993) Fehlt das Wissen über einen neuen Sachverhalt, über eine neue Methode, über den Veränderungsprozess oder über den Sinn und Nutzen der Veränderung, entsteht zwangsläufig Angst vor Überforderung und diese aktiviert Widerstand gegenüber der Neuerung. Die individuelle Wahrnehmung, die Informationsverarbeitung, das Verhalten von Individuen und damit auch der Wille und die Fähigkeit, Veränderungsprozesse mitzutragen, ist abhängig von sozialer Interaktion. Aus Untersuchungen (vgl. Duncan, 1975) kann geschlossen werden, dass Individuen, selbst wenn sie Veränderungen als notwendig erachten, am Status quo festhalten, wenn sie sich in einer den Wandel ablehnenden Gruppe befinden. Starker Widerstand gegen Veränderung ist zu erwarten, wenn eine Gruppe einen hohen Grad an Kohäsion aufweist. Dies äußert sich darin, dass homogene Gruppen stärker am bestehenden Status festhalten, eine höhere Risikoaversion sowie eine verringerte Informationsverarbeitungskapazität aufweisen, die sich – insbesondere, wenn es um die Generierung von innovativen Lösungen geht – negativ auf die Produktivität einer Gruppe auswirken.

Der Gruppenzusammensetzung kommt bei Veränderungsprozessen ebenfalls eine ausschlaggebende Bedeutung zu:

- Gruppen mit sichtbaren Unterschieden der Gruppenmitglieder bzgl. Rasse, Herkunft, Geschlecht, Funktion, Ausbildung u. Ä., erbringen eine höhere Leistung bei der Wahrnehmung und Lösung von Problemen.
- Interessengegensätze zwischen Gruppen äußern sich in Form von Machtkämpfen und im Streit um Ressourcen. Dabei wird der Vorteil für das Gesamtunternehmen den Eigeninteressen der machthabenden Gruppen vollständig geopfert oder aber es werden Anpassungen so lange verzögert, bis die Entscheidungsträger für eine Änderung so gerüstet sind, dass sie ihre Machtposition erhalten können.

Nachdem individueller Widerstand und der Widerstand in Gruppen als besondere Form von Widerstand identifiziert sind, müssen davon jetzt die Systemwiderstände abgegrenzt werden.

4.5 Widerstände des Systems

Bei Veränderungsprozessen treten Systemwiderstände zwischen der Organisation und den Mitarbeitern oder des Unternehmens und ihrem Umfeld auf. Diese Widerstände lassen sich auf fehlende Kompetenzen bei der Strategie- und Innovationsplanung zurückführen, die aus einer vorherrschenden Orientierung auf kurzfristige Ergebnisse oder aus einer traditionalistischen Führungskultur resultieren können. Die gesamte Unternehmensentwicklung hat insofern bremsenden Einfluss auf die Umsetzung von Veränderungen, als vergangene Erfolge bewirken, dass Strategien, Strukturen, Werte und Verhaltensweisen auch bei Misserfolgen weiter fortbestehen und nicht an die Bedürfnisse der Zeit angepasst werden. Wandel wird verhindert, weil die dominanten Gruppen ihre Machtgrundlage erhalten wollen und Veränderungen die Gefahr in sich bergen, dass diese verloren geht. Dominante Koalitionen in Organisationen versuchen deshalb, sich möglichst lange gegen organisationale Veränderungen zu sträuben. Daneben hat auch die Organisationsstruktur einen starken Einfluss auf die Veränderungsbereitschaft und -fähigkeit eines Unternehmens. So legt z. B. die Anzahl der Hierarchiestufen fest, wie stark Informationen gefiltert werden, bis sie an die Entscheidungsträger gelangen. Komplizierte Strukturen führen so zu Informationsverzerrungen und zu einer Verminderung von Reaktionsfähigkeit bei notwendigen Veränderungen. Veränderungsmanagement muss daher immer mit einer immanenten Konservativität des Systems rechnen, das zunächst darauf bedacht ist, alles Neue vor den „Richtern" der internen Kategorien und Werte zu akkreditieren.

4.6 Ihr Lernerfolg aus diesem Kapitel

Als Ergebnis der bisherigen Ausführungen sollten Sie folgende Fakten verstehen und erläutern können: Widerstände sind Ausdruck des organisationalen Bemühens, die eigene Identität zu bewahren. Widerstände manifestieren sich in systemischen Kategorien und Werten, die intern zu ständigen Folgeoperationen führen. Diese Folgeoperationen bieten aber Anknüpfungspunkte für Veränderungen, und nur mit, nicht gegen ihre Logik lassen sich Veränderungsprozesse induzieren. Da soziale Systeme als operativ geschlossene Einheiten definiert sind, muss sich – und das ist der Kern des Problems – das Management des Veränderungsprozesses in der Sprache des Systems verständlich machen und Anschlussfähigkeit herstellen. Man kann nicht damit rechnen, dass mit fertigen Konzepten in einem eigengesetzlichen Feld die geplanten Ergebnisse erreicht werden können. Die Konzepte müssen so lange modifiziert werden, bis sich Anschlussmöglichkeiten an das zu verändernde System ergeben haben. An dieser Stelle sollen die unterschiedlichen Ebenen betrachtet werden, in denen dieser Anschluss ermöglicht werden muss. Auf der Ebene der Individuen sorgt die organisatorische Sozialisation dafür, dass diese sehr schnell lernen, die Realität durch die Brille der etablierten Diskussion zu betrachten: Wer daneben redet (am Diskurs vorbei), andere Fachausdrücke verwendet, oder so redet, als wäre er von der Allgemeingültigkeit des Diskurses nicht durchdrungen, wird in eine abseitige Position gezwungen. Auf der Ebene der verschiedenen Gruppen werden Neuerungen etwa als Bedrohung des eigenen Expertentums ausgegrenzt: „Ob sie nun innerhalb oder außerhalb des Unternehmens entstanden sind, eine Innovation kommt denjenigen, die nicht auf die Idee gekommen sind, oft als Kränkung vor, naturgemäß umso mehr, als ihre ureigenste Aufgabe eben darin besteht, auf Ideen zu kommen." Schließlich verhindern die unterschiedlichsten organisatorischen Strukturen und Abläufe, Anordnungen und Reglements die Verbreitung von Veränderungen. Sie sind die unerbittlichen Regulatoren, die das organisatorische Immunsystem aufrechterhalten: „… wer vom Fragerecht Gebrauch machen will, dem tritt die Macht in der Gestalt eines Formulars, eines Vorgesetzten, eines Vertreters entgegen. Derjenige, der die Modalitäten festgelegt hat, ist nicht greifbar. Die Macht versteckt sich unter einem riesigen Haufen von Texten und leistet von dort aus Widerstand Wie schon in Abb. 4.1 ersichtlich, ist im dort geschilderten Phasenkonzept jetzt der Zeitpunkt gekommen, an dem entschieden werden muss, ob und wie der Veränderungsprozess weitergeführt wird. Leider wird oftmals an dieser Stelle den Widerständen nachgegeben und Veränderungsprozesse nehmen einen nicht geplanten Verlauf. In den folgenden Kapiteln werden die wesentlichen Erfolgsfaktoren zur Entwicklung von Innovationskompetenzen erörtert. Aber zuerst:

4.7 Übungsaufgaben zu diesem Kapitel

Aufgabe 1
Begründen Sie, warum zu Veränderungsprozessen Widerstände gehören.

Aufgabe 2
Nennen Sie Möglichkeiten zur Reduzierung von Innovationswiderständen.

Aufgabe 3
Nennen Sie Maßnahmen, die ein gemeinsames Miteinander zwischen Innovation und Widerstand ermöglichen.

Aufgabe 4
Erläutern Sie die Deutungsmustertheorie beim Aufbau individueller Widerstände.

Aufgabe 5
Nennen Sie Reaktionen und Verhaltensweisen einzelner Mitarbeiter im betrieblichen Alltag, die auf „Widerstand" hindeuten.

Literatur

Arnold, R. (2000). *Das Santiago-Prinzip. Führung und Personalentwicklung im lernenden Unternehmen.* Fachverlag Deutscher Wirtschaftsdienst.

Becker, H., & Langosch, I. (2002). *Produktivität und Menschlichkeit: Organisationsentwicklung und ihre Anwendung in der Praxis.* De Gruyter Oldenbourg.

Duncan, W. J. (1975). *Essentials of Management* (Bd. III). Dryden Press.

Doppler, K., & Lauterburg, C. (1994). *Change Management. Den Unternehmenswandel gestalten.* Campus.

Lewin, K. (1951). *Field theory and social science.* Harper & Brothers.

Schmidtbauer, W. (1982). Die Verdrängung und andere Abwehrmechanismen. In D. Eicke (Hrsg.), *Sigmund Freud, Leben, Werk und Wirkung, Band 1: Tiefenpsychologie.* Beltz.

Staehle, W. (1991). *Management: Eine verhaltenswissenschaftliche Perspektive.* Verlag F. Vahlen.

Nauendorf, W. (2004). *Total Quality Management als Vertrauensmanagement.* Rainer Hampp-Verlag.

5 Innovationen entstehen durch Vertrauen

> **Zusammenfassung**
>
> In den letzten Jahren ist die Bedeutung von Vertrauen für produktive Arbeit und besonders für erfolgreiche Innovationsprozesse immer stärker thematisiert worden. Um diese Bedeutung richtig einschätzen zu können, liegt es nahe zu fragen, welchen Unterschied es für Innovationsprozesse macht, ob das Vertrauen unter den Mitarbeitern hoch oder eher gering ist und welche Bedingungen Vertrauen fördern. Das psychologische Konstrukt Vertrauen ist im Privatleben eine wichtige Voraussetzung dafür das ein Miteinander zwischen den Individuen reibungsloser verläuft. In diesem Kapitel sollen die Lernenden die Frage beantworten können, ob diese Voraussetzung auch im betrieblichen Umfeld eine Rolle spielt. Gleichzeitig sollen die Lernenden dazu sensibilisiert werden „Vertrauensmanagement" richtig in den Unternehmenskontext zu transferieren.

5.1 Vertrauen und seine Handhabung im Innovationsmanagement

Effektive Zusammenarbeit im Unternehmen, aber auch zwischen Organisationseinheiten bzw. Organisationen ist nur dann möglich, wenn sich die handelnden Personen aufeinander verlassen können. Wie schon erwähnt, ist ein Ende der tayloristischen Organisation hoher Arbeitsteilung und Spezialisierung, die zugleich von einem reduktionistischen Menschenbild und einem Misstrauen gegenüber dem Verhalten der Mitarbeiter getragen wird, abzusehen. Aber mit immer höherer zu bewältigender Außenkomplexität gehört intern die Überwindung und Vermeidung von Schnittstellen zu der vordringlicheren Aufgabe. Sie wird traditionell immer noch durch Planungs-, Lenkungs-,

Informations- und Kontrollsysteme zu lösen versucht. Ein derartiger Ansatz hat jedoch einen wesentlichen Nachteil: Diese Systeme produzieren selbst Eigenkomplexität im Unternehmen, sie lenken das Verhalten der Mitarbeiter von den primären Zielen und Aufgaben ab und tendieren dazu, die Strukturen im Unternehmen zu bürokratisieren und Entscheidungen über formale Wege hinauszuzögern, um sie dann eventuell in einer anderen Zeitphase nicht mehr treffen zu müssen. Weil dies auf Dauer für die Unternehmensentwicklung erheblichen Schaden verursacht, ist die Diskussion und (teilweise) Umsetzung neuer Organisations- und Führungskonzepte in nahezu allen Unternehmen zu finden. Mehr zwischenmenschliches Vertrauen wäre der Weg, die personale Unternehmenswirklichkeit zu verändern. Daraus könnte eine Vertrauensbeziehung zwischen Mitarbeitenden und Management resultieren und die Entwicklung einer Vertrauensorganisation ermöglichen. Die Schaffung von interpersonalem und organisationalem Vertrauen ist eine besonders wichtige Managementaufgabe bei Innovationsprozessen. Aber was ist Vertrauen und wie lässt sich Misstrauen abbauen und Vertrauen fördern? Häufig findet man als Umschreibung für Vertrauen die Erwartung einer Person oder Gruppe, sich auf andere Menschen oder Gruppen verlassen zu können. Dies wird als „interpersonales Vertrauen" bezeichnet und stellt eine generalisierte Erwartungshaltung dar, die über soziales Lernen und im direkten Umgang mit primären Instanzen der Entwicklung und Erziehung (vor allem Eltern, Lehrende, Freunde) erworben und darüber hinaus direkt oder indirekt wesentlich über Kommunikation (wichtige Personen, Arbeitswelt, Medien) vermittelt wird.

5.2 Vertrauensdimensionen im Rahmen von Innovationsprozessen

Das interpersonale Vertrauen entspricht der Erwartung eines Individuums oder einer Gruppe, dass man sich auf das Wort, die Versprechen, die verbalen oder geschriebenen Aussagen anderer Individuen oder Gruppen verlassen kann. Die sich durch Vertrauensbildung eröffnenden Möglichkeiten können zusammengefasst werden.

▶ **Vertrauen** soll kooperatives Verhalten und adaptive organisationale Strukturen (Netzwerkbildung) unterstützen, negativ verlaufende Konflikte und Transaktionskosten reduzieren, Kommunikation und Kooperation fördern, die schnelle Bildung von Ad-hoc-Arbeitsgruppen erleichtern, effektive Reaktionen bei Konflikten, Störungen und in Krisen unterstützen und Leistungsbereitschaft sowie erfolgreiche Aufgabenbewältigung fördern.

Vertrauen ist aber nicht gleichzusetzen mit Kooperation; diese kann aus verschiedenen Gründen zustande kommen – auch aufgrund von Vertrauen –, wobei direkter oder indirekter Zwang eine weitere wesentliche Rolle spielen kann. Vertrauen ist nicht nur Ursache, sondern auch das Ergebnis von tiefer Abhängigkeit und Identitätsbildung und eine Größe, die interpersonale oder soziale Beziehungen mitbestimmt bzw. moderiert. Dazu müssen Vertrauensbeziehungen aufgebaut werden. Vertrauensbeziehungen entstehen und reproduzieren sich alltäglich, wenn die in sie einbezogenen Personen und Gruppen sich aus der gegenseitigen Interaktion und Kooperation Vorteile versprechen. Damit eine interaktive Beziehung aber überhaupt zustande kommt, müssen sich die Teilnehmer an der Interaktion, die hier als sozialer Tauschprozess beschrieben wird, wechselseitig zunächst nur den Eindruck vermitteln, dass sich eine gemeinsame Verbindung für sie zukünftig als lohnend erweisen wird. Ist eine solche Verbindung erst einmal zustande gekommen, dann steht, sobald einer der Beteiligten aus der sozialen Tauschbeziehung wirklichen oder vermeintlichen Nutzen gezogen hat, dieser nunmehr selbst unter der unausgesprochenen Verpflichtung, die ihm gewährte Vergünstigung zu erwidern und dem anderen wiederum Vorteile zu verschaffen. Sobald die gegenseitigen Beziehungen in soziale Tauschverhältnisse eingelassen sind, beginnt ein sich wechselseitig verstärkender Prozess, der zur Folge hat, dass alle Beteiligten von den Erwartungshaltungen profitieren, aufgrund derer sie sich wechselseitig unterstützen. Der immer wiederkehrende Austausch von Vergünstigungen verfestigt dann das soziale Band, das zwischen den Teilhabern am sozialen Tausch besteht, immer mehr. Wenn nun innerhalb eines durch soziale Tauschbeziehungen strukturierten Handlungskontexts jemand daran scheitert, seine Verpflichtungen einzulösen und in irgendeiner Form die ihm gewährten Vergünstigungen zu erwidern, dann nimmt er den anderen den Anreiz, die freundschaftliche Beziehung mit ihm fortzusetzen. Zudem kann er schnell der Undankbarkeit bezichtigt werden. Weil jede freiwillig gewährte Vergünstigung die Erwartung einer Erwiderung beinhaltet, stellt also allein schon die bloße Möglichkeit einer solchen Anklage eine soziale Sanktionierung dar, die Personen davon abhält, ihren Verpflichtungen nicht nachzukommen. Sozialer Tausch kommt immer dann zustande, wenn eine Person oder Personengruppe etwas anzubieten hat, was eine andere benötigt oder sich wünscht, z. B. Hilfe bei der Bewältigung von Arbeit oder materielle Leistungen, dem diese jedoch nichts Gleichwertiges entgegenzusetzen hat. Eine Person, die anderen Personen Hilfe leisten und materielle Vergünstigungen gewähren kann (z. B. eine Führungskraft), obwohl diese sich ihrerseits nicht erkenntlich zeigen können, erlangt Macht über andere, indem sie die Bereitstellung von Hilfe und Vergünstigungen an Willfährigkeit bindet. In diesem Fall der einseitigen Gewährung von Vorteilen produziert sozialer Tausch Differenzierungen und Statusausprägungen. Innerhalb einer auf gegenseitiger Abhängigkeit beruhenden Organisationsstruktur fügen sich die Beteiligten nahezu vollständig in die ihnen formell vorgeschriebenen Rollen. Sie führen die ihnen gegebenen Anweisungen strikt aus, ergreifen jedoch von sich aus keiner darüber hinaus gehenden Initiative und übernehmen vor allem keine Verantwortung. Deshalb kann sich auch kein kooperativer Arbeitsprozess entwickeln. Darüber hinaus ruft der geringe Einfluss von Beschäftigten und die mangelnde Befriedigung ihrer Interessen mittel- und längerfristig immer wieder Spannungen und Widerstände hervor, die gewollte Veränderungen in Unternehmen immer wieder verzögern. Eine solche einseitig hierarchisch dominierte traditionelle Struktur widerspricht aber genau den Prinzipien zukunftsorientierter Managementkonzepte. Deren Ziele sind auf Dauer nur im Rahmen einer auf Vertrauen und sozialem Tausch beruhenden komplexen Organisationsstruktur zu erreichen. Innerhalb von Arbeitsorganisationen kann aufgrund der hierarchisch ungleich verteilten Verfügungsgewalt über materielle Ressourcen grundsätzlich nicht von einer gleichgewichtigen Tauschbeziehung zwischen Vertretern verschiedener Hierarchieebenen und Statusgruppen ausgegangen werden. Denn allein die Führungskräfte können aufgrund ihrer Verfügungsmacht über materielle Ressourcen und ihres Rechts auf legale Machtausübung Verhalten belohnen oder bestrafen. Dies scheint auf den ersten Blick einseitig, wenn nur die materiellen und rechtlichen Bedingungen in den Vordergrund gerückt werden, denn innerhalb von Arbeitsorganisationen verfügen die Beschäftigten in der Regel auch über eine Ressource, auf die das Management, wenn es bei der Verfolgung seiner Ziele erfolgreich sein will, angewiesen ist. Sofern die Mitarbeitenden im Arbeitsprozess nämlich immer konkret-nützliche Arbeit leisten, auf die das Management in seinen technisch-ökonomischen Zielsetzungen nicht verzichten kann, verfügen auch sie über Ressourcen, die sie im Tauschprozess geltend machen können: nämlich ihre Kenntnisse, Erfahrungen und Fähigkeiten, an deren vorbehaltlosem Einsatz und Nutzung im Arbeitsprozess das Management interessiert ist. Dies gilt umso mehr, je größer die individuelle Handlungskompetenz ist, welche die Mitarbeitenden in den Arbeitsprozess einbringen können. Wenn diese Bedingungen gegeben sind, ist es für die Schaffung einer stabilen und produktiven Sozialbeziehung wichtig, eine organisatorische Form zu finden, in der die Interessen beider Seiten miteinander in Einklang gebracht werden können. Sozialer Tausch erweist sich als eine Form betrieblicher Sozialbeziehung, durch die Kooperation angeregt und Vertrauen geschaffen werden kann. In dem Maße also, wie die Beschäftigten ihrerseits über ein gewisses Qualifikationspotenzial und damit über relevante nutzbare Kompetenzen verfügen, gestalten sich die Beziehungen im Arbeitsprozess immer mehr nach dem Muster eines verhältnismäßig gleichgewichtigen sozialen Tauschs. Und in dem Maße, in dem das durchschnittliche Qualifikationsniveau aller Beschäftigten zunimmt, breiten sich soziale Tauschbeziehungen und entsprechende Formen der Arbeits- und Beziehungsorganisation weiter aus. Die günstigsten Bedingungen für die Entstehung und Aufrechterhaltung von gegenseitigem Vertrauen finden sich in Unternehmen, in denen den Mitarbeitern eine gewisse soziale Basisabsicherung garantiert ist, in denen das durchschnittliche Qualifikationsniveau hoch ist, in denen die für die Erfüllung der Anforderungen des Arbeitsbereiches erforderlichen Kompetenzen hochgradig ausdifferenziert und spezialisiert sind und damit nicht eindeutig hierarchisch angeordnet, sondern lateral verteilt sind. In solchen Unternehmen werden ökonomische Ressourcen und die legale Machtausübung der Führungskräfte durch den Ausprägungsgrad der Kompetenzen begrenzt, die von den Mitarbeitern zur Verfügung gestellt werden. Es entsteht eine wechselseitige Abhängigkeit, auf der die sozialen Tauschbeziehungen aufbauen. Die Führungskräfte bringen materielle und symbolische Belohnungen, die Mitarbeitenden hingegen an die Person gebundene Kompetenzen sowie ihr persönliches Engagement ein. Der damit in Gang kommende Tausch reproduziert sich im Rahmen eines sozialen Prozesses, von dem beide Seiten profitieren und der sich zu einem kontinuierlichen Prozess entwickeln kann. Inwieweit dies gelingt, hängt von der Vertrauenswürdigkeit der Tauschpartner ab.

5.3 Vertrauenswürdigkeit

Für die Beziehung zwischen Führungskräften und Mitarbeitenden lassen sich die Merkmale für Vertrauenswürdigkeit in vier Kategorien einteilen:

- **Handlungskompetenz:** In welchem Maße eine Führungskraft bei der Zusammenarbeit Mitarbeitenden vertraut, hängt wesentlich davon ab, ob diese über das entsprechende Wissen, über die notwendigen Fähigkeiten, Erfahrungen und Fertigkeiten verfügen, die anstehenden Aufgaben zu bewältigen.
- **Wohlwollen:** Wichtig ist ferner, inwieweit man von der anderen Person annehmen kann, dass sie dem Vertrauenden Gutes tun will. Hierbei geht es um die Intention und die Motivation, den Vertrauenden zu unterstützen, ihm zu helfen oder Schaden von ihm abzuwenden. Wichtiges Merkmal des Vertrauens zwischen Führungskräften und Mitarbeitenden (dyadisches Vertrauen) ist daher die Loyalität. Befunde sprechen dafür, dass Vorgesetzte in schwierigen Situationen der Loyalität eines Mitarbeitenden einen höheren Rang zuordnen als seiner Handlungskompetenz.
- **Konsistenz:** Diese Kategorie umfasst Merkmale wie Verlässlichkeit, Zuverlässigkeit und Vorhersagbarkeit des Verhaltens. Hierbei geht es um die Frage, ob eine Person in ihrem Verhalten konsistent ist und inwieweit sie ihre geäußerten Absichten und Versprechen in die Tat umsetzt. Eng verbunden ist damit auch die Echtheit bzw. Kongruenz des Verhaltens, d. h. in welchem Maße die gezeigten Handlungen mit den Einstellungen und Werthaltungen der Person übereinstimmen.
- **Offenheit und Ehrlichkeit:** Dieses Merkmal betrifft die Bereitschaft, Ideen und Informationen ohne Einschränkungen oder Hintergedanken an die andere Person weiterzugeben und sich mit ihr auszutauschen. Auch hier wird deutlich, dass ein Vertrauensverhältnis als soziale Tauschbeziehung aufgefasst wird. Um in einen Zusammenhang hoher Vertrauensbeziehungen einbezogen zu werden und die damit verbundenen Vorteile genießen zu können, muss man als Teilnehmer am sozialen Tausch wahrgenommen werden. Dies bedeutet, dass man denjenigen, der über Ressourcen verfügt, der einem Gegenleistungen bieten und Vorteile verschaffen kann und mit dem man deshalb eine Tauschbeziehung eingehen möchte, durch Pflichterfüllung und besondere Leistungen auf sich aufmerksam zu machen versucht. Pflichterfüllung und eigenständige Leistung gehen also stets mit der Erwartung einher, dass die Führungskräfte auf einen aufmerksam werden, indem sie sich für die geleistete Arbeit interessieren. Dieses Interesse drückt sich nun, so paradox dies auf den ersten Blick auch erscheinen mag, darin aus, dass der Tauschpartner (oder auch eine beliebige andere wichtige und mächtige Person) die geleistete Arbeit auch kontrolliert. Findet keine Kontrolle der geleisteten Arbeit statt, dann bleibt auch die Leistung unbeachtet.

5.4 Organisationales Vertrauen

Vertrauen ist als Persönlichkeitskompetenz handlungsbezogen und interpersonal verankert, beschränkt sich aber je nach Kontext nicht nur auf interpersonale Beziehungen, sondern bezieht sich auch auf organisatorisch-technische Systeme. Viele Befunde sprechen dafür, dass das Maß an Vertrauen eine wichtige Bedingung für die Effektivität der Zusammenarbeit in Organisationen darstellt. Durch Vertrauen kann Folgendes beeinflusst werden:

- **Kommunikation:** Interpersonales Vertrauen erhöht die Bereitschaft, Informationen weiterzugeben, während Misstrauen dazu führt, Informationen zu filtrieren oder zurückzuhalten. Dies gilt auch für die Breite des Informationsaustausches. Ferner steigt bei Vertrauen die Bereitschaft, Informationen von anderen zu akzeptieren.
- **Arbeitsmotivation und Arbeitszufriedenheit:** Je größer das Ausmaß des organisationalen Vertrauens ist, umso größer ist die Motivation zur Aufgabenerledigung und die Zufriedenheit mit der eigenen Tätigkeit und darüber hinaus mit der Organisation, der man angehört.
- **Problemlösungsverhalten:** Vertrauen beeinflusst die Verhandlungsführung, es begünstigt die Beteiligung bei Beratungen und die Mitwirkung bei Entscheidungen. Problemlösungsprozesse in Gruppen werden begünstigt.
- **Organisatorischer Wandel:** Maßnahmen der Organisationsentwicklung verlaufen bei vorhandenem Vertrauen reibungsloser und effektiver. Es konnte gezeigt werden, dass die Implementierung von „Führung mit Zielvereinbarungen" mit einem höheren Grad an Effizienz erfolgt. Ähnliches gilt für die Einführung von selbst organisierten Arbeitsgruppen.

Fasst man diese Befunde zusammen, wird deutlich, dass Vertrauen sowohl eine Voraussetzung als auch das Ergebnis einer erfolgreichen Zusammenarbeit in Organisationen darstellt. Im Hinblick auf das Verhältnis Mitarbeiter/Organisation sind die Definitionen, die Vertrauen nur als soziale Beziehung zwischen Personen begreifen, nicht ausreichend. Ob z. B. ein Mitarbeitender eines Unternehmens angesichts der Einführung neuer Technologien auf die Sicherheit seines Arbeitsplatzes vertraut, hängt zwar auch, aber nicht nur davon ab, ob er die Führungskräfte als vertrauenswürdige Personen ansieht. Diese Lücke füllt Luhmanns Begriff des „Systemvertrauens" (Luhmann, 1973, S. 23), das sich sowohl auf personale als auch auf soziale Systeme anwenden lässt. Luhmann konzipiert Vertrauen als „Mechanismus der Reduktion sozialer Komplexität" und betont, es sei nicht zu erwarten, dass mit der wissenschaftlich-technischen Entwicklung Vertrauen überflüssig werde. Eher wird man damit rechnen müssen, dass Vertrauen mehr und mehr in Anspruch genommen werden muss, damit technisch erzeugte Komplexität der Zukunft ertragen werden kann. Während das personale Vertrauen leicht durch

5.4 Organisationales Vertrauen

„verräterische Kleinigkeiten zum Platzen gebracht werden kann", scheint die Umstellung auf Systemvertrauen das Lernen von Vertrauen zu erleichtern. Systemvertrauen hat nämlich die schöne Eigenschaft, „diffus und dadurch widerstandsfähig, ja fast immun gegen einzelne Enttäuschungen" zu sein (Luhmann, 1973, S. 23).

> **Folgende Elemente der Vertrauensorganisation sind besonders hervorzuheben**
> - eine hohe soziale Verpflichtung des Unternehmens für die Beschäftigten,
> - Entscheidungen durch Konsensbildung,
> - eine Organisationskultur, die ein Klima vertrauensvoller Zusammenarbeit schafft und formale Regeln weitgehend überflüssig werden lässt,
> - ein Netz informaler Kommunikationsbeziehungen,
> - Autonomie und unternehmerisches Denken in dezentralen Einheiten statt zentraler Kommandostruktur,
> - eine Abkehr von einer sachorientierten Organisation und Hinwendung zu einer personenorientierten Organisation.
>
> **Vertrauensorganisationen sind auch veränderungsorientierte Organisationen, die sich von den stabilitätsorientierten (Misstrauens-) Organisationen abgrenzen durch:**
>
> - personengebundene Soziostruktur statt aufgabengebundener Technostruktur,
> - organische Prozessorganisation statt mechanistischer Aufbaustruktur,
> - Konfiguration in Netzen statt Hierarchien und
> - Selbst- statt Fremdorganisation.

Insgesamt können sieben Haupteinflüsse, die aufgrund der Stärkung des organisationalen Vertrauens positive Auswirkungen auf innovative Prozesse in Unternehmen haben, definiert werden:

1. **Komplexitätsreduktion:** Durch eine Vertrauensbasis werden ökonomisch unproduktive Kontrollen und sachfremde Prozesse aufgrund angewandter „kräftezehrender Kampfstrategien" unnötig, da sich der Vertrauende über einen Mangel an Informationen hinwegsetzt und Komplexität durch Zutrauen in zweckgerichtetes Handeln und Entscheiden anderer reduziert.
2. **Verbesserung der Kommunikation:** Mit steigendem Vertrauen nimmt nicht nur das Ausmaß, sondern auch die Qualität ausgetauschter Informationen zu. Ängste werden abgebaut, Offenheit gegenüber Partnern und deren Akzeptanz erhöht.

3. **Einfluss auf gruppendynamische Prozesse:** Ein nonkonformistisches Gruppenverhalten wird durch Vertrauen erleichtert. Personen, denen Vertrauen geschenkt wird, erhalten einen Vertrauensbonus, der einen Verhaltensspielraum eröffnet, in dessen Rahmen ein von der Gruppennorm abweichendes Verhalten ohne Vertrauensverlust toleriert wird.
4. **Kooperationswirkung:** Vertrauen erhöht die Bereitschaft zur Kooperation. Dabei bedeutet Kooperation nicht nur „Zusammenarbeit", sondern auch, auf einen kurzfristig hohen Gewinn zugunsten langfristig besserer Ergebnisse zu verzichten. Dies gelingt aber nur, wenn alle Kooperationspartner das Ziel einer Kooperation verfolgen.
5. **Problemlösungsfähigkeit in kooperativen Lern- und Arbeitsstrukturen:** Es besteht ein direkter Zusammenhang zwischen dem herrschenden Vertrauensniveau und der Problemlösungsfähigkeit von Lern- und Arbeitsgruppen. Das gegenseitige Vertrauen in die Fähigkeiten und auf die Unterstützung der anderen Mitglieder führt zu einem intensiven Austausch von Ideen.
6. **Arbeitsmotivation, Leistungssteigerung und Innovationsfähigkeit:** Von einem Organisationsklima, das von gegenseitigem Vertrauen geprägt ist, gehen positive Einflüsse auf die Arbeitsmotivation des Einzelnen, auf die Arbeitsleistung sowie auf die Innovationsfähigkeit der Mitarbeiter aus.
7. **Subjektive Wahrnehmung des Wohlbefindens am Arbeitsplatz:** Die objektive Belastung und die subjektive Beanspruchung am Arbeitsplatz sinken mit zunehmendem Vertrauen und somit zunehmender sozialer Unterstützung.

Aber allein der positive Einfluss auf die Geschäftsprozesse und die Innovationsprozesse genügt nicht; Vertrauensorganisationen müssen entwickelt werden, sie entstehen nicht einfach, sondern den Mitgliedern von Unternehmen müssen Methoden und Instrumente zur Verfügung gestellt werden, die den Umgang mit Vertrauen im Unternehmen ermöglichen, fördern und entwickeln.

5.5 Vertrauen im Innovationsprozess

Die Entwicklung und Vermarktung von Innovationen ist ein Prozess, der nicht mehr geschlossen in den Unternehmen durchgeführt wird (Closed Innovation), sondern immer mehr mit externen Partnern, Kunden/Anwender usw. Diese stärkere Öffnung des Innovationsprozesses (Open Innovation) führt dazu, dass stärker in Netzwerken gearbeitet wird, die verteiltes Wissen (Distributed Knowledge) zu einer Innovation aggregieren. Der Umgang mit verteiltem Wissen in Netzwerken basiert darauf, dass zwischen den Partnern ein Vertrauensverhältnis vorhanden ist, bzw. aufgebaut wird. Vertrauen ist somit die wichtige Basis für moderne Innovationsprozesse. Die vorherrschende Misstrauenskultur in vielen Organisationen steht dieser Entwicklung allerdings entgegen, wodurch es zwangsläufig zu Spannungen in den Unternehmen kommt. Der Veränderungsprozess sollte dabei die relativ stabilen Deutungsmuster von Erwachsenen berücksichtigen und den notwendigen Lernprozess unterstützen. Nachteilig wirkt sich an dieser Stelle aus, dass viele Manager fast nichts über die Lernprozesse ihrer Mitarbeitenden, über die Lernprozesse von Teams, über Lernprozesse der eigenen Organisation und über Lernprozesse in Netzwerken wissen (vgl. Kleinau, 2021).

5.6 Ihr Lernerfolg aus diesem Kapitel

Nach dem Durcharbeiten des Textes und ihrem individuellen Versuch der Beantwortung der folgenden Übungsaufgaben

- sollten Sie in der Lage sein die Begriffe: Basisvertrauen, Intrapersonales Vertrauen, Interpersonales Vertrauen und Organisationales Vertrauen zu definieren. Außerdem
- sollten Sie den Stellenwert von Vertrauen im Kontext von Innovationsprozessen benennen können.
- Sie sollten den Zusammenhang zwischen Vertrauenskultur und Innovationskultur in Zeiten der Veränderung darstellen können.
- Sie sollten in der Lage sein das Zitat von Lazlo Bock dem ehemaligen Senior Vice President für People Operations bei Google, Inc.: „Schenke Deinen Leuten etwas mehr Vertrauen, Freiheit und Befugnisse, als es dir eigentlich Recht ist. Wenn Du dabei nicht nervös wirst, hast Du ihnen noch nicht genug gegeben." auf Gültigkeit in der deutschen Unternehmenskultur zu überprüfen.

Im nächsten Kapitel dieser Lektion geht es um die Frage inwieweit Innovationskompetenz quantitativ zu erfassen ist und mit welchen Messinstrumenten dies möglich sein könnte. Um das bisher Gelesene in den Berufsalltag zu transferieren, beschäftigen Sie sich jedoch zuerst einmal mit den folgenden Übungsaufgaben.

5.7 Übungsaufgaben zu diesem Kapitel

Aufgabe 1
Kreativität ist die Fähigkeit, etwas zu erschaffen, was neu oder originell und dabei nützlich oder brauchbar ist. Wie kreativ darf man eigentlich im beruflichen Umfeld sein?

Aufgabe 2
In einem Unternehmen geht es zunächst darum, die Voraussetzungen zu schaffen, um Ideenvielfalt zu kultivieren. Wie kommt Kreativität in den Arbeitsprozess?

Aufgabe 3
Warum ist Vertrauen im innovativen Unternehmen ein wesentlicher Erfolgsfaktor?

Aufgabe 4
Warum ist Vertrauen im innovativen Unternehmen so wichtig für die Führung?

Literatur

Kleinau, P. (2021). www.excecutive-mediation.com. Zugegriffen: 15. Juni 2021.
Luhmann, N. (1973). *Vertrauen. Ein Mechanismus der Reduktion sozialer Komplexität.* Ferdinand Enke Verlag.

6 Innovationen brauchen einen besonderen Umgang mit ungewissen Situationen

> **Zusammenfassung**
>
> Wir haben Innovationskompetenz, als die konstruktive Symbiose von Fach-, Methoden-, Sozial- und Persönlichkeitskompetenz auf den drei Bedingungsebenen in einem Unternehmen beschrieben. Wichtig für die Beschreibung von Innovationskompetenz sind die Einflussfaktoren, die auf die Kompetenzbereiche und auf die Ebenen der Rahmenbedingungen wirken und sie somit beeinflussen. Bei der Beobachtung und Beschreibung von Prozessen können niemals alle Faktoren berücksichtigt werden, deshalb wird sich in den weiteren Ausführungen auf die wichtigsten beschränkt, um einen Ansatz zur „Messung" bzw. „quantitativen Beschreibung" von Innovationskompetenz zu entwickeln. Dieser Ansatz soll den Leser animieren, in seinem Umfeld mithilfe der gezeigten Methoden selbst subjektive „Messinstrumente" zu entwickeln, ihre Wirksamkeit zu testen und durch Modifikation das für den entwickelten Bereich „richtige" Instrument einzusetzen.

6.1 Einflussfaktoren auf den Ausprägungsgrad von Innovationskompetenz

Da bei ernsthaft betriebenem Innovationsmanagement jeder Beschäftigte auch Verantwortung für sich und das Unternehmen im weitesten Sinne übernehmen soll, wird ein besonders hohes Maß an Kommunikation erforderlich. Es bedarf dazu einer durchgreifenden Veränderung der Informations-, Kommunikations- und Kooperationsstrukturen innerhalb eines Unternehmens. Ziel ist weiterhin die Erkenntnis, dass unternehmerisches Handeln durch die Überzeugung gelenkt wird, dass Mitarbeiter mehr wissen, mehr können und mehr wollen, als gemeinhin unterstellt wird. Weiteres Ziel ist die Einsicht, dass mehr Information, mehr Kommunikation und Kooperation, mehr Innovation schafft, und dass mehr Verantwortung größeres Engagement bewirkt, aber auch Identifikation mit der Arbeit und dem Unternehmen. Doch diese Einsichten allein genügen nicht. Es müssen Methoden, Techniken und Werkzeuge zur Verfügung gestellt werden, die Innovationen im Unternehmen begleitend unterstützen. Meine Erfahrungen bei der Umsetzung von innovativen Konzepten in der Industrie haben gezeigt, dass im Wesentlichen folgende Verhaltensweisen der Beteiligten die Umsetzungsgeschwindigkeit und Umsetzungsqualität beeinflussen:

- Mangelnder Mut der Beteiligten, Fehler zu machen und Fehler bei anderen zu akzeptieren, um daraus zu lernen.
- Mangelnde Erkenntnis, dass Veränderungen Zeit benötigen.
- Mangelnde Auseinandersetzung mit dem System, in dem die Veränderungen durchgeführt werden sollen.
- Mangelndes oder nur oberflächliches Wissen über die Inhalte, Methoden und Instrumente sowie Hintergründe und Auswirkungen der Innovationen.
- Ein ausgeprägtes Misstrauen gegenüber den Verantwortlichen der Einführung und Umsetzung und gegenüber den Führungskräften, die Veränderungen initiieren.
- Vertuschung von Misserfolgen und „Aufbauschen" von positiven Ergebnissen während der Veränderungsprozesse.
- Absicherung des individuellen Erfolges gegenüber dem kollektiven Erfolg.

Diese Verhaltensweisen haben den Aufbau von kognitiven Widerständen und emotionalen Barrieren zur Folge und verhindern den Erfolg jeder Veränderungsmaßnahme. Eine erfolgreiche Umsetzungsstrategie muss diese Verweigerungshaltung mitbeachten und Methoden zu ihrer Reduzierung bereitstellen; gleichzeitig müssen die Einflussfaktoren identifiziert werden, die derartige Verhaltensweisen hervorbringen.

Bauen die Beteiligten kognitive und/oder emotionale Barrieren in den Veränderungsprozess ein, wird nicht nur der Weg bis zum erfolgreichen Einsatz länger, sondern der Erfolg wird gänzlich unmöglich gemacht, weil nach Behebung der Barrieren in der Regel nicht mehr genügend Zeit zur Umsetzung zur Verfügung steht. Die Machtpromotoren des Unternehmens werden ungeduldig, der Erfolg wird infrage gestellt, die Zweifler werden bestätigt und auch für die Umsetzung kommender Innovationen ist der Weg verstellt. Abb. 6.1 soll diesen Weg verdeutlichen.

Gelingt es, die Ausprägung der Einflussfaktoren zu Beginn des Prozesses zu bestimmen, können Personal- und Organisationsentwicklungsmaßnahmen, die flankierend eingesetzt werden, den Aufbau von Widerständen verhindern oder zumindest das Ausmaß verringern. Durch alltägliche Beobachtungen in vielen Unternehmen sind drei wichtige Erfolgsfaktoren bei der Umsetzung von Innovationen immer wieder aufgefallen:

6.1 Einflussfaktoren auf den Ausprägungsgrad von Innovationskompetenz

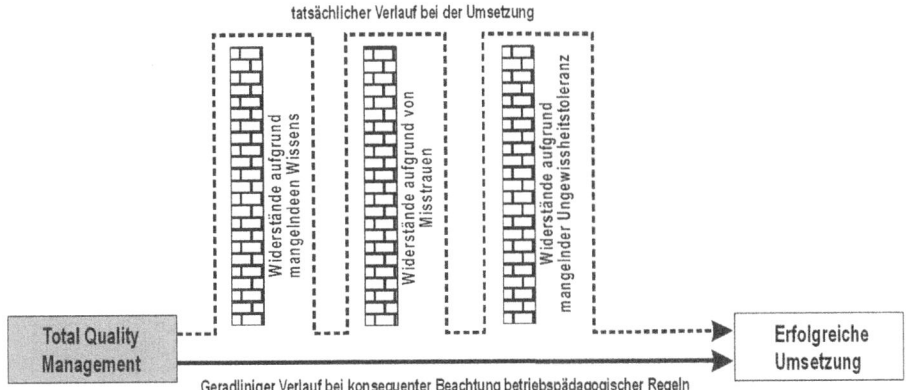

Abb. 6.1 In der Praxis beobachteter Verlauf der Umsetzung von Innovationen. (Quelle: Nauendorf, 2004: S. 91)

- Erleben die Betroffenen die unmittelbar bevorstehenden Veränderungen nicht als Bedrohung, sondern als Herausforderung, oder anders ausgedrückt, verfügen die Betroffenen in ungewissen Situationen über eine Kompetenz des Abwartens, der Toleranz und der Geduld, werden die Umsetzungsgeschwindigkeit und der Umsetzungserfolg positiv beeinflusst.
- Verfügen die Betroffenen über ein fundiertes und detailliertes Wissen über die anstehenden Veränderungen und über den Sinn und Zweck der Innovation, werden die oben genannten Umsetzungsparameter ebenfalls positiv beeinflusst.
- Haben die Betroffenen ihrem Unternehmen, ihrem Management und gegenüber den mit der Umsetzung Beauftragten ein Vertrauensverhältnis aufgebaut, wird die Umsetzungsgeschwindigkeit ebenfalls positiv beeinflusst und ein Erfolg wahrscheinlicher.

Aus diesen Annahmen lässt sich folgende These ableiten:

▶ Werden die Einflussfaktoren Ungewissheitstoleranz der Mitarbeitenden und Führungskräfte, Wissen über die Innovationen und Vertrauen in die Macht- und Fachpromotoren des Unternehmens bei der Umsetzung von Veränderungen genügend beachtet und negative Ausprägungen dieser Einflüsse durch geeignete Maßnahmen vermieden, dann ist der Erfolg und die Geschwindigkeit von Veränderungen in Organisationen berechenbar.

Im Folgenden werden neben dem in Kapitel 6 beschriebenen Vertrauen weitere wesentlichen Faktoren, die eine Entwicklung und Umsetzung von Innovation beeinflussen, beschrieben, um daraus dann eventuell „Messinstrumente" zu entwickeln, die helfen, den Innovationsprozess erfolgreich zu gestalten.

6.2 Das Konstrukt „Ungewissheitstoleranz"

Menschen unterscheiden sich in ihren Verhaltensweisen und im Umgang mit Situationen des täglichen Lebens, in denen Unklarheit besteht. Was für den einen eine Herausforderung darstellt, bedeutet für den anderen eine Bedrohung. Was bei dem einen Unwohlsein bewirkt, ruft bei dem Anderen Neugierde hervor.

Bei der Umsetzung von Innovationen gibt es für alle Betroffenen und Beteiligten unbekannte und häufig auch ungewisse Situationen den eigenen Arbeitsbereich und das individuelle Umfeld betreffend, die es zu bewältigen gilt. Einerseits gibt es dann Mitarbeiter, die versuchen, neue Informationen zu bekommen, um so die anscheinend notwendigen Veränderungsmaßnahmen besser verstehen und neue Möglichkeiten zur Bewältigung der veränderten Arbeitssituation und der damit verbundenen neuen Aufgabenstellungen finden zu können; andererseits gibt es Mitarbeiter, die an ihren bekannten Verhaltensmustern festhalten, auch wenn Veränderungen erforderlich wären. Je mehr Informationen in der jeweiligen Veränderungssituation zur Verfügung stehen, umso gewisser wird für jeden Einzelnen der Situationsablauf. Neben der Quantität ist jedoch auch die Qualität der Informationen bei diesem Prozess des Verstehens sehr wichtig. Qualität von Informationen bedeutet in diesem Zusammenhang, inwieweit die Informationen von den Mitarbeitern aufgenommen und verarbeitet werden können. Da jede individuelle Wahrnehmung und die darauf basierende Verarbeitungsstruktur unterschiedlich ist, werden auch die Wahrnehmung der neuen Situation und demzufolge auch ihre Beschreibung unterschiedlich sein, obwohl die gleichen Informationen vorliegen. Je nach individueller Verarbeitungsmöglichkeit ist der Situationsablauf für einen Teil der Mitarbeiter ungewiss, für einen anderen Teil ist der Ausgang vorhersagbar, also gewiss. Neben dieser unterschiedlichen Wahrnehmung (Auffassung, Beschreibung) wird sich auch der Umgang mit Situationen sowohl kognitiv als auch affektiv individuell unterscheiden. Diese Unterschiede im Umgang mit etwas „Neuem" werden durch das Konstrukt „Ungewissheitstoleranz" (UGT) beschrieben. Die Ungewissheitstoleranz wird auch in der Literatur als eine der vier grundlegenden Dimensionen zur Charakterisierung von Kulturunterschieden beschrieben. (vgl. Hofstede, 1993) Hofstede ergreift erstmals die Möglichkeit, in seiner Studie Mitarbeiter aus über 50 Ländern in ihrem Verhalten bei ungewissen oder unbekannten Situationen gegenüberzustellen. Er versucht, die Gefühle der Ungewissheit und die Möglichkeiten mit solchen Situationen umzugehen nicht nur als persönliches Phänomen darzustellen, sondern als erwerb- und erlernbare Kompetenz, die von Mitgliedern der gleichen Gesellschaft geteilt wird. „Solche Gefühle und die Möglichkeiten, mit ihnen umzugehen, gehören zum kulturellen Erbe einer Gesellschaft, und sie werden von fundamentalen Institutionen, wie der Familie, der Schule und dem Staat weitergegeben und verstärkt. Sie spiegeln sich in den von den Mitgliedern einer be-

6.2 Das Konstrukt „Ungewissheitstoleranz"

stimmten Gesellschaft kollektiv gehaltenen Werten wider. Ihre Wurzeln sind nicht rational. Sie führen zu kollektiven Verhaltensmustern einer Gesellschaft, die Mitgliedern anderer Gesellschaften vielleicht anomal und unverständlich erscheinen." (Hofstede, 1993, S. 131).

Die unterschiedliche Ausprägung von Ungewissheitstoleranz lässt sich daher auch definieren als der Grad, in dem die Mitglieder einer Kultur sich durch ungewisse oder unbekannte Situationen bedroht fühlen. Bezogen auf die Arbeitswelt postuliert Hofstede, dass wahrscheinlich Länder mit hohem Ausprägungsgrad mehr grundlegende Innovationen hervorbringen als Länder mit einem niedrigen. Andererseits scheinen sie bei der vollständigen Umsetzung dieser Innovationen im Nachteil zu sein, da dies meist einen beträchtlichen Sinn für Präzision und Pünktlichkeit erfordert, welches den Kulturen mit niedriger Ausprägung zugeschrieben wird. In einer kurzen Zusammenfassung sollen nochmals die wesentlichen Auswirkungen der Ungewissheitstoleranz dargestellt werden.

Auswirkungen von Ungewissheitstoleranz
Ungewissheitstoleranz beeinflusst die Auswahl der Situationen im Alltag, denn:

Menschen mit einem hohen Ausprägungsgrad der Ungewissheitstoleranz empfinden ungewisse Situationen als Herausforderung, sie suchen sie auf und stellen sich ihnen.

Menschen mit gering ausgeprägter Ungewissheitstoleranz vermeiden ungewisse Situationen oder versuchen sie rasch zu beenden, weil diese Bedrohlichkeit signalisieren und ihnen keine anderen Bewältigungsstrategien zur Verfügung stehen.

Ungewissheitstoleranz beeinflusst das Verhalten in ungewissen Situationen, denn Menschen mit hohem Grad der Ausprägung von Ungewissheitstoleranz.

- erbringen in diesen Situationen bessere Leistungen,
- lernen lieber in kooperativen Strukturen,
- verarbeiten Informationen systematisch,
- nehmen sinnstiftende, insbesondere positive Umdeutungen ihrer Erfahrungen und Deutungsmuster vor,
- beurteilen das eigene Schicksal als weniger unfair,
- bilden ihre Meinung und treffen Entscheidungen systematisch und kontrolliert.

Menschen mit einem niedrigen Ausprägungsgrad der Ungewissheitstoleranz.

- bevorzugen eindeutige Zukunftsprognosen,
- verarbeiten Informationen automatisch,
- vermeiden den Umgang mit neuen Informationen und Situationen,
- fragen das Schicksal: „Warum gerade ich?",
- bilden ihre Meinung und treffen Entscheidungen, durch einfache Entscheidungsregeln und durch einfache Hinweisreize.

Die Zusammenfassung zeigt sehr deutlich, dass der Umgang mit der Ausprägung der Ungewissheitstoleranz bei Mitgliedern von Organisationen in besonderem Maße im Rahmen von Veränderungsprozessen und Erneuerungen am Arbeitsplatz zu beachten ist und Voraussagen über die Umsetzungsgeschwindigkeit und das Umsetzungsengagement möglich wären, wenn die Ungewissheitstoleranz messbar gemacht werden könnte.

Ein Instrument zur Messung des Ausprägungsgrades von Ungewissheitstoleranz wurde durch die Ungewissheitstoleranzskala von Dalbert, 1999 entwickelt und vom Verfasser in verschiedenen Untersuchungen bei unterschiedlichen Unternehmenstypen eingesetzt, um die Beziehung zwischen dem Ablauf der Umsetzung von Innovationen und dem Grad der Ausprägung von Ungewissheitstoleranz sowie den davon abhängigen Verhaltensweisen herzustellen. Die Skala beginnt mit einer Instruktion zur Behandlung der acht Items:

Im Folgenden (vgl. Tab. 6.1) finden Sie ganz unterschiedliche Aussagen zu verschiedenen Themen. Wahrscheinlich werden Sie einigen Aussagen sehr zustimmen und andere stark ablehnen. Bei wieder anderen sind Sie vielleicht unentschieden. Nehmen Sie bitte zu jeder der folgenden Aussagen Stellung und entscheiden Sie, inwieweit jede auf Sie ganz persönlich zutrifft. Kreuzen Sie dazu bitte jeweils eine Zahl zwischen 1 und 6 an, und lassen Sie bitte keine Aussage aus. Bitte lassen Sie sich von Ihrer persönlichen Meinung leiten. Es gibt keine richtige oder falsche Antwort.

Item 2, 5 und 8 müssen vor der Auswertung umgepolt werden!

Bewertung:

- *6 heißt: „stimmt genau"*
- *5 heißt: „stimmt weitgehend"*
- *4 heißt: „stimmt ein wenig"*
- *3 heißt: „stimmt eher nicht"*

Tab. 6.1 Die Items der Ungewissheitstoleranzskala. (Quelle: Dalbert, 1999, Anhang)

Nr	Item	Werteskala
1	Ich probiere gerne Dinge aus, auch wenn nicht immer etwas dabei herauskommt	6 5 4 3 2 1
2	Ich beschäftige mich nur mit Aufgaben, die lösbar sind	6 5 4 3 2 1
3	Ich mag es, wenn unverhofft Überraschungen auftreten	6 5 4 3 2 1
4	Ich lasse die Dinge gerne auf mich zukommen	6 5 4 3 2 1
5	Ich habe es gerne, wenn die Arbeit gleichmäßig verläuft	6 5 4 3 2 1
6	Ich warte geradezu darauf, dass etwas Aufregendes passiert	6 5 4 3 2 1
7	Wenn um mich herum alles drunter und drüber geht, fühle ich mich so richtig wohl	6 5 4 3 2 1
8	Ich weiß gerne, was auf mich zukommt	6 5 4 3 2 1

6.2 Das Konstrukt „Ungewissheitstoleranz"

- *2 heißt: „stimmt weitgehend nicht"*
- *1 heißt: „stimmt überhaupt nicht"*

Welche Auswirkungen die Ausprägung der Ungewissheitstoleranz auf die Verhaltensweisen der Menschen in Organisationen hat, soll jetzt erläutert werden, damit die notwendigen Schlussfolgerungen für einen Innovationsprozess gezogen werden können. Für die notwendigen Veränderungen werden innerbetrieblich veränderungswillige und veränderungsfähige Mitarbeitende und Führungskräfte gebraucht, die sich nicht fragen, ob sie Innovationen tätigen sollen, sondern vielmehr die Frage stellen, wie Innovationen planmäßig und in organisierter Weise als bestandserhaltende und entwicklungsfördernde Mittel eingesetzt werden können. Unter Einbeziehung des Konstrukts „Ungewissheitstoleranz" bedeutet das, dass die individuellen Verhaltens- und Verarbeitungsweisen des Mitarbeitenden darüber entscheiden können, ob Innovationen direkt umgesetzt, nicht beachtet oder sogar verhindert werden. Aufgrund der Ergebnisse wissenschaftlicher Untersuchungen ist es möglich, aus den auftretenden Merkmalen ein Verhaltensprofil des Mitarbeitenden mit hohem bzw. niedrigem Ausprägungsgrad von Ungewissheitstoleranz zu entwerfen. Dieses, verglichen mit dem Anforderungsprofil des jeweiligen Innovationsvorhabens bzw. des von der Veränderung betroffenen Arbeitsbereiches, gäbe dann erste Hinweise auf die Wahrscheinlichkeit von betrieblichen Behinderungen und/oder der aktiven Unterstützung durch die Beteiligten. Die Untersuchungsergebnisse des Autors und anderer zur Auswirkung von Ungewissheitstoleranz auf das individuelle Verhalten haben gezeigt, dass sich Mitarbeitende mit hohem Ausprägungsgrad von Mitarbeitenden mit niedrigem Ausprägungsgrad von Ungewissheitstoleranz signifikant in ihrem Verhalten am Arbeitsplatz unterscheiden und somit auch Unterschiede bei der Bewältigung der Anforderungen, die durch Innovationen nötig werden, zeigen (vgl. Nauendorf, 2004: S. 168–194). Dieses unterschiedliche Verhalten hat Auswirkungen auf die Fähigkeiten, Merkmale und Ansichten in den Bereichen ihrer Methoden- (MK), Sozial- (SK) und Persönlichkeitskompetenz (PK).

Mitarbeiter mit hohem Ausprägungsgrad zeigen folgendes Verhaltensmuster im Rahmen ihrer Innovationskompetenz

- Sie bevorzugen kooperative Lernformen (SK).
- Sie profitieren in hohem Maße von kooperativen Lernformen (PK).
- Sie haben ein Bedürfnis nach Wissen und Verstehen (PK).
- Sie wollen über sich selbst und über die Umwelt Klarheit gewinnen, indem sie Ungewissheit durch zusätzliche Informationen abbauen (PK).
- Sie wollen den positiven Informationswert maximieren (MK).
- Sie verarbeiten in persönlich wichtigen Situationen Informationen systematisch (MK).

- Sie verarbeiten in persönlich unwichtigen Situationen Informationen automatisch (MK).
- Sie reagieren unter Belastung differenziert auf Informationen (PK).
- Sie bevorzugen eine zentrale gedankliche Verarbeitung (MK).
- Sie zeigen ein bewusst kontrolliertes und gesteuertes Vorgehen (PK).
- Sie sind „open-minded persons" (PK).
- Sie bevorzugen mehrdeutige Situationen (SK).
- Sie orientieren sich eher an einem mittleren Schwierigkeitsniveau (höchste Wahrscheinlichkeit für die Änderung kognitiver Strukturen) (MK).
- Sie arbeiten prozessorientiert. (MK)
- Sie orientieren sich an zukünftigen Zuständen (SK).
- Sie versuchen in belastenden Situationen kognitive Umstrukturierungen vorzunehmen (positive Umdeutungen) (PK).
- Sie orientieren sich an der Stimmigkeit und am Inhalt von Argumenten (PK).
- Sie orientieren sich an Meinungen von Minderheiten (PK).

Mitarbeiter mit niedrigem Ausprägungsgrad der Ungewissheitstoleranz zeigen folgendes Verhalten

- Sie bevorzugen in höherem Maße individualistische und kompetitive Lernformen (SK).
- Sie profitieren nur in geringem Maße von kooperativen Lernformen (PK).
- Sie haben das Bedürfnis, für sie bedrohliche Aspekte der Realität abzuwehren (PK).
- Sie versuchen die momentane Klarheit über sich selbst und ihre Umwelt durch Vermeidung zusätzlicher Informationsaufnahme aufrechtzuerhalten (PK).
- Sie wollen den negativen Informationswert minimieren (MK).
- Sie bevorzugen in persönlich wichtigen Situationen Informationen ohne Entscheidungsspielraum (MK).
- In persönlich wichtigen Situationen ist die Informationsquelle ausschlaggebend (PK).
- Sie lassen sich über periphere Verarbeitungswege in ihrer Meinungsbildung und Entscheidungsfindung beeinflussen (PK).
- Sie wenden einfache Entscheidungsregeln bei Einstellungsänderungen an (MK).
- Sie verlassen sich eher auf automatisch ablaufende Verarbeitungsregeln (MK).
- Sie sind „closed-minded persons" (PK).
- Sie vermeiden mehrdeutige Situationen (MK).
- Sie orientieren sich eher an einem hohen („Das schaffe ich bestimmt nicht.") bzw. niedrigen Schwierigkeitsniveau („Das schaffe ich ganz bestimmt.") (PK).
- Sie sind in hohem Maße ergebnisorientiert (PK).

- Sie orientieren sich überwiegend an vergangenen bzw. gegenwärtigen Zuständen (MK).
- Sie streben nach kognitiver Konsistenz (PK).
- Sie orientieren sich am Stellenwert der argumentierenden Person (SK).
- Sie orientieren sich an der Mehrheitsmeinung (SK).

Das Kompetenzprofil ungewissheitstoleranter und ungewissheitsintoleranter Mitarbeiter wird sich demnach bei annähernd gleicher Fachkompetenz zumindest in den Bereichen der Methoden-, Sozial- und Persönlichkeitskompetenz unterscheiden. Wenn die Ungewissheitstoleranz auf die Ausprägung bestimmter Verhaltensweisen von Mitarbeitenden Einfluss ausübt, lassen sich daraus auch mögliche Verhaltensweisen der Mitarbeitenden bei der Umsetzung von Innovationen ableiten und somit ist das Ergebnis einer „Messung" von UGT ein wichtiges Indiz für die erfolgreiche Nutzung von Innovationskompetenz.

▶ **Wichtig**
Die angestrebten Ziele von Vertrauensorganisationen im Hinblick auf Innovationskompetenz können folgendermaßen dargestellt werden:
Sicherstellung der Wettbewerbsfähigkeit des Unternehmens, Qualität der Innovation und der Prozesse zu deren Verwirklichung, bedarfsgerechte Problemlösung, Akzeptanz von Veränderungen und Innovationen bei den Betroffenen und Integration von Kreativität und Erfahrungswissen durch Beteiligung der Mitarbeiter.

6.3 Praxisbeispiel: Soll-Ist-Vergleich von Anforderungs- und Kompetenzprofil

Am Beispiel des Soll-Ist-Vergleiches von Anforderungsprofil und Kompetenzprofil eines Qualitätsmanagers in einem Zulieferunternehmen der Automobilindustrie soll dies verdeutlicht werden. Die Unterschiede traten in diesem Fallbeispiel ausschließlich in den Bereichen Methoden-, Sozial- und Persönlichkeitskompetenz auf, deshalb sind die Schlussfolgerungen aus diesem Vergleich auch auf andere Branchen übertragbar.

6.3.1 Falldarstellung

Während einer Neueinstellungsphase wurden jeweils 20 relativ mehr ungewissheitstolerante und 20 weniger ungewissheitstolerante Bewerber aus 105 getesteten männlichen Kandidaten ähnlicher Fachkompetenz ausgesucht. Alle Bewerber waren zwischen

Tab. 6.2 Auswahl von Bewerbern mit einer höheren UGT (Gruppe 1) bzw. niedrigeren UGT (Gruppe 2) durch Vergleich der Skalen-Mittelwerte ($n = 101$, $M = 3{,}36$, $SD = 0{,}86$) (Quelle: Eigene Erhebungen)

Nr	*M*	*Wahl*	*Nr*	*M*	*Wahl*	*Nr*	*M*	*Wahl*	*Nr*	*M*	*Wahl*	*Nr*	*M*	*Wahl*
1	ung	,	**22**	2,38	2	**43**	3,13	,	**64**	3,75	1	**85**	4,13	1
2	ung	,	**23**	2,38	,	**44**	3,13	,	**65**	3,75	1	**86**	4,13	1
3	ung	,	**24**	2,50	2	**45**	3,13	,	**66**	3,75	1	**87**	4,13	1
4	ung	,	**25**	2,50	2	**46**	3,25	,	**67**	3,75	,	**88**	4,13	,
5	1,25	2	**26**	2,50	,	**47**	3,25	,	**68**	3,75	,	**89**	4,13	,
6	1,50	2	**27**	2,63	2	**48**	3,25	,	**69**	3,88	1	**90**	4,13	,
7	1,50	2	**28**	2,63	2	**49**	3,38	,	**70**	3,88	1	**91**	4,25	,
8	1,75	2	**29**	2,63	,	**50**	3,38	,	**71**	3,88	,	**92**	4,25	,
9	1,75	2	**30**	2,63	,	**51**	3,38	,	**72**	3,88	,	**93**	4,25	,
10	1,75	,	**31**	2,88	2	**52**	3,38	,	**73**	3,88	,	**94**	4,38	1
11	1,88	2	**32**	2,88	,	**53**	3,38	,	**74**	3,88	,	**95**	4,38	1
12	2,00	2	**33**	2,88	,	**54**	3,38	,	**75**	3,88	,	**96**	4,38	1
13	2,25	2	**34**	2,88	,	**55**	3,50	,	**76**	3,88	,	**97**	4,38	1
14	2,25	2	**35**	3,00	,	**56**	3,50	,	**77**	3,88	,	**98**	4,38	,
15	2,25	2	**36**	3,00	,	**57**	3,50	,	**78**	4,00	1	**99**	4,38	,
16	2,25	2	**37**	3,00	,	**58**	3,50	,	**79**	4,00	1	**100**	4,38	,
17	2,25	2	**38**	3,00	,	**59**	3,63	,	**80**	4,00	1	**101**	4,50	1
18	2,25	,	**39**	3,00	,	**60**	3,63	,	**81**	4,00	,	**102**	4,50	1
19	2,25	,	**40**	3,13	,	**61**	3,63	,	**82**	4,00	,	**103**	4,50	1
20	2,38	2	**41**	3,13	,	**62**	3,63	,	**83**	4,00	,	**104**	4,50	1
21	2,38	2	**42**	3,13	,	**63**	3,63	,	**84**	4,00	,	**105**	4,63	1

Tab. 6.3 Getroffene Bewerberauswahl (2 Gruppen zu je 20 Bewerbern)

Auswahl Nr	Skala M	Skala SD	Auswahl Nr	Skala M	Skala SD
5	1,25	,46	64	3,75	,89
6	1,50	,76	65	3,75	1,04
7	1,50	1,07	66	3,75	1,04
8	1,75	,71	69	3,88	,99
9	1,75	1,04	70	3,88	,83
11	1,88	,83	78	4,00	1,51
12	2,00	1,93	79	4,00	1,07
13	2,25	,46	80	4,00	1,31
14	2,25	1,39	85	4,12	,64
15	2,25	,89	86	4,13	1,25
16	2,25	1,91	87	4,13	1,13
17	2,25	1,58	94	4,38	1,06
20	2,38	1,41	95	4,38	1,41
21	2,38	,92	96	4,38	1,85
22	2,38	1,06	97	4,38	1,41
24	2,50	1,69	101	4,50	1,60
25	2,50	1,07	102	4,50	,76
27	2,63	1,06	103	4,50	1,07
28	2,63	1,73	104	4,50	,76
31	2,88	1,19	105	4,63	1,06

35 und 50 Jahre alt und haben sich auf die Ausschreibung „Leiter Qualitätssicherung" in verschiedenen deutschen Zeitungen und durch Direktansprachen beworben. Nach Evaluation ihrer Fachkompetenz wurden die zwei o. g. Gruppen mit der Ungewissheitstoleranz-Skala (UGT-Skala) von Dalbert (1996) aus allen in Frage kommenden Bewerbungen definiert, indem die Skalenmittelwerte verglichen wurden (vgl. Tab. 6.2, 6.3 und 6.4).

In einem Tandem-Interview wurden die beide Bewerbergruppen zu den Anforderungen der ausgeschriebenen Position befragt, um die Passung und Eignung der Kandidaten zu klären.

Dabei wurde ein teilstrukturiertes Vorgehen gewählt, um die Nachteile vollstrukturierter bzw. unstrukturierter Explorationen auszuschalten. Die strukturierenden Leitfragen waren dabei hauptsächlich auf die interessierenden Bereiche Methoden-, Sozial- und Persönlichkeitskompetenz abgestimmt. Durch „Suchscheinwerferfragen" des Leitfadens wurden die Bereiche untersucht und die dann entdeckten Spuren individuumszentriert weiterverfolgt. Durch konkretisierendes Nachfragen wurde eine Selbst- und eine Fremdeinschätzung der Ausprägungen jedes Items des Anforderungsprofils

Tab. 6.4 Item-Mittelwerte und Standardabweichungen

Alle Bewerb	Item 1	Item 2	Item 3	Item 4	Item 5	Item 6	Item 7	Item 8	Skala
N	105	105	105	105	105	105	104	105	101
M	4,36	3,99	3,52	3,40	3,35	3,04	2,89	2,38	3,36
SD	1,30	1,42	1,49	1,37	1,22	1,45	1,39	1,02	0,86

Gruppe 1	Item 1	Item 2	Item 3	Item 4	Item 5	Item 6	Item 7	Item 8
n	20	20	20	20	20	20	20	20
M	5,00	5,00	4,70	3,85	4,30	3,90	3,85	2,80
SD	,56	,92	,73	1,23	,80	1,12	,93	,89

Gruppe 2	Item 1	Item 2	Item 3	Item 4	Item 5	Item 6	Item 7	Item 8
n	20	20	20	20	20	20	20	20
M	3,25	3,20	1,60	2,10	2,45	1,80	1,40	1,45
SD	1,41	1,58	,75	1,02	1,00	1,28	,82	,51

6.3 Praxisbeispiel: Soll-Ist-Vergleich von Anforderungs- und Kompetenzprofil

Legende

Soll	Anforderungsausprägung der zu besetzenden Position (Vorgabe)
UGT	Kompetenzausprägung bei eher ungewissheitstoleranten Bewerbern
UGIT	Kompetenzausprägung bei eher ungewissheits *in* toleranten Bewerbern
20 – 40 Pkt.	sehr geringe Ausprägung
>40 – 60 Pkt.	geringe Ausprägung
>60 – 80 Pkt.	mittlere Ausprägung
>80 – 90 Pkt.	starke Ausprägung
>90 –100 Pkt.	Sehr starke Ausprägung

Es werden die relevanten Items in der Tabelle grau hinterlegt dargestellt.

lfd. Nr	Ausprägung Kenntnisse / Fähigkeiten in der Anwendung von:	Soll	UGT	UGIT
1	QFD	60		
2	DoE	60		
3	FMEA	60		
4	FTA	60		
5	SPC	60		
6	Moderne Visualisierungstechniken	80	80	80
7	Entscheidungs- und Problemlöseverfahren	90	85	30
8	Kreativitätstechniken	80	80	30
9	Moderation	95	85	85
10	Präsentation	95	85	85
11	Rhetorik	95	85	85
12	Protokollführung	85	70	70
13	Quality-Circle-Arbeit	95	85	45
14	Systematische Verarbeitung von Informationen	95	85	30
15	Zeitmanagement	70	50	95
16	Techniken wissenschaftlichen Arbeitens	85	85	95
17	Zielformulierung und Aufgabenanalyse	100	85	95
18	Projektmanagementmethoden	85	85	100
19	Analytische Verarbeitung in Problemsituationen	100	85	30
20	Prozessorientierte Sichtweise	100	85	30
21	Mehrdimensionales circular-kausales, integratives, vernetztes Denken	90	85	30
22	Denken in Neben-, Spätfolgen sowie Rückkopplungen	95	85	50

Abb. 6.2 Vergleich der Anforderungsausprägungen: Leiter Qualitätssicherung – Methodenkompetenz

23	Denken in Tendenzen und Interdependenzen statt in monokausalen Beziehungen	95	85	30
24	Strategisches Denken	85	85	35
25	Denken in Problem- und Lösungshierarchien, in Alternativen und Konsequenzen	90	85	30
26	Sensibilität für schwache Signale	75	85	100
27	Adäquater Einsatz von Fachpersonal (wer, was, wann, wo, mit wem, wozu)	100	100	100

Abb. 6.2 (Fortsetzung)

möglich. Die Auswertung (vgl. Abb. 6.2, 6.3 und 6.4) enthält die Mittelwerte der Selbst- und Fremdeinschätzung. Es wurde aufgrund der bewusst in Kauf genommenen Validitätsunsicherheiten eine grobe Ausprägungsskala gewählt.

6.3.2 Zusammenfassung der Ergebnisse der Fallstudie

Man sieht beim Vergleich der Profile sehr deutliche Unterschiede im Verhalten und bei bestimmten Einschätzungen, die mit den in der Literatur (Dalbert, 1999) genannten Unterschieden zwischen ungewissheitstoleranten und eher ungewissheitsintoleranten Personen eine relativ gute Übereinstimmung zeigen. In Tab. 6.5 sind die Zeilen dunkelgrau gekennzeichnet in denen die Differenzen in den Ausprägungen zwischen UGT und UGIT ≥ 30 Pkt. beträgt. Es folgt nun eine kurze Interpretation der Ergebnisse:

Die recht hohe Differenz beim „Entscheidungs- und Problemlöseverhalten" *(lfd. Nr. 7)* zugunsten der UGT-Bewerber ist wahrscheinlich darauf zurückzuführen, dass ungewissheitstolerante Führungskräfte über das Bedürfnis nach Wissen und Verstehen verfügen, dass sie über sich und über die Umwelt Klarheit gewinnen, indem sie Ungewissheit durch zusätzliche Informationen abbauen und dass sie eine zentrale gedankliche Verarbeitung bevorzugen. Gleichzeitig bevorzugen sie ambiguitäre Situationen, sie arbeiten prozessorientiert und orientieren sich an der Übereinstimmung und am Inhalt von Argumenten.

Die getesteten ungewissheitstoleranten Bewerber mit der höheren Kompetenzausprägung bei der „Quality-Circle-Arbeit" *(lfd. Nr. 14)* erhalten diese Fähigkeit zuerst einmal durch ihre Fähigkeit der systematischen Informationsverarbeitung. Ungewissheitstolerante Mitarbeiter können auch aufgrund der Bevorzugung kooperativer Lernformen und der höheren „Lernausbeute" bei dieser Form des Lernens sowie das ausgeprägte Bedürfnis nach Wissen und Verstehen besser in Qualitätszirkeln mitarbeiten als ungewissheitsintolerante.

Dagegen ist das individuelle „Zeitmanagement" *(lfd. Nr. 15)* bei ungewissheitsintoleranten Menschen besser ausgeprägt, weil sie einfache Entscheidungsregeln an-

lfd. Nr.	Merkmale / Verhaltensweisen Ausprägung	Soll	UGT	UGIT
28	Selbstöffnung	70	85	35
29	Aufrichtigkeit	70	85	70
30	Zivilcourage	70	85	55
31	Selbstvertrauen	95	85	50
32	Gerechtigkeitsempfinden	75	75	85
33	Rhetorische Fähigkeiten	85	85	85
34	Konfliktfähigkeit	95	85	35
35	Wirkung des eigenen Verhaltens auf andere	85	85	75
36	Konstruktiver Umgang mit Konflikten anderer	90	85	50
37	Umgang mit fremdländischen Mentalitäten	70	85	70
38	Umgang mit verschiedenen „Kundensprachen"	85	85	95
39	Kenntnisse und Anwendung der normativen Verhaltensregeln menschlichen Zusammenlebens im Arbeitsprozess	95	70	95
40	Beherrschung kooperativer Lernformen	30	85	35
41	Beherrschung individualistischer Lernformen	75	50	70
42	Umgang mit Konkurrenz	85	50	85
43	Umgang mit Leistungsdruck	85	85	100
44	Umgang mit hohen Risiken	50	90	90
45	Grundkenntnisse der Wirtschafts- und Technikethik (z. B. Normen im Entstehungs-, Begründungs- und Verwertungszusammenhang)	50	50	95
46	Wirtschaftsethik (Ursachen und Folgen des Wirtschaftens; Konflikte zwischen Ökologie und Ökonomie und deren Handhabung)	55	85	75
47	Zielkonflikte (betriebswirtschaftliche Sichtweise vs. Qualitätsdenken)	85	85	55
48	Umweltverträglichkeit von Produktion und Produkt	85	85	55
49	Sozialverträglichkeit der TQM-Philosophie	85	85	85
	Kenntnisse und Anwendung der Führungsethik:			
50	Verantwortungsübernahme – Verantwortungsdelegation	95	85	35
51	Präventionsverantwortung	95	95	35

Abb. 6.3 Sozialkompetenz (Fortsetzung v. Abb. 6.2)

lfd. Nr.	Merkmale / Fähigkeiten Ausprägung	Soll	UGT	UGIT
52	Kenntnis der eigenen Stärken und Schwächen	85	75	75
53	Fähigkeit zur Selbstkritik	85	85	55
54	Konstruktive Verarbeitung eigener Erfolge / Misserfolge	95	90	35
55	Wirkung des eigenen Verhaltens auf andere	85	85	75
56	Erkennen des eigenen Anteils an Problemen / Konflikten	85	95	35
57	Konstruktiver Umgang mit eigenen Ängsten, Minderwertigkeitsgefühlen, Unsicherheiten, Hoffnungen, Illusionen, Wünschen	95	85	35
58	die eigene Person betreffend	85	90	55
59	den Bereich Qualitätssicherungssysteme betreffend	95	90	35
60	den Bereich Qualitätsmanagement betreffend	95	90	35
61	Identifikation mit der TQM-Philosophie	95	95	75
62	Identifikation mit den Möglichkeiten moderner Qualitätssicherungssysteme	95	85	75
63	Selbstverständnis als Führungskraft	95	85	55
64	Eigenes Wertebewusstsein	85	85	75

Abb. 6.4 Persönlichkeitskompetenz (Fortsetzung v. Abb. 6.3)

wenden und sich am liebsten auf automatisch ablaufende Verarbeitungsregeln verlassen. Dabei lassen sie sich kaum von ambiguitären betrieblichen Situationen beeinflussen, da sie sich durch die Schaffung eines individuellen Formalismus, die nötige Sicherheit im Umgang mit diesen Situationen verschaffen. Das hohe Maß an Ergebnisorientierung lässt keine ineffiziente Bearbeitung von Problemen zu.

Die getesteten UGT-Mitarbeiter verfügen über die Fähigkeit der analytischen Verarbeitung von Problemsituationen *(lfd. Nr. 19)*. Dies rührt wahrscheinlich daher, weil sie gewohnt sind in wichtigen Situationen Informationen systematisch zu verarbeiten, differenziert auf Informationen zu reagieren und dabei kontrolliert und gesteuert vorzugehen. Das gleiche gilt für die „prozessorientierte Sichtweise" *(lfd. Nr. 20)*.

Die besonders ausgeprägte „ganzheitliche, strategisch ausgerichtete Sicht- und Denkweise" *(lfd. Nr. 21–25)* wird bei den UGT-Bewerbern durch deren Eigenschaften:

- Orientierung an der Stimmigkeit und dem Inhalt von Argumenten
- prozessorientierte Denkweise

- Orientierung an zukünftigen Ereignissen
- Zentrale gedankliche Verarbeitung

ermöglicht und unterstützt.

Die sozialen Einzelkompetenzen „Selbstöffnung", „Zivilcourage" und „Selbstvertrauen" *(lfd. Nr. 28, 30–31)* werden im Wesentlichen durch die folgenden Eigenschaften von UGT-Mitarbeitern geprägt:

- Sie wollen über sich selbst und über ihre Umwelt Klarheit gewinnen, indem sie Ungewissheit durch weitere Informationen abbauen.
- Sie sind „open minded".
- Sie orientieren sich an der Stimmigkeit und dem Inhalt von Argumenten.
- Sie können sich auch an den Meinungen von Minderheiten orientieren.

Ungewissheitsintolerante Mitarbeiter können dagegen besser mit „Konkurrenz"*(lfd. Nr. 42)* umgehen, weil sie sich stets am Stellenwert der argumentierenden Person ausrichten, sie in hohem Maße ergebnis-orientiert handeln und sie einfache Entscheidungsregeln bei Einstellungsänderungen anwenden. „Zielkonflikte" *(lfd. Nr. 47, 48)* werden von ungewissheitstoleranten Mitarbeitern besser gelöst, da sie sich vorwiegend an der Stimmigkeit und dem Inhalt von Argumenten ausrichten. Die Eigenschaft sich in ambiguitären Situationen wohlzufühlen, hilft sicherlich genauso, wie die die Verhaltensweise, in belastenden Situationen positive Umdeutungen vorzunehmen. Ungewissheitstolerante Bewerber waren eher bereit Verantwortung zu übernehmen *(lfd. Nr. 50, 51)*, da sie die Fähigkeit besitzen, sich an zukünftigen Situationen zu orientieren und dabei kontrolliert und diszipliniert vorzugehen. Auch die weiteren Persönlichkeitsmerkmale ungewissheitstoleranter und ungewissheitsintoleranter Bewerber wie „Selbstkritik", „Umgang mit Erfolg und Misserfolg", „konstruktiver Umgang mit Ängsten" und die „Fähigkeit zur Entwicklung von Visionen" können mit den bekannten Verhaltensmustern erklärt werden. Die beschriebene Methode (Kombination von Anforderungsprofilen und UGT-Skala) könnte eine Erweiterung der Instrumente für die Personalauswahl werden, denn die vorgestellten Ergebnisse sprechen für eine hohe Genauigkeit bei der Einschätzung möglicher Verhaltensweisen von Bewerbern. Wenn die Ungewissheitstoleranz auf die Ausprägung bestimmter Verhaltensweisen von Mitarbeitern Einfluss ausübt, können sich daraus auch mögliche Verhaltensweisen der Mitarbeiter bei der Umsetzung von Innovationsvorhaben ableiten lassen. (vgl. Nauendorf, 2004).

6.4 Ihr Lernerfolg aus diesem Kapitel

Nach der Bearbeitung dieses Kapitels und Beantwortung der vertiefenden Fragen sollten Sie in der Lage sein

- die wesentlichen Einflussfaktoren auf die Entwicklung von Innovationskompetenz zu nennen und zu erläutern,
- die Auswirkungen der unterschiedlichen Ausprägungen dieser Einflussfaktoren zu benennen,
- Methoden zur Handhabung der unterschiedlichen Ausprägungen von UGT, organisationalem Vertrauen und Innovationskenntnissen anzuwenden,
- Mess- oder besser: quantitative Beschreibungsverfahren für die drei Einflussfaktoren anzuwenden und
- Schlussfolgerungen aus den Ergebnissen ziehen zu können, sowie
- bei der Auswahl von Mitgliedern von Projektgruppen zu berücksichtigen, dass es verschiedene Ausprägungsarten der Einflussfaktoren bei den Personen gibt.

6.5 Übungsaufgaben zu diesem Kapitel

Aufgabe 1
Nennen Sie drei Berufe, die Ihrer Meinung nach am besten für eher ungewissheitstolerante Menschen geeignet sind, und drei Berufe, die für Personen mit einem geringen Ausprägungsgrad von Ungewissheitstoleranz geeignet sind.

Aufgabe 2
Häufig werden in der Literatur und in anderen Quellen die Begriffe Ambiguitätstoleranz, Unsicherheitstoleranz und Ungewissheitstoleranz gleichgesetzt. Ist das, wissenschaftlich betrachtet, statthaft?

Literatur

Dalbert, C. (1999). *Die Ungewißheitstoleranzskala: Skaleneigenschaften und Validierungsbefunde.* Hallesche Berichte zur Pädagogischen Psychologie Nr. 1. Hrsg.: C. Dalbert. Halle.

Dalbert, C. (1996). *Über den Umgang mit Ungerechtigkeit. Eine psychologische Analyse.* Verlag Hans Huber. Göttingen u. a.

Hofstede, G. (1993). *Interkulturelle Zusammenarbeit. Kulturen-Organisationen-Management.* Betriebswirtschaftlicher Verlag Gabler.

Nauendorf, W. (2004). *Total Quality Management als Vertrauensmanagement.* Hampp.

7 Leadership – Basis für die Entwicklung von Innovationskompetenzen

Zusammenfassung

Es gibt viele unterschiedliche Auslegungen und Definitionen vom Begriff *Leadership*. Im Prinzip bedeutet es auf Deutsch so viel wie „Führung", weshalb es auch oft mit der „Praxis der Mitarbeiterführung" gleichgesetzt wird. In diesem Kapitel folgen wir generell dieser Definition, um aber auch gleichzeitig darauf hinzuweisen, dass es notwendig ist im Rahmen von Veränderungsprozessen differenziertere Definitionen anzuwenden. Sie sollen in diesem Kapitel alle Synonyme, die für Aufgaben im und durch das Management in Unternehmen benannt werden, kennen lernen und in den richtigen Kontext überführen können. Sie sollen erkennen, dass Innovationskompetenzen erlernbar sind und im Wesentlichen durch die besondere Auffassung von Leadership in ihrer Entwicklung gefördert werden können. Sie sollen den Begriff der Lateralen Führung diskutieren und in diesem Diskurs lernen, dass zur Generierung von Innovationskompetenzen etwas anderes notwendig ist als nur der Wille zur Erbringung von Innovationen. Sie sollen erkennen das mehrere Einflussgrößen auf den Erfolg von Innovationsbemühungen einwirken und deren Auswirkung beherrscht werden muss.

7.1 Der Begriff Leadership

Aus der allgemeinen, recht oberflächlichen Übersetzung des Begriffs *Leadership* ergibt sich im Rahmen der Frage nach der Entwicklung von Innovationskompetenzen die Notwendigkeit, zwischen den gebräuchlichen Synonymen von „Führung" in diesem Buch zu differenzieren:

▶ **Management** bedeutet eine Organisation „am Laufen" zu halten, und zwar als Institution und als Funktion. Management ist also nicht nur auf Unternehmen oder sonstige Personenvereinigungen (etwa Behörden) begrenzt, sondern betrifft auch Teilbereiche der Lebensführung im Privathaushalt (beispielsweise Zeitmanagement). Zentraler Inhalt des Managements ist die Organisation, Vorbereitung und Durchführung von Entscheidungen in einer komplexen Umwelt unter den Bedingungen der vollkommenen Information.

▶ **Steuerung.** Im Vergleich zum Begriff der Unternehmensführung wird derjenige der Unternehmenssteuerung vielfach auf die instrumentale Betrachtungsebene und somit auf den Geschäftsprozess bezogen. Die Unternehmenssteuerung beschreibt im Allgemeinen die Steuerung eines Unternehmens auf dessen Ziele hin.

Leitung basiert auf der formalen Position oder Funktion, die eine Person im Unternehmen einnimmt. Eine Leitung hat die Aufgabe die Ressourcen zu verwalten, die in seinem Verantwortungsbereich zur Zielerreichung für das Unternehmen zur Verfügung stehen.

▶ **Führung** dagegen ist unabhängig von der offiziellen Position, sie basiert auf Zustimmung bei den Geführten und soll diese dazu befähigen auf dem Wege der Zielerreichung für das Unternehmen Mehrwerte zu generieren.

7.2 Aufgaben von Leadership

Wird Leadership im Sinne von Mitarbeiterführung verwendet ist dies die praktische Fähigkeit andere Menschen zu begeistern, von einem gemeinsamen Ziel zu überzeugen und auf dem Weg dorthin sowohl für das Unternehmen als auch für alle Beteiligten Mehrwerte zu generien. Laut dieser Definition setzt sich ein Mehrwert für Unternehmen aus den USPs (Unique-Selling-Proposition=Alleinstellungsmerkmale) zusammen, die Ihr Produkt oder Ihre Dienstleistung von denen anderer Anbieter unterscheiden. Dabei kann es sich auch um die Innovationsfähigkeit des Unternehmens handeln bzw. die Summe der Innovationskompetenzen der Mitarbeitenden also eine Erhöhung des Human Capital. Aufgabe der Führung ist es demzufolge Mitarbeitende so zu beeinflussen, dass sie bereit sind, den höchstmöglichen Mehrwert zu entwickeln, dies funktioniert nur dann, wenn innerhalb von Arbeitsgruppen Synergieeffekte wirksam werden. Grundsätzlich kann das Synergiepotenzial beziehungsweise der Synergieeffekt günstig, neutral oder ungünstig sowie für jeden der Akteure unterschiedlich ausfallen. Effekte, die sich zwar zeitlich nach Beginn der Zusammenarbeit ergeben, sich jedoch auch ohne dessen Zustandekommen eingestellt hätten, sind der begrifflichen Herleitung nach nicht als Synergieeffekte zu bezeichnen. Die Führungskraft versteht wie kein anderer zu motivieren, es ist eine seiner wichtigsten Funktionen. Die Führungskraft leitet die Energie und das fachliche Potenzial seiner Kollegen über die Motivation, um somit die Ziele zu erreichen. Nachhaltige Mitarbeiterführung (Leadership) strebt ständige Verbesserung an. Leader haben die Fähigkeit die Mitglieder ihres Teams in „Stars" zu verwandeln, in Personen, die ihre Fertigkeiten verbessern und diese dank des Einflusses ihrer Führungskraft entwickelt haben. Zusammenfassend hat die Definition von Leadership weder mit Hierarchie noch mit der Position der Einzelnen im Unternehmen zu tun, sie hat ebenfalls nichts damit zu tun, den anderen eine Meinung aufzudrücken, sondern damit, ihnen zuzuhören. Leadership ist die Einstellung von Personen, die etwas anderes anstreben, die sich für das Erreichen eines Ziels engagieren und es schaffen, ihre Überzeugung mit Begeisterung und Optimismus auf die anderen zu übertragen, um ein gemeinsames Ziel zu erreichen. Klassische Führung im Sinne von „disziplinarischem Vorgesetzten-Sein", das seine organisatorische Legitimität aus hierarchischen Strukturen bezieht, kann dem steigenden Bedarf von Steuerung bzw. gezielter Einflussnahme in modernen Unternehmen nicht mehr alleine gerecht werden. Ansteigende Komplexität der Aufgabenbereiche, gepaart mit zunehmender Verflachung von Hierarchien rücken eine Strukturform zusehends in den Vordergrund, die als „Laterale Führung" bezeichnet wird. Die Laterale Führung, gleich: Führung ohne Auftrag oder Führung von der Seite, beruht überwiegend auf Vertrauen und Verständigung durch die Schaffung eines gemeinsamen Denkrahmens, um die möglichen unterschiedlichen Interessen der Beteiligten synergetisch zu verbinden.

7.3 Konzept der „Lateralen Führung"

Es wäre naiv, Hierarchie generell als ein „auslaufendes Modell" zu beschreiben oder gar davon auszugehen, dass Hierarchien „abgerissen, auseinandergebaut und zerstückelt werden". Weder die Konzepte der Lernenden Organisation und des Wissensmanagements noch die Überlegungen zur Dezentralisierung der Organisation haben den Hierarchien einen „Todesstoß" versetzt (siehe dazu Kühl, 2015, S. 125 ff.). Man kann mit guten Gründen davon ausgehen, dass es, solange es Organisationen gibt, auch Hierarchien geben wird. Kein Mechanismus scheint so gut geeignet zu sein wie die Hierarchie, wenn es darum geht, in Organisationen schnelle Entscheidungen zu treffen, permanente Machtkämpfe zu verhindern und Konflikte auf unteren Ebenen zu befrieden. Manager haben jedoch zunehmend den Eindruck, dass hierarchische Steuerung in Entscheidungsprozessen nur begrenzt wirkt, und dafür scheint es Gründe zu geben. In den in einer Wertschöpfungskette anstehenden Kooperationen gibt es häufig nur noch begrenzte Möglichkeiten, in Konfliktfällen den Vorgesetzten einzuschalten. Denn je stärker die Hierarchien abgeflacht werden, desto weniger steht die Hierarchin oder der Hierarch zur Verfügung, um die Koordinationsprobleme zwischen Mitarbeitern mit einem „Machtwort" aufzulösen. In Kollektivorganen – man denke an Betriebsräte oder Vorstände von Aktiengesellschaften – oder in Projektgruppen mit Mitgliedern aus verschiedenen Abteilungen muss auf eine hierarchische Koordination häufig mehr oder minder verzichtet werden. Die Leitungskräfte haben in der Regel nur eine koordinierende und verwaltende Funktion und können Konfliktsituationen nicht mit dem Verweis auf ihre herausgehobene hierarchische Stellung auflösen. Besonders deutlich werden die Grenzen der hierarchischen Koordination in der Kooperation zwischen verschiedenen Organisationen:

Häufig sind deren Mitarbeiter gezwungen, eine Sache voranzubringen, ohne sicher sein zu können, dass die Details ihrer Kooperation durch Verträge geklärt sind oder gar ihre Vorgesetzten bereit sind, jedes kleine Problem am Rande einer Konferenz oder – um ein Klischee zu bedienen – einer Golfpartie zu klären. Das Konzept des Lateralen Führens greift diese Problematik auf und entwickelt einen Führungsansatz jenseits der Hierarchie (vgl. Kühl, 2017).

Der Begriff des Lateralen Führens mag auf den ersten Blick irritierend klingen, denn: Wie kann man führen, wenn man keine Weisungsbefugnis hat? Mit dem Begriff des Lateralen Führens wählen wir bewusst ein Oxymoron – eine Zusammenstellung aus zwei sich widersprechenden Begriffen in einer rhetorischen Figur –, um deutlich zu machen, dass es bei diesem Konzept darum geht, zwei widersprüchliche Anforderungen miteinander in Einklang zu bringen. Genauso wie der Begriff »bittersüß« darauf verweist, dass eine Speise zwei entgegengesetzte Geschmacksnerven anspricht, ist das Besondere am Konzept des Lateralen Führens, ohne hierarchische Weisungsbefugnis auszukommen, aber dennoch führen zu können.

7.4 Einflussfaktoren auf „Laterales Führen"

Laterales Führen basiert – und dieser Gedanke ist zentral für das Konzept – auf drei Mechanismen der Einflussnahme: Verständigung, Macht und Vertrauen. Bei Verständigung geht es darum, die Denkgebäude des Gegenübers so zu verstehen, dass neue Handlungsmöglichkeiten erschlossen werden. Vertrauen wird aufgebaut, wenn eine Seite einseitig in Vorleistung geht (indem sie ein Risiko eingeht) und die andere Seite dies nicht für einen kurzfristigen Vorteil ausnutzt, sondern sich bei anderer Gelegenheit des Vertrauens würdig erweist. Macht spielt bei Lateralem Führen eine wichtige Rolle – nicht in der Form hierarchischer Anweisungen, sondern aufbauend auf anderen Machtquellen wie Kontrolle der internen, häufig informalen Kommunikation, Einsatz von Expertenwissen oder Nutzung von Kontakten zur Umwelt der Organisation (Kühl et al., 2004). Bei der Fokussierung auf die drei Einflussmechanismen „Verständigung", „Macht" und „Vertrauen" wird an Überlegungen der Steuerungstheorie angeknüpft, die das Bestreben hat, verschiedene Mechanismen auszubilden, mit denen die Wahrscheinlichkeit, dass etwas passiert, erhöht wird (vgl. Zündorf, 1987).

7.5 Verständigung, Macht und Vertrauen

Für die alltäglichen Kooperationen in Organisationen ist es hilfreich, dass nicht immer deutlich wird, welche Form der Koordination – Verständigung, Vertrauensaufbau oder Machtspiel – gerade abläuft. Dadurch entsteht ein größerer Handlungsspielraum, weil man Sätze und Handlungen auf verschiedene Art und Weise interpretieren kann. Für die Systematisierung des Prozesses des Lateralen Führens ist es jedoch wichtig, zu erkennen, wie Verständigung, Macht und Vertrauen zusammenhängen. Häufig greifen Macht, Vertrauen und Verständigung so ineinander, dass sie sich gegenseitig stützen. Wenn man sich vertraut, fällt häufig auch die Verständigung leichter. Man geht zunächst einmal davon aus, dass der andere einen nicht über den Tisch ziehen will und dass es ihm darauf ankommt, unterschiedliche Einschätzungen auszutauschen. Wenn man in einer Beziehung viel Macht hat, kann man andere zwingen, die eigenen Gedanken anzuhören – z. B. dadurch, dass man die anderen zu einer Sitzung „bittet". Ob sie sich dann auch auf einen intensiven Verständigungsprozess einlassen, ist natürlich eine zweite Frage. Wenn man sich in einem Verständigungsprozess befindet und einmal Einblicke in die Zwänge des anderen gewonnen hat, kann es leichter fallen, von einem Misstrauens- in ein Vertrauensverhältnis überzugehen. Es gibt nicht die für alle Kooperationsformen geltende richtige Mischung aus Vertrauen, Macht und Verständigung. Aber im Laufe der Analyse der Vertrauens-, Macht- und Verständigungsprozesse kann sich (vielleicht) ein Mechanismus einstellen, über den in der konkreten Kooperationsbeziehung ein Effekt erzeugt werden kann. Genau in dieser situationsabhängigen Schwerpunktsetzung liegt der Clou.

7.6 Die Begrenzung durch die Organisation

Organisationen unterscheiden sich von anderen sozialen Gebilden wie Liebesbeziehungen, Freundeskreisen oder spontanen Interaktionen dadurch, dass die Macht-, Vertrauens- und Verständigungsprozesse durch die Formalstruktur festgelegt werden. In Liebesbeziehungen gibt es lediglich gesellschaftliche Bremsmechanismen – besonders das Rechtswesen und die kulturellen Normen –, die Prozesse der Macht, des Vertrauens oder der Verständigung einschränken können. Freundescliquen können weitgehend auf Vertrauen oder Verständigung basieren, und regulierte Machtverhältnisse kann es hier kaum geben. Nur im Fall von beispielsweise Gewalteskalationen greifen dann Mechanismen des Rechtssystems. Macht-, Vertrauens- und Verständigungsprozesse in Organisationen sind deswegen besonders, weil diese Prozesse durch die Formalstruktur reguliert werden. Schon ein Blick auf den Mechanismus von Vertrauen zeigt, dass die formalen Strukturen einer Organisation das Ziel haben, solche Abstimmungsprozesse zu unterbinden, die auf Personenvertrauen basieren. Die Strukturen einer Organisation, an die ihre Mitglieder gebunden sind, solange sie Mitglied bleiben wollen, machen es für alle erwartbar, dass Befehle befolgt, Routinen angestoßen werden oder Abstimmungen stattfinden, auch wenn man dem Gegenüber als Person nicht vertraut. Auch Verständigung wird durch die Formalstruktur der Organisation eingehegt. Selbst wenn es den Verfechtern des Mottos „Kommunikation, Kommunikation, Kommunikation" schwer fallen mag zu akzeptieren – Organisationen mit ihrer Formalstruktur sind erst einmal großartige Mechanismen zur Unterbindung von Verständigung. Sowohl Hierarchen als auch Vertreter in Abteilungen können sich in letzter Konsequenz auf ihre durch die Formalstruktur abgesicherte Position zurückziehen, um Aufforderungen zur Verständigung abzublocken. Der Clou der Formalstruktur von Organisationen ist erst einmal, dass sie festlegt, wem gegenüber man nicht rechenschafts- oder auskunftspflichtig ist. Die Formalstruktur kann also dafür eingesetzt werden, ausufernde Verständigungsprozesse abzukürzen. Organisationen bilden auf den ersten Blick einen idealen Nährboden für Machtkämpfe um Ressourcen, Informationen, Zugänge oder Verantwortlichkeiten. Aber auch das Ausufern dieser Machtkämpfe wird durch die Formalstruktur reduziert. Die zentrale Funktion von Hierarchien ist, dass sie die alltägliche Neuaushandlung von Machtpositionen überflüssig machen. Im Streitfall kann der hierarchisch Höherstehende eine Auseinandersetzung mit Verweis auf die ihm durch die Formalstruktur verliehenen Rechte „formal" entscheiden. Es ist also die Formalstruktur der Organisation, die eine ungehemmte Ausdehnung von Machtspielen unterbindet.

7.7 Vor- und Nachteile sowie Nebenwirkungen

Im Idealfall zeigen sich Vorteile und nützliche Effekte dieses Ansatzes auf folgenden Ebenen:

- Erhöhte Partizipationsmöglichkeiten und Ausbau von subsidiär angestrebter Selbstgestaltung erhöhen die Motivation der Akteure,
- Anreicherung der Tätigkeitsprofile lateral Führender („Job-Enrichment"),
- mehr Austausch untereinander (insbesondere über „Ab-Teilungsgrenzen" hinweg) führt zu besserem wechselseitigem Verständnis (Überwindung „lokaler Rationalitäten") und schärft interpersonelle Kompetenzen,
- Entlastung von Führungskräften durch bewusstes Ansiedeln inhaltlich/technischer Problemlösungen dort, wo die Expertise dazu vorhanden ist; sinkende Häufigkeit der „Eskalation nach oben",
- Bildung von Lern-Netzwerken durch Erarbeitung eines „gemeinsamen Denkrahmens", Gewinnung von inhaltlich-technischer Vorteile durch gezieltes Einsetzen von Diversität,
- (gegebenenfalls) Verstärkung von Markt- und Kundenorientierung (z. B. durch Regionalisierung und Flexibilisierung vor Ort),
- Zeitgewinn durch rasche Lösungen vor Ort (kurze Wege, ...).

Dem stehen folgende potenzielle negative Effekte gegenüber:

- Geringe Machtdistanzen bei gleichzeitig hohen Überzeugungsnotwendigkeiten bergen die Gefahr einer Verlangsamung von Prozessen oder gar ihres Stillstandes bei Zeitdruck in sich bzw. können zu einer gewissen Lähmung bei Konflikten führen.
- Ebenfalls nicht auszuschließen ist, dass die Notwendigkeit zur Aushandlung tragfähiger Lösungen vorrangig als lästiges Entscheidungsvakuum wahrgenommen wird und dadurch die Gefahr einer Unentschiedenheit und Orientierungslosigkeit steigt.

Frustration durch ein „Alleingelassen-Werden" durch die Führung kann sich dann ebenso einstellen wie Rückzug oder „Dienst-nach-Vorschrift".
- Laterale Führung kann die verantwortlichen Führungskräfte dazu verleiten, organisationale Unschärfen bzw. Widersprüchlichkeiten auf die personale Ebene der Mitarbeitenden zu verlagern, frei nach dem Motto „Macht euch das untereinander aus!" Eine derartige „Entverantwortlichung" durch das Management kommt einer missbräuchlichen Verwendung des Konzeptes gleich, da die Mitarbeitenden selbst bei bestem Willen organisatorische Unzulänglichkeiten nicht „lateral" überbrücken können.
- Dies macht erneut deutlich, dass laterale Führung funktionale Führungsverantwortung nicht ersetzen kann und dass diesbezügliche Hoffnungen von Führungskräften, die zur Untersteuerung neigen und Verantwortungsübernahme eher meiden, schnell mit Chaos quittiert werden können.
- Umgekehrt sind Konstellationen möglich, bei denen laterale Führung zu einer Art Entmachtung von Linienfunktionen führen kann. Dies kann dann eintreten, wenn in einer Art überbordender Selbstermächtigung Rahmensetzungen „lateral ausgehebelt" werden.
- Letztlich kann – in seltenen Fällen – die Gefahr eines Loyalitätsverlustes nicht ganz ausgeschlossen werden, wenn gut abgestimmte, kohäsive „laterale Zellen" gewissermaßen als „Seilschaften" agieren und wenn eigene, nicht ausgesprochene Ziele die Primary Task des Unternehmens zu überlagern beginnen.

Diese Gegenüberstellung soll deutlich machen, dass bei allem nicht zu unterschätzenden Innovations- (und damit Irritations-)Potenzial von lateraler Führung die unerwünschten Effekte oder Nebenwirkungen bis zu einem gewissen Grad vorhersehbar und letztlich durch umsichtige Steuerung seitens des Managements eingrenzbar und eindämmbar sind.

Geht man der Frage nach, unter welchen Voraussetzungen in einer Organisation die Realisierung lateraler Führung eher oder besser gelingt, so lassen sich einige organisationskulturelle Parameter bzw. Tendenzen isolieren:

- Ein offenes Führungsverständnis mit eher geringer Machtdistanz (z. B. daran abzulesen, dass Mitarbeitende auch mit „höheren Hierarchen" einen kritischen Diskurs führen können ohne Sanktionen befürchten zu müssen).
- Kommunikationswege sind unter Beibehaltung vereinbarter Prinzipien flexibel angelegt und nicht auf Einhaltung „starrer Dienstwege" beschränkt.
- „MbO -Management by Objectives-" ist im Unternehmen bereits kulturell verankert, d. h. Zielbilder werden gemeinsam diskutiert und vereinbart.
- Das Unternehmen ermutigt Engagement und „kreatives Experimentieren" (Kreativität hat so gut wie immer mit Grenzüberschreitungen zu tun und so gesehen ist der reale alltägliche Umgang mit Kreativem und Kreativen eher normsetzend als normative Beteuerungen in Unternehmensgrundsätzen).

- Damit zusammenhängend: Die (Führungs-)Kultur ermuntert zu gemeinsamen Lernprozessen, wenn Fehler passiert sind (versus eher auf Sanktionen und/oder „Schuldigensuche" zu setzen).
- Das vorherrschende Führungsverständnis setzt auf „Empowerment" (ohne „starke" Mitarbeiter/innen gleich als Bedrohung wahrzunehmen).

Je weniger sich also eine Organisation in diesen Aufzählungen wiedererkennt, desto schwieriger bzw. aufwendiger kann sich die Ausgestaltung lateraler Führung in der betrieblichen Praxis gestalten. Umgekehrt kann gerade die Implementierung dieses Ansatzes in eher starren Systemen einiges zur organisationalen Flexibilisierung beitragen.

Für diesen Weg braucht es aber drei Vorbedingungen:

- Laterale Führung darf nicht als einziger „Hebel" zu organisationskultureller Veränderung gewählt werden; dazu braucht es parallel immer mehrere Ansätze auf unterschiedlichen Ebenen.
- Ein deutliches Commitment im obersten Management (das für diese Innovation als Machtpromotor auch dann eintritt, wenn Widerstände auftreten).
- Eine bewusste Auswahl von Mitarbeitenden für diese Aufgabe, die erhöhte Frustrationstoleranz und ausgeprägte interpersonelle Kompetenzen mitbringen.

Resümierend ist festzuhalten, dass laterale Führung eine zeitgemäße Antwort auf sich verändernde Rahmenbedingungen im Hinblick auf Steuerungsnotwendigkeiten in modernen Organisationen darstellt. Wenngleich die damit genannten Leitgedanken nicht völlig neu sind und sich bereits in historischen Vorläufern finden, kann man durch die aktuell fortschreitende theoretische Differenzierung einerseits und vielfache betriebliche Praxisanwendung andererseits mittlerweile von einem eigenen Ansatz sprechen.

Laterale Führung ersetzt disziplinäre Führung nicht nur nicht, sondern benötigt „zum Gedeihen" verbindliche Rahmensetzungen durch ebendiese. Insofern ist Laterale Führung in hierarchischen Organisationen nicht ohne klassische Führung denkbar. Laterale Führung ergänzt und erweitert disziplinäre Führung.

7.8 Ihr Lernerfolg aus diesem Kapitel

Erst die systematische Ausrichtung von oftmals schon vorhandenen „Führungs-Graubereichen" mit „formaler Benennung" als laterale Führung führt dazu, dass jene Funktionsträger eine eigene funktionale Identität „verliehen" bekommen, die sich – angeordnet oder nicht – einer höheren Beeinflussungsnotwendigkeit ihres Umfeldes bei gleichzeitigem Fehlen klassischen Führungsinstrumentariums ausgesetzt sehen.

Auch disziplinäre Vorgesetzte müssen das Instrumentarium lateraler Führung künftig zusehends mehr in den Fokus nehmen, anwenden und beherrschen. Insofern sind die hier formulierten Herausforderungen für Führung im weiteren Sinne unumgänglich und zukunftsweisend.

Laterale Führung geht immer mit persönlichem Empowerment einher und fußt auf Subsidiaritäts-Ideen. Damit zeichnen sich zwei Leitgedanken ab, die bei verstärkter Realisierung lateraler Führung starke Rückwirkungen auf die Führungskultur im jeweiligen Unternehmen haben werden (unabhängig davon, ob dies den disziplinären Führungskräften schon in der vollen Tragweite bewusst ist oder noch übersehen wird).

Laterale Führung erhöht die Anforderungen an interpersonale Kompetenz für die Beteiligten beträchtlich. Dies macht deutlich, dass betriebliche Angebote zur „Persönlichkeitsentwicklung" im weitesten Sinne das Praktizieren von lateraler Führung manchmal erst ermöglichen bzw. weiter beschleunigen können. Zum anderen können Konstellationen eintreten, in denen sozial kompetente laterale Führungskräfte eine Art Schlagschatten auf jene Führungskräfte werfen, die der Entwicklung ihrer Sozialkompetenz bisher wenig Bedeutung beigemessen haben. Auch Rückwirkungen in dieser Form sollten im Auge behalten werden.

Laterale Führung kann in der Diskussion über Karrierepfade im Unternehmen künftig als eigenständiger „dritter" Weg neben klassischen Führungskarrieren versus Fachkarrieren angelegt und ausgebaut werden.

Damit Führungskräfte in diesem Sinne die Kompetenzentwicklung, insbesondere Innovationskompetenz, ihrer Mitarbeiter zu fördern vermögen, ist einerseits eine betriebliche Lernkultur erforderlich, die eine umfassende Stärkung (‚Empowerment') der Mitarbeiterpotenziale ermöglicht und durch geeignete Arrangements von „Lernmöglichkeiten" fördert. Ein solches Arrangement ist auch die Gestaltung von lernintensiven Arbeitsplätzen.

Aus dem bisher Gesagten lassen sich Leitsätze für Führungskräfte zur Förderung von Innovationskompetenz ableiten:

Leitsätze für Führungskräfte
- Vermitteln Sie jedem einzelnen Mitarbeitenden, dass er sich Ihrer Unterstützung in fachlicher und persönlicher Hinsicht sicher sein kann.
- Helfen Sie Ihren Mitarbeitenden, die erlernte Hilflosigkeit zugunsten einer selbst gesteuerten Aktivität abzulegen.
- Betrachten Sie Fehler und Unzulänglichkeiten an Menschen und Maschinen als Möglichkeit zu kontinuierlichem Lernen und somit zur kontinuierlichen Verbesserung.
- Kontinuierliche Verbesserungen sind für die weitere positive Entwicklung des Unternehmens notwendig, sie müssen selbstverständlicher Bestandteil des täglichen Arbeitsprozesses sein.
- Entwickeln Sie die Bereitschaft, ständig alle Arten organisatorischer Systeme und Strukturen infrage zu stellen und zu überarbeiten.

- Entwickeln Sie Ihre Mitarbeiter ständig weiter, denn wenn die Mitarbeiter ein kontinuierliches Wachstum ihres Selbstvertrauens erleben können, steigt die Arbeitsmoral und vertieft sich das Engagement für das Unternehmen.
- Ermöglichen Sie so viel Transfer von Wissen und Leistungsfähigkeit von Mitarbeitendem zu Mitarbeitendem wie möglich.
- Ermutigen Sie Ihre Mitarbeitenden und vermitteln Sie Ihnen, ihre Arbeit selbst zu strukturieren, anstatt ihnen dies abzunehmen.
- Versuchen Sie, einen Prozess der realistischen Selbsteinschätzung anzuregen.
- Erkennen Sie, dass unterschiedliche Wege alternative Werkzeuge für die Herangehensweise und für den Erfolg bei der Bewältigung von Problemen am Arbeitsplatz sind.
- Ermutigen Sie die Mitarbeitenden zur Entdeckung und Entfaltung ihres persönlichen Arbeits-, Denk- und Lernstils und lassen Sie einen regelmäßigen Austausch zu.
- Kultivieren Sie die Fähigkeiten jedes einzelnen Mitarbeiters auf allen Gebieten. Jeder ist Experte auf irgendeinem Gebiet.
- Erkennen Sie, dass alles, was leichtfallen soll, logisch und vernünftig sein muss.
- Ideen lassen sich am besten durch Dialog und Diskussion entwickeln. Fördern Sie diese Tatsache, indem Sie sich als Moderator der Gruppe verstehen.

Von diesen Leitsätzen ausgehend, lässt sich ein Anforderungsprofil entwickeln, dass eine Soll-Vorstellung von dem vermittelt, was von Führungskräften in Vertrauensorganisationen verlangt wird, damit Innovationskompetenz bei den Mitarbeitenden durch aktives Vertrauensmanagement entwickelt werden kann. Der Abgleich mit dem Qualifikationsprofil der „Führung" zeigt Defizite und/oder Übererfüllung bestimmter Merkmale, die dann Aktivitäten erfordern. Bei einem stimmigen Profil kann davon ausgegangen werden, dass den Anforderungen gemäß, Innovationskompetenz bei den betroffenen Mitarbeitenden durch eine kompetenzfördernde Führung entwickelt wird.

Praktische Anwendung: Entwicklung eines Anforderungsprofils für Führungskräfte

Führungskräfte sind bei allen Innovations-/Veränderungsprozessen die wichtigsten Partner der Mitarbeiter. Auf ihren Einsatz, ihr Engagement und ihre Überzeugungskraft kommt es an, ob und inwieweit Innovationen im Unternehmen wirksam werden können. Gerade bei der Neustrukturierung der von Innovationen betroffenen Arbeitsprozesse benötigen die Mitarbeiter die gezielte Unterstützung erfahrener Führungskräfte. Es werden neben den fachlichen Kompetenzen vor allem Einfühlungsvermögen, der richtige Umgang mit den Beteiligten und Betroffenen, die Hilfe bei Neuerungen und aktives Vorleben von allen Führungskräften erwartet. Das Anforderungsprofil in Tab. 7.1 beschreibt die notwendigen Merkmale und Tätigkeiten von Führungskräften im Rahmen von Ver-

7.8 Ihr Lernerfolg aus diesem Kapitel

Tab. 7.1 Auszug aus einem ausgewählten Anforderungsprofil für Führungskräfte in Innovationsprozessen

(Legende: K = Kompetenzbereich, FK = Fachkompetenz, MK = Methodenkompetenz, SK = Soziale Kompetenz, PK = Persönlichkeitskompetenz; 20 = sehr gering, 40 = gering, 60 = mittel, 80 = stark, 100 = sehr stark)

Merkmale und Aufgaben	K	Ausprägungsgrad				
		20	40	60	80	100
Disziplinübergreifendes Bewusstsein des täglichen Arbeitsablaufes (wer muss mit wem was tun?)	PK					X
Sensibilität für die Wertevorstellung der Mitarbeiter	PK		X			
Fähigkeit, auf konfrontative Fragen souverän zu reagieren	PK				X	
Fähigkeit, den Mitarbeitern neue Denkweisen und Arbeitsweisen immer wieder neu zu erklären	SK				X	
Souveränität bei emotionalen Ausbrüchen der Mitarbeiter	PK			X		
Bewusstsein für die Beziehung zwischen Qualifikation und betriebswirtschaftlichen Belangen	SK				X	
Betriebswirtschaftlicher Scharfsinn	FK			X		
Marketingtalent (die Ergebnisse der Gruppe müssen „verkauft" werden!)	MK				X	
Informationstalent (jeder Augenblick des Arbeitstages erfordert eine andere Reaktion!)	MK				X	
Fähigkeit, Kritik einzustecken	PK			X		
Toleranz Fehlern gegenüber (um wenige Fehler zu machen, muss man die Toleranz für Fehler erhöhen!)	SK				X	
Aufmerksamkeit für Quantifizierungsprozesse (genaue Kennzahlen ermöglichen Transparenz!)	MK				X	
Wissen darüber, wie sich die Probleme am Arbeitsplatz zu einem integrativen Lernprozess umgestalten lassen	MK			X		
Überzeugung, dass alle Mitarbeiter lernfähig sind	PK				X	
Proaktive Orientierung	PK			X		
Sensibilität für spezielle Bedürfnisse	SK				X	
Flexibles Denken (für die meisten Probleme existieren mehrere gute Lösungen!)	MK				X	
Bestehen auf Qualität des Produktes, der Prozesse und Mitarbeiter	PK					X
Erkenntnis, dass schnelle Lösungen häufig nicht die besten, aber trotzdem manchmal erforderlich sind	MK			X		
Bereitschaft und Fähigkeit, sensibel zuzuhören	SK				X	
Fähigkeit, Ergebnisse sinnvoll zu interpretieren	MK				X	
Anfertigung von Tätigkeitsbeschreibungen für die Anforderungsprofile der Mitarbeiter	MK				X	
Einführung neuer Mitarbeiter am jeweiligen Arbeitsplatz	MK				X	
Zielfestlegung für die Arbeitsgruppe in Absprache mit Produktionsleitung, Fertigungsplanung etc.	MK			X		
Information der Gruppen bzw. deren Beauftragten über technische Veränderungen	FK				X	
Visualisierung der gruppenspezifischen Kennzahlen	MK				X	

trauensorganisationen. Durch Angabe des notwendigen Erfüllungsgrades, der im Soll-Zustand erreicht werden soll, und einen Vergleich mit dem tatsächlichen Ist-Erfüllungsgrad, der durch Selbst- und/oder Fremdeinschätzung bestimmbar ist, können die Defizite, die durch unterstützende Maßnahmen ausgeglichen werden müssen, aufgezeigt werden.

Das vollständige Anforderungsprofil finden Sie in Abschn. 12.2. Die Erfüllung der Anforderungen kann durch validierte Teste und/oder wissenschaftliche Beobachtungsverfahren erhoben werden.

Im nächsten Kapitel wird „Wissen" als weiterer wichtiger Einflussfaktor in den Zusammenhang von Veränderungen in Unternehmen gebracht und versucht, daraus weitere Bausteine für ein Modell zu entwickeln, die helfen sollen, sachliche Hindernisse, menschliche Verhinderungsstrategien und organisationale Barrieren zu vermeiden. Doch zunächst ein paar Übungen.

7.9 Übungsaufgaben zu diesem Kapitel

Aufgabe 1
Warum wird der Führung im Unternehmen eine enorm wichtige Rolle zugeschrieben?

Aufgabe 2
Für das Führen ohne Weisungsbefugnis stehen drei Hebel zur Verfügung: Bedürfnisabklärung, Machtprozesse und Informationsübermittlung in Anlehnung an Vertrauen, Macht und Verständigung von Schnelle/Kühl (Kühl et al., 2004). Welche Fragen resultieren aus dieser Tatsache?

Aufgabe 3
Was bedeutet es im Unternehmen, wenn durch die wesentlichen Mechanismen der Einflussnahme im Rahmen lateraler Führung: Verständigung, Macht und Vertrauen eine „andere" Führungskultur aufgebaut werden soll?

Aufgabe 4
Welche Entwicklungen werden als treibende Kräfte dafür verantwortlich gemacht, dass ein unverkennbarer Trend zu lateraler Führung auch in bisher traditionell hierarchisch geführten Unternehmen bemerkbar ist?

Literatur

Kühl, S., Schnelle, T., & Schnelle, W. (2004). Führen ohne Führung. *Harvard Business Manager, 1,* 71–79. Manager Magazin Verlagsgesellschaft. Hamburg.

Kühl, S. (2015). *Laterales Führen. Macht, Vertrauen und Verständigung in Organisationen.* Springer VS Verlag für Sozialwissenschaften.

Kühl, S. (2017). *Laterales Führen. Eine kurze organisationstheoretisch informierte Handreichung.* Springer VS Verlag für Sozialwissenschaften.

Zündorf, L. (1987). Macht, Einfluss und Vertrauen. Elemente einer soziologischen Theorie des Managements. In J. Friedrichs (Hrsg.), *23. Deutscher Soziologentag 1986.* Springer VS Verlag für Sozialwissenschaften.

Vom Wissen zur Innovation

8

> **Zusammenfassung**
>
> In diesem Kapitel soll vermittelt werden, inwieweit der Faktor „Wissen" bestimmend und gestaltend auf Innovationsprozesse einwirkt. Wissen, Qualifikation und Kompetenz werden im alltäglichen Sprachgebrauch oftmals gleichbedeutend verwendet. Fertigkeiten, Wissen im engeren Sinne oder Qualifikationen sind notwendige Voraussetzungen, nicht jedoch das Ziel der Mitarbeiterentwicklung hin zur Innovationskompetenz. Letztendlich zählt die Fähigkeit, Herausforderungen in der Praxis selbstorganisiert zu bewältigen und effektiv zu handeln. Es gibt dabei keine Kompetenzen ohne Wissen im engeren Sinne und Fähigkeiten sowie Qualifikationen. Wissen und Qualifikation sind aber keine Kompetenzen. Sie bilden lediglich die notwendige Voraussetzung für den Kompetenzaufbau.

Zur Abgrenzung der Begriffe (vgl. Abb. 8.1) werden im folgenden Text die für das beschriebene Thema verwendeten Definitionen aufgeführt.

Wissen
Häufig wird die Definition der Europäischen Kommission zitiert: Wissen ist die Kombination von Daten und Informationen, unter Einbeziehung von Expertenmeinungen, Fähigkeiten und Erfahrungen, mit dem Ergebnis einer verbesserten Entscheidungsfindung. Wissen kann explizit und/oder implizit, persönlich und/oder kollektiv sein. Der Wissensbegriff, den die Europäische Kommission benutzt, umfasst folgende Bereiche:

Abb. 8.1 Wissen-Qualifikation-Kompetenz. (Quelle: Eigene Darstellung)

- Daten: In erkennungsfähiger Form dargestellte Elemente einer Information.
- Informationen: Daten, die in einem bestimmten Kontext, z. B. einer Organisation oder in einem Prozess, miteinander verknüpft sind.
- Sachwissen, Methodenwissen und Kenntnisse.
- Kerngegenstände der Logik: Begriffe oder Aussagen.

Zur Entwicklung von Innovationskompetenzen im Rahmen eines strukturierten Wissensmanagements ist außerdem die Unterscheidung von Wissen im engeren und weiteren Sinn wichtig: Wissen im engeren Sinne, d. h. Informations-, Fach- und Sachwissen (= „wissen was"), reicht sicher nicht aus, komplexe Problemstellungen in der Praxis zu lösen. Die Mitarbeiter benötigen zusätzlich motivatorisches Wissen, wie Normen und Werte (= „wissen warum"), aber auch prozedurales Wissen (= „wissen wie"), um Prozesse zu verstehen und zu beeinflussen. Wissen im weiteren Sinne entsteht, wenn die Menschen Informationen wahrnehmen, bewerten und mit subjektiven Erfahrungen in Beziehung setzen. Im weiteren Sinne wird das Wissen deshalb um Regeln, Werte, Normen, Kompetenzen und Erfahrungen, aber auch Emotionen und Motivationen erweitert. Wissen kann nicht einfach übertragen werden; es muss im Gehirn eines jeden Lernenden neu geschaffen werden. Wissen lässt sich deshalb nicht „vermitteln", nicht einfach weitergeben, wie es so häufig formuliert wird, es sei denn, man glaubt an die Wirksamkeit des Nürnberger Trichters (vgl. Erpenbeck & Sauter, 2015).

Ohne eine klare Unterscheidung zwischen Daten, Informationen und Wissen ist Wissensmanagement zum Scheitern verurteilt.

Qualifikation

Qualifikationen sind handlungszentriert und in der Regel so eindeutig zu fassen, dass sie in Zertifizierungsprozeduren außerhalb der Arbeitsprozesse überprüft werden können. Qualifikationen bezeichnen klar zu umreißende Komplexe von Wissen im engeren Sinne, Fertigkeiten und Fähigkeiten, über die Personen bei der Ausübung beruflicher Tätigkeiten verfügen müssen, um anforderungsorientiert handeln zu können. In diesem Rahmen sind weiter folgende Begriffe von Bedeutung. Fertigkeiten bezeichnen durch Übung automatisierte Fähigkeiten, in beruflichen Anforderungsbereichen, die stereotyp sind. Fertigkeiten im kognitiven Bereich sind z. B. Sprechen, Lesen oder Rechnen. Sie sind handlungszentriert und werden in Abhängigkeit von Begabung und Talent, insbesondere aber auch von Übungen und auf der Grundlage bereits erworbener Fertigkeiten, Kenntnisse und Erfahrungen individuell aufgebaut. Fähigkeiten bezeichnen verfestigte Systeme verallgemeinerter psychophysischer Handlungsprozesse. Sie erfordern psychische Bedingungen und persönliche Eigenschaften von Menschen. Qualifikationen sind keine Kompetenzen, bilden aber eine wesentliche Voraussetzung dafür. Häufig wird der Anspruch erhoben, z. B. von vielen Business Schools, mit Qualifikationsmaßnahmen Kompetenzen zu entwickeln. Jedoch ist es nicht möglich, mit noch so komplexen Fallstudien oder Planspielen Kompetenzen aufzubauen, da in diesen Lernszenarien keine realen Herausforderungen zu bewältigen sind. So können in Rollenspielen sehr wohl Strategien und Techniken trainiert werden. Kompetenzen zur Führung von schwierigen Gesprächen werden sich aber erst dann entwickeln, wenn die Erfahrungen aus vielen realen, emotional beladenen Gesprächen verinnerlicht werden (Erpenbeck & Sauter, 2015).

Kompetenz
Als Kompetenz wird die Fähigkeit bezeichnet, Wissen und Können so zu verbinden, dass berufsbezogene Aufgaben den Anforderungen gemäß selbstständig, eigenverantwortlich und situationsgerecht zu bewältigen sind. Kompetente Menschen zeichnen sich dadurch aus, auf Grundlage von Wissen, Fertigkeiten und Fähigkeiten auch in neuen, offenen, unüberschaubaren und dynamischen Situationen selbstorganisiert und zielorientiert zu handeln. Wie in Kap. 3 schon ausführlich beschrieben, sind Kompetenzen weit mehr als Fertigkeiten, Wissen und Qualifikationen. Kompetenzen lassen sich für Individuen, Teams und Organisationen definieren und sind abhängig vom jeweiligen Kontext. Erpenbeck und Heyse (Heyse & Erpenbeck, 1997, S. 65) behaupten „Kompetenzen erschließen die Zukunft", dann muss die weitere Fragestellung lauten: Wie nutzt z. B. eine Organisation sinnvollerweise die vorhandenen Kompetenzen? Dazu muss zwangsläufig ein weiterer Begriff mit in die Diskussion genommen werden, die Performanz; um diesen Begriff muss Abb. 9.1 erweitert werden (vgl. Abb. 8.2).

Performanz
Kompetenz schließt immer auch die Performanz mit ein. „Man muss es nicht nur können, man muss es auch zeigen. Das Zeigen geschieht ebenso wie das Erlernen in Handlung. Kompetenzen werden durch Handeln und im Handeln sichtbar. Nicht sichtbar im Handeln werden jedoch Motivation, Interesse, Einstellungen, Verantwortungsbewusstsein, Lernwille [...], also die in der Definition von Weinert genannten motivationalen, volitionalen und sozialen Bereitschaften und Fähigkeiten." (Leisen, 2010, S. 5) Laut Weitz (2010) bezeichnet Kompetenz die Fähigkeit, eine bestimmte Handlung ausüben

Abb. 8.2 Wissen – Qualifikation – Kompetenz – Performanz. (Quelle: Eigene Darstellung)

zu können. „Ob dieses Handeln dann gezeigt wird, ist eine andere Frage. Das zu einer Kompetenz zugehörige Handeln nennt man Performanz." Chomsky grenzt Kompetenz von Performanz ab. Er definiert Performanz als „das beobachtbare Verhalten, in dem die Kompetenz sichtbar wird." (Chomsky 1981) Ob Kompetenz gezeigt und damit evident wird, ist von der Motivation des Kompetenzträgers abhängig. Angefangen von der sinnvollen Verwaltung von Wissen bis hin zur Nutzung vorhandener Kompetenz muss in Organisationen mit einem hohen Maß an Struktur versehen sein. Das Management von Wissen ist dabei eine Grundvoraussetzung.

8.1 Management von Wissen zur Stärkung von Innovationskompetenz

In allen Unternehmen ist zu sehen, dass es die Menschen sind, die mit ihren Einstellungen und Erwartungen, mit ihrem Lernverhalten bestimmen, ob dieses sich als lernunfähig und damit auch konkurrenzunfähig erweist, oder ob es über den Unternehmenserfolg sichernde Innovationskräfte verfügt. Kommunikation und Interaktion in einem solchen Unternehmen sind durch einen offenen Horizont des Lernens geprägt und bestimmen die kooperativen Beziehungen der Mitarbeiter untereinander. Häufig werden diese Merkmale und andere dazu benutzt, die „Lernende Organisation" zu beschreiben. In den weiteren Ausführungen in diesem Buch wird jedoch nicht auf dieses Managementkonzept eingegangen, da es zu wenige realistische Beispiele in Verknüpfung mit der Innovationskompetenz gibt. Viel wichtiger scheint in Unternehmen der Begriff des „Wissensmanagements" zu sein:

8.1 Management von Wissen zur Stärkung von Innovationskompetenz

- Wissensmanagement kann als die pragmatische Weiterentwicklung von Ideen des organisationalen Lernens verstanden werden. Im Zentrum des Interesses steht die Verbesserung der organisatorischen Fähigkeiten auf allen Ebenen der Organisation durch einen besseren Umgang mit der Ressource Wissen.
- Wissensmanagement beschäftigt sich mit jenem Teil der Lernprozesse, die als gestaltbar angesehen werden.
- Wissensmanagement versucht, Führungskräften Ansatzpunkte für gezielte Interventionen in die organisationale Wissensbasis zu liefern und entwickelt zu diesem Zwecke Konzepte und Methoden. Die organisationale Wissensbasis umfasst dabei sämtliche Wissensbestandteile, über die eine Organisation zur Lösung ihrer vielfältigen Aufgaben verfügt. Hierbei handelt es sich sowohl um individuelle als auch um kollektive Wissensbestandteile (z. B. Fähigkeiten, Fertigkeiten, Erfahrung, Routinen, Normen).
- Wissensmanagement kann dabei nicht direkt beim Endprodukt – der aufzubauenden Fähigkeit – ansetzen, sondern muss das gesamte Daten- und Informationsumfeld des Unternehmens berücksichtigen.

Es geht beim Wissensmanagement offenbar nicht einfach um die Vermehrung des Wissens der Mitarbeitenden, sondern die Fragen zu folgenden Kernproblemen sollen beantwortet werden:

- Wie kann das Potenzial in den Köpfen der Mitarbeitenden gewinnbringend genutzt werden?
- Wie können Unternehmen ihre wertvollste Ressource optimal nutzen?
- Wie kann das Wissen der Mitarbeitenden synergetisch und innovativ zusammengeführt werden?
- Wie kann das nicht bekannte Wissenspotenzial der Mitarbeitenden identifiziert, „gehoben" und genutzt werden?
- Wie kann das im Internet weltweit verfügbare Wissen geortet und genutzt werden?
- Wie kann neues Wissen generiert werden?
- Wie können Online-Informationen für „Wissen-Updates" genutzt werden?
- Wie können die Wissensbestände von obsoletem Wissen „entsorgt" werden?

Demnach ist Wissensmanagement ausgerichtet auf

- die zielgerichtete, geplante Wissensversorgung einer Organisation
- die Handhabung der Ressource Wissen
- die Kosten- und Leistungspotenziale von Wissen
- die Wissensquellen
- die unterstützenden (technischen und nicht-technischen) Systeme der Wissensproduktion, -reproduktion, -distribution, -verwertung und des Wissensflusses

Ziel des Wissensmanagements ist es, das im Unternehmen vorhandene Potenzial an Wissen derart aufeinander abzustimmen, dass ein integriertes unternehmensweites Wissenssystem entsteht, welches eine effiziente gesamtunternehmerische Wissensverarbeitung im Sinne der Unternehmensziele gewährleistet. Dazu bedarf es vor allem der Gestaltung des gesamten Wissens des Unternehmens unter gleichberechtigtem Einsatz natürlicher wie künstlicher Ressourcen zur Wissensverwaltung und -verarbeitung. Kein Individuum verfügt heute über das erforderliche Wissen, um einen modernen Computer, ein Auto oder ein Flugzeug zu bauen. Organisationen aber können das. Und präzise in diesem Sinne sind heute komplexe Organisationen intelligenter als jeder Mensch. Die Intelligenz einer Organisation hängt direkt zusammen mit der Qualität des Wissensmanagements, definiert als Fähigkeit, die organisationale Wissensbasis zu nutzen, zu verbessern und zu transformieren. Der besondere Fokus wird auf diejenigen Maßnahmen gelegt, die über eine Mobilisierung der individuellen und kollektiven Wissensbasis, bzw. der auf die Veränderung dieser Wissensbasis gerichteten Lernprozesse, eine bessere Ausschöpfung des jeweiligen Wissenspotenzials ermöglichen. Dazu sind die in Abb. 8.3 aufgeführten Bausteine eines operativen Wissensmanagements im Unternehmen zu etablieren.

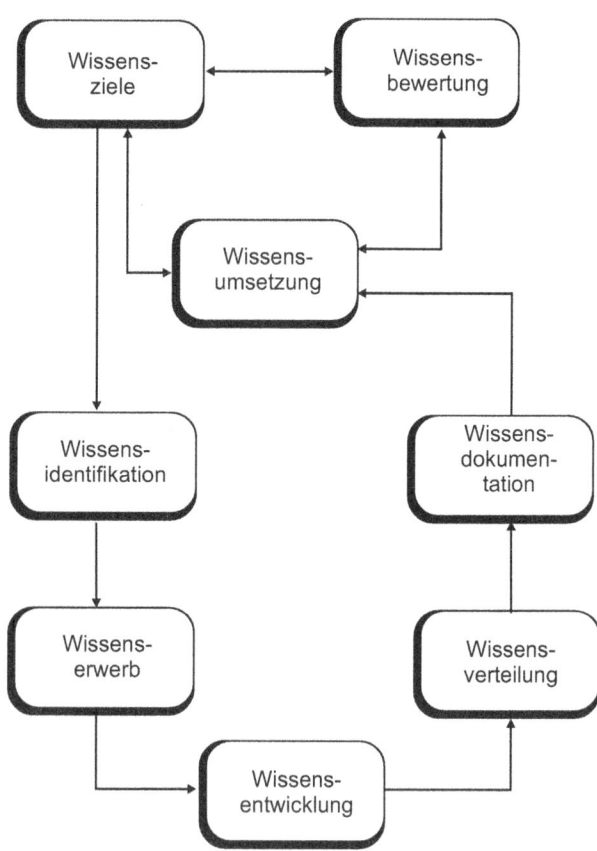

Abb. 8.3 Bausteine des Wissensmanagements zur Förderung von Innovationskompetenz. (Quelle: Eigene Darstellung in Anlehnung an Probst & Romhardt, 1998)

Die Operationalisierung dieser Bausteine eines Wissensmanagements hat für die Förderung von Innovationskompetenz durch den Wegfall der Widerstände, hervorgerufen durch vermeintlich zu geringem Wissen, den Vorteil, dass eine Strukturierung des Modells in logische Phasen erfolgen kann und die Vorgehensweise für alle Beteiligten transparent wird. Am Beispiel der Begleitmaßnahmen bei der Umsetzung einer Prozessinnovation sei dies noch mal verdeutlicht (vgl. Abb. 8.4).

Aus dieser Struktur lassen sich nicht nur die Ziele eines innovationsfördernden Wissensmanagements, sondern auch die entsprechenden Methoden ableiten. Bei Innovationsprozessen ist die Transferleistung, deren Evaluation und die Transfersicherung von besonderer Bedeutung, denn die Qualität von Maßnahmen zur Wissensvermehrung bemisst sich nicht in erster Linie nach den Lernergebnissen, sondern vor allem an den Anwendungsergebnissen, also danach, welchen Beitrag die Bildungsmaßnahmen zum Innovationserfolg leisten. Aufgrund der mannigfaltigen intervenierenden Variablen, welche die Anwendung des Gelernten im Praxisfeld beeinflussen, ist die Evaluierung des Transfererfolges schwierig, und überdies muss sie stets, und zwar gleichzeitig, auf Transfersicherung angelegt sein. Evaluationskriterien für den Transfererfolg sind:

- Schnelligkeit, mit der es den Teilnehmern gelingt, neu gelernte Fähigkeiten auf die Bedingungen ihrer Arbeitssituation zu übertragen;
- Effizienz, mit der die Teilnehmer in ihrem Aufgabenfeld Probleme bewältigen;
- Motivation, mit der die Teilnehmer die Aufgaben und Probleme am Arbeitsplatz nach Abschluss der Bildungsmaßnahme angehen und lösen;
- Grad der Kooperation, mit der die Teilnehmer ihre Aufgaben am Arbeitsplatz angehen;
- Qualität der Kommunikation, mit der die Teilnehmer ihre Tätigkeit am Arbeitsplatz wieder aufnehmen;
- Qualität der Lösungen, welche die Teilnehmer am Arbeitsplatz erarbeiten.

„…und es ist ganz offensichtlich, wenn wir uns die heutige wirtschaftliche Lage ansehen, insbesondere in Europa, dass wir ein Innovationsdefizit haben, das zurückgeführt werden kann, unter anderem auf ein Defizit im Umgang mit Wissen. Die bewusste Verbindung von Innovationsmanagement und Wissensmanagement ist meiner Ansicht nach der zentrale Punkt für die Wettbewerbsnutzung von Wissen im dritten Jahrtausend." (Sommerlatte, 1999).

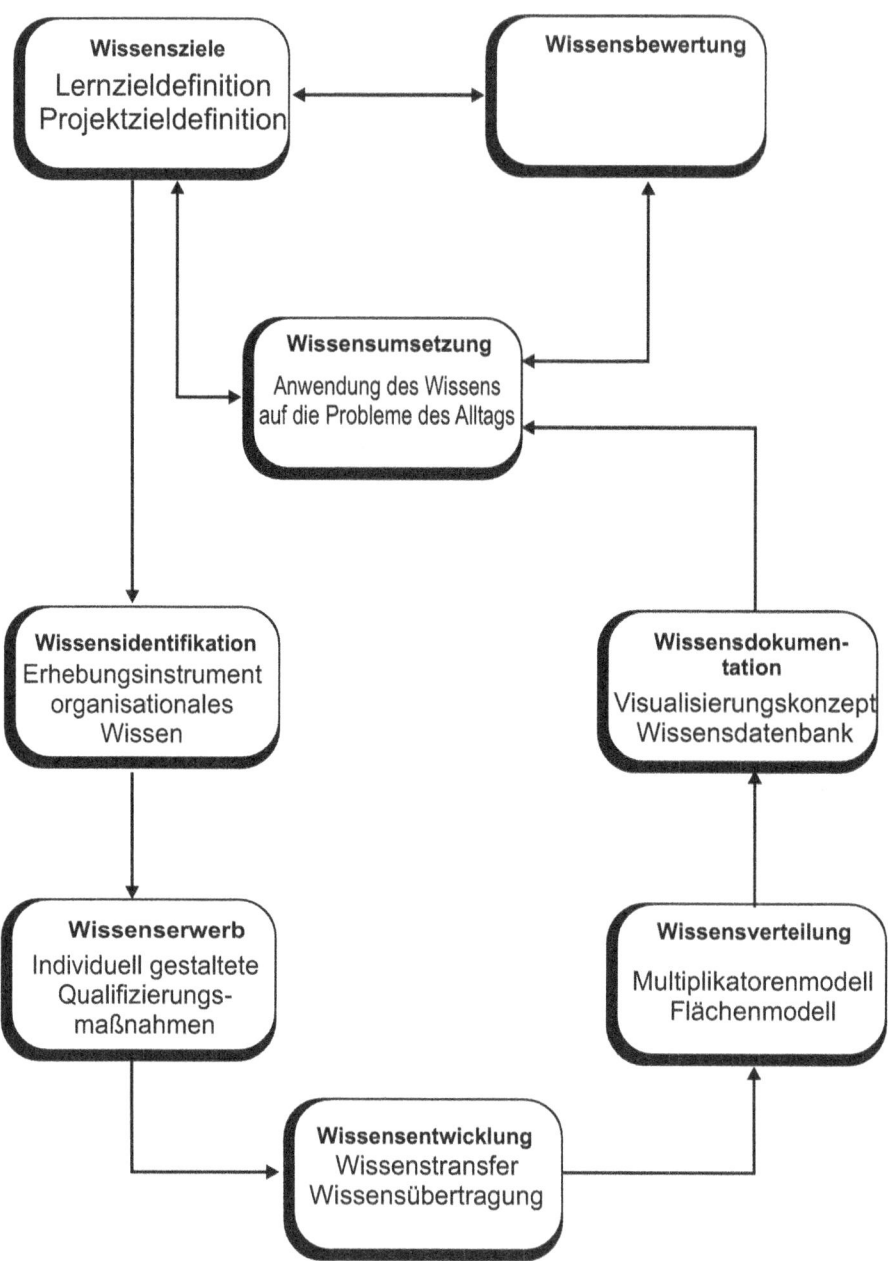

Abb. 8.4 Operationalisierung der Bausteine eines Wissensmanagements. (Quelle: Eigene Darstellung in Anlehnung an Probst & Romhardt, 1998)

8.2 Systemisches Wissensmanagement

Im Wesentlichen geht es im Wissensmanagement darum, Personen und Organisationen darauf auszurichten

- sich als lernfähige und lernende Systeme zu begreifen,
- ihr Lernen auf die Ziele des Unternehmens auszurichten,
- dass durch Lernen erzeugte Wissen zuzuteilen, zu vernetzen und zu nutzen,
- Prozesse, Methoden und Instrumente zu entwickeln, die einen systematischen und systemischen Umgang mit der Ressource Wissen zu ermöglichen. (vgl. Willke, 2018, S. 11).

Nur so ist es möglich innerhalb der Organisationen vom angestammten linear kausalen Denken, das aus Wenn-Dann-Beziehungen besteht, sich hin zu einem systemisch orientierten vernetzten Denken mit Synergieeffekten zu entwickeln (vgl. Abb. 8.5). Wechsel-

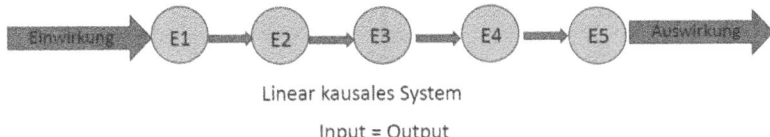

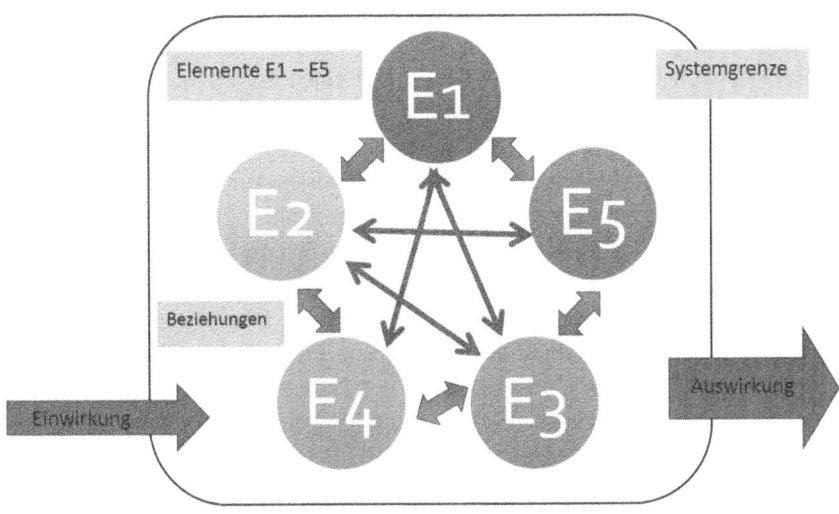

Abb. 8.5 Lineare vs. vernetzte Beziehungen innerhalb von Arbeitsgruppen. (Quelle: Eigene Darstellung)

beziehungen innerhalb eines Teams, das ist die wechselseitige Abhängigkeit und/oder der wechselseitige Einfluss, führen nicht zu neuem Wissen, sondern nur durch die Entstehung von Wechselwirkungen, das sind die Interaktionen zwischen Akteuren und Systemen, die etwas Neues, was vorher noch nicht da war, generieren. Man nennt das auch Synergie.

Der entscheidende Vorteil systemischen Denkens ist, das komplexe Zusammenhänge als solche wahrgenommen, z. B. in einer aus mehreren Personen zusammengesetzten Arbeitsgruppe und nicht in analytische Einzelteile zerlegt werden. Die einzelnen Elemente (Personen) können zwar gut analysiert und erklärt werden, aber sie können über die entscheidenden Merkmale des gesamten Systems nichts aussagen. Denn das Ganze wird nicht verständlich durch das Aufsummieren der Eigenschaften, Verhaltensweisen und dem Wissen der einzelnen Personen; vielmehr sind es die emergenten Wechselwirkungen zwischen den Beteiligten, welche die kritischen Merkmale des Systems als Ganzes hervorbringen. Dies zeigt, das soziale Systeme besonders geeignet sind über die Nutzung von Synergieeffekten etwas zu generieren, was vorher noch nicht vorhanden war. Eben neues Wissen oder eine Innovation. Dies zu ermöglichen ist Aufgabe von Führung im Sinne eines systemischen Managements. Systemisches Management heißt: auf Systemziele orientierte Steuerung von Ressourcen.

▶ **Systemisches Management** heißt: Management von Komplexität.

Komplexität bedeutet, dass sehr viele Einflussfaktoren auf einen Prozess einwirken und somit Wechselwirkungen verursachen. Am Beispiel des Ishikawa-Diagramms (Ishikawa, 1985) soll dies verdeutlicht werden (vgl. Abb. 8.6). Ishikawa hat in seinem sogenannten Fishbone-Diagramm Ursachen und Wirkungen auf einen Prozess dargestellt. Er hat zuerst vier, dann im weiteren Verlauf der Forschung acht Einflussgrößen definiert, die auf nahezu alle Prozesse einwirken: Mensch, Maschine (als Synonym für Technik), Methode, Material, Mitwelt, Money, Management und Messbarkeit.

Wirken alle Einflussgrößen auf zwei Ausprägungsstufen – gut für die Zielerreichung vs. schlecht für die Zielerreichung im Prozess- gleichzeitig auf den Prozess ein, ergeben sich $2^8 = 256$ Varianten, in denen der Prozess seinem Ziel entgegensteuert; das ist **Kompliziertheit** am Beispiel eines Prozesses erläutert. Es gibt demzufolge auch 256 unterschiedliche Ergebnisse, wenn der beschriebene Prozess nicht von außen gesteuert wird. Wenden wir das Ishikawa-Diagramm auf den Prozess des Wissenserwerbs an, wird die Notwendigkeit evident nicht nur zwei Ausprägungen, sondern eine Vielzahl zuzulassen. Die Basis unseres Rechenbeispiels wird also nicht 2 sondern ein Vielfaches davon sein, sodass ungeheuer viele Varianten, die außerdem noch untereinander vernetzt sind, entstehen können. Diese Prozesse sind nicht nur kompliziert, sondern **hochkomplex.** Bei komplexen Systemen ist es kaum möglich diese zu beherrschen, wenn nicht komplexitätsreduzierende Verfahren eingesetzt werden. Es wird somit deutlich, dass nur ein systemisches Wissensmanagement in der Lage ist, nutzbares Wissen für die Organisation gezielt zu generieren.

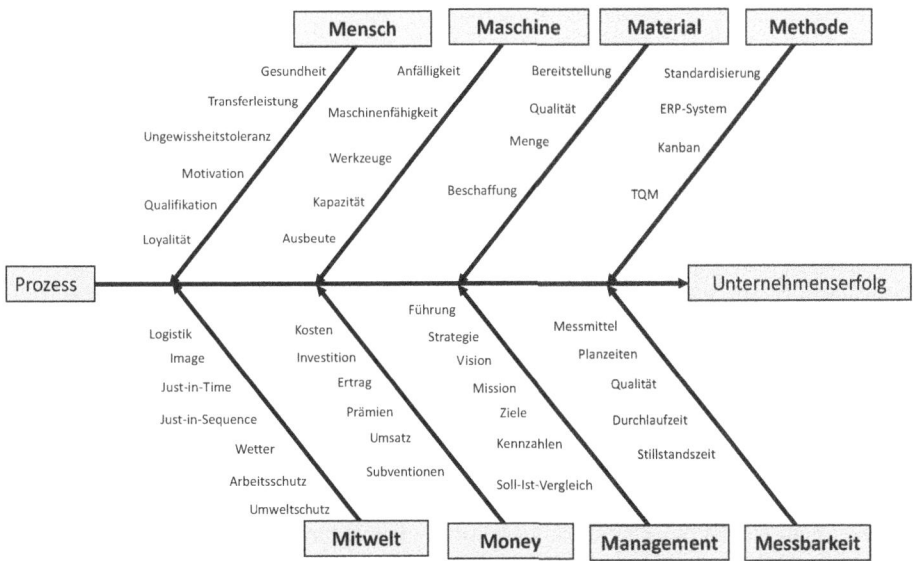

Abb. 8.6 Ishikawa-Diagramm: Einflussfaktoren auf einen Geschäftsprozess. (Quelle: Eigene Darstellung)

8.3 Innovation und Wissen

Wissen und Innovationsfähigkeit sind eng miteinander verknüpft. So muss zunächst Wissen für Innovationen entwickelt oder generiert werden: Wissen über Märkte, Kunden, Technologien und zukünftige Entwicklungen. Anschließend muss dieses Wissen in neue Produkte oder Prozesse umgesetzt werden. Innovationsmanagement beinhaltet damit Wissensmanagement, d. h., die bewusste Planung, Steuerung und Kontrolle der Ressource Wissen. Die Anforderungen des Innovationsmanagements an das Wissensmanagement haben sich jedoch verändert. Neben dem Kosten- und Qualitätsaspekt beim Innovationsmanagement wird insbesondere der Zeitaspekt zunehmend wichtig. Innovations- und Produktlebenszyklen werden kürzer, die Halbwertzeit des Wissens sinkt, Im Kontext technologischer Entwicklungen wird immer wieder der massive Verfall und vor allem der massive Anstieg stetigen Verfalls von Wissen erklärt. Untermauert wird dies mit der These der „Halbwertzeit des Wissens", die den angeblichen Wissensverlust durch das stetige Anwachsen von neuem Wissen in modernen Gesellschaften beschreibt. Tatsächlich besitzt die These der Halbwertzeit keinerlei empirische Grundlage. Auch der Verfall des Wissens ist, wenn man es aus beruflicher und gesellschaftlicher Sicht betrachtet, kein Verfall, sondern eine Präzisierung, Aktualisierung und Erweiterung (Helmrich & Leppelmeier, 2020). Produkte werden wissensintensiver und zunehmend für globale Märkte entwickelt. Statistisch verdoppelt sich das Wissen derzeit alle sechs Jahre:

z. B. in der Pharmabranche ist der Vorsprung von einst zehn Jahren auf 24 Monate geschrumpft. Laut Statistik wird jede Minute eine neue chemische Formel, alle drei Minuten ein neuer physikalischer Zusammenhang und alle fünf Minuten eine neue medizinische Erkenntnis gewonnen. Die Forderungen an das Wissensmanagement bestehen damit in dem zeitsensitiven, systematischen und effizienten Umgang mit der Ressource Wissen: Neues Wissen muss immer schneller systematisch und effizient entwickelt und in Produkte und Prozesse übersetzt werden. Das Dilemma bei dieser Herausforderung besteht jedoch darin, dass Wissen bzw. die zugrunde liegenden Daten und Informationen explosionsartig ansteigen und gleichzeitig die Anzahl und Komplexität der zu treffenden Entscheidungen zunimmt. Durch die Betrachtung der Defizite des Innovationsmanagements in der betrieblichen Praxis wird die Notwendigkeit einer integrierten Betrachtung von Innovations- und Wissensmanagement deutlich. Ferner zeigen Untersuchungen in Unternehmen, dass eine Unzufriedenheit über die Qualität der verfügbaren Informationen und Wissensbestände besteht, dass die Suche nach Informationen einen großen Teil der täglichen Arbeitszeit beansprucht und dass sich der Großteil des Wissens ausschließlich auf Entwickler und Produktions- Ingenieure konzentriert. Zum anderen werden die mangelnde Existenz, die Verschleierung sowie die schwere Zugänglichkeit von Informationen und Wissen als Schwachpunkte angeführt.

8.4 Wissensbasis als Erfolgsfaktor

Ein zentraler Erfolgsfaktor für das Innovationsmanagement ist die für alle im Innovationsprozess involvierten Personen zugänglichen Wissensbasis, in der als Idealziel das gesamte intellektuelle Innovationskapital des Unternehmens direkt oder – über Referenzen – zumindest indirekt verfügbar gehalten wird. Abb. 8.7 zeigt exemplarisch diese Wissensbasis für das Innovationsmanagement mit den verschiedenen Perspektiven „implizit/explizit" und „individuell/organisational". Die Pfeile der Grafik symbolisieren die Integrationsaufgabe des Wissensmanagements im Innovationsmanagement: Die Schaffung einer expliziten, transparenten Wissensbasis von hoher Verfügbarkeit.

Bei der Gestaltung der Wissensbasis muss berücksichtigt werden, dass ihr Inhalt nicht nur aus dem von allen Organisationsmitgliedern geteilten aktuellen Wissen besteht. Es müssen auch das organisationsinterne Wissen, das den Individuen prinzipiell zur Verfügung gestellt werden kann, sowie das dem Unternehmen potenziell zugängliche organisationsexterne Wissen in der Wissensbasis abgebildet werden. Der Haupthinderungsgrund beim Aufbau einer solchen Wissensbasis in der betrieblichen Praxis liegt häufig in der fehlenden Bereitschaft und der zu geringen Motivation der Mitarbeiter dieses Wissen zu teilen („Wissen ist (meine) Macht" anstatt „Wissen bringt uns weiter"). Abhilfe können Anreizsysteme leisten. Im Folgenden sind die Erfolgsfaktoren und Stolpersteine aufgelistet, die beim Aufbau einer Wissensbasis in der betrieblichen Praxis berücksichtigt werden sollte: Wissensdatenbanken werden erfolgreich genutzt, wenn sie genau auf die Medienkompetenz die Recherchesituation/Anfragesituation und den

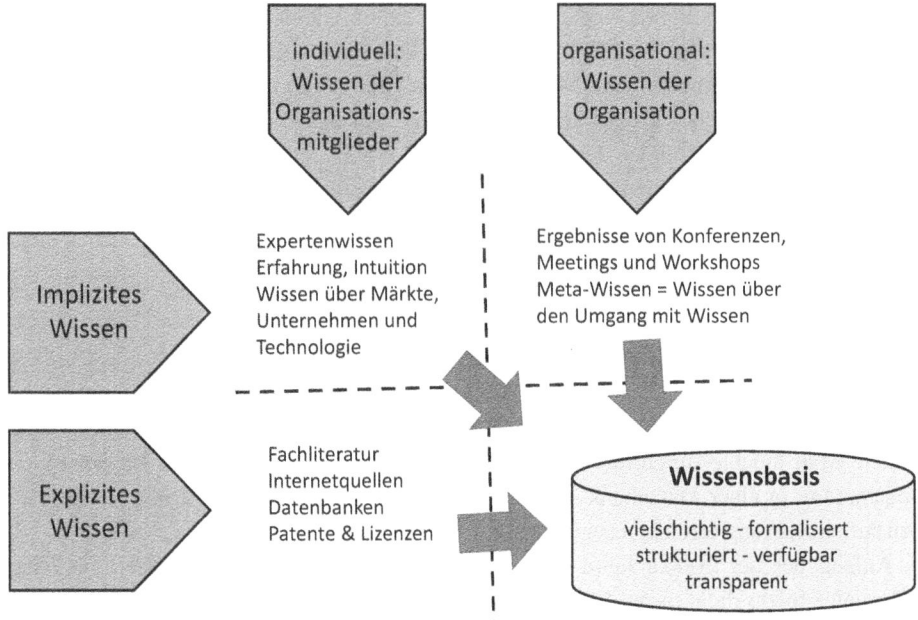

Abb. 8.7 Wissensbasis im Innovationsmanagement. (Quelle: Eigene Darstellung in Anlehnung an: Gentsch, 2005, S. 9)

Wissensbedarf der Zielgruppe ausgerichtet sind. Wissensdatenbanken werden erfolgreich gepflegt, wenn die pflegende Rolle die Pflege als organisatorische Aufgabe zugeordnet hat und die Ausführung auch über die Zielerreichung evaluiert werden kann oder die pflegende Rolle selbst von der Pflege (nicht von der Nutzung) profitiert. Wissensdatenbanken sind nie fertig! Ein permanentes Controlling stellt einen wichtigen Erfolgsfaktor dar, z. B. Statistiken zur Nutzung, Anzahl der genutzten Lösungen, Meinungsumfragen. Es bedarf genauer Spielregeln für das Eingeben der Inhalte. Für den Betrieb einer Wissensdatenbank ist eine engagierte und kompetente Betreuung notwendig.

8.5 Praxisbeispiel für die Anwendung einer Wissensdatenbank

Das folgende Praxisbeispiel, ein Gemeinschaftsprojekt der Mercedes-Benz Group AG (ehemals Daimler AG) und der IG Metall mit dem Name ALF -Arbeiten und Lernen im Fachbereich- stellte vor 25 Jahren eine der ersten Sozialinnovationen in der Automobilindustrie dar. ALF sollte zur Entwicklung eines netzbasierten und arbeitsintegrierten Weiterbildungssystem für Mitarbeitende bei DaimlerChrysler im Werk Mannheim dienen, das die horizontale Kompetenzentwicklung im Produktionsprozess mit neuen

Karrierewegen in der Fabrik verband. Kernbotschaften waren die Förderung des selbstständigen Handelns (Fach-, Methoden,-Sozial- und Persönlichkeitskompetenz), Förderung der Medienkompetenz und Medienakzeptanz und somit eine Verbesserung der Beherrschung betrieblicher Prozessketten. Grundlage war das Handlungskompetenzmodell verbunden mit der Grundidee des ganzheitlichen Lernens am Arbeitsplatz. Die Wissensverteilung wurde durch didaktische Datenbanken sichergestellt, welche die Arbeits- und Lernprozesse vernetzen und Medien ganzheitlicher Vermittlung beruflicher Handlungskompetenz zur Verfügung stellen.

8.5.1 Entwicklung zur Didaktischen Datenbank

Der Begriff Didaktik beschreibt die Kunst natürliche Lernprozesse von Menschen zu gestalten. Man möchte durch die Visualisierung von Arbeitsprozessen und elektronischer Speicherung in einer Datenbank Wissenstransfer der jeweils bestmöglichen Lösung auf den Arbeitsvorgang erreichen (vgl. Hülshoff, 2005, S. 3).

Anfang der der 2000er-Jahre wurden vielfach Methoden, wie computer- und/oder videounterstützte didaktische Modelle (sogenanntes E-Learning) als zukunftsorientierte Art der Wissensvermittlung in Unternehmen, meistens mittels Intra- bzw. Internet, eingeführt. Die Anwendung von E-Learning muss nicht immer zwingend die beste Möglichkeit der Wissensvermittlung darstellen da vielfach anonymisiert gearbeitet wird und bei Fragestellungen nicht direkter Einfluss durch den Dozenten auf den Lernenden genommen werden kann. Der Vorteil von E-Learning zur Wissensvermittlung besteht darin, dass Lernstoff in der Regel Orts- und zeitlich- ungebunden vom Lernenden in Anspruch genommen werden kann und einzelne Sequenzen zum besseren Verständnis und zur Einprägung wiederholbar sind.

Innerhalb einer didaktischen Datenbank kann E-Learning als Teilprozess abgebildet werden. Die didaktische Datenbank bietet weitaus mehr Funktionen und Möglichkeiten wie herkömmliches E-Learning. Ziel ist es immer die bestmögliche Durchführung eines Arbeitsprozesses zu bewerkstelligen, also fortlaufend von den besten Mitarbeitern am Arbeitsplatz integriert zu lernen und dieses Wissen transparent zu machen und somit allen zur Verfügung zu stellen. Als Nebenprodukt schafft man es, Wissen nicht mehr abwandern zu lassen, sondern personenunabhängig mittels Datenbank im Unternehmen zu halten.

Die Datenbank bietet je nach Ausbaustufe die Hinterlegung von mehreren Sprachen, was gerade auf der Shop-Floor-Ebene zu immensen Qualitätsverbesserungen führen kann. Informationen und Prozessänderungen sind ohne Sprachbarrieren in der Landessprache der Mitarbeiter oder durch Symbolik wie Flussdiagramme oder filmische Reproduktion des jeweiligen Prozesses, hinterlegbar. Mit einer didaktischen Datenbank wird Weiterbildung und Weiterentwicklung der Mitarbeiter zeitnah zum einen möglich und direkt mit dem Arbeitsplatz verzahnt. Vorteile liegen dabei in der Wiederholbarkeit einzelner Sequenzen und die individuelle Anpassungsmöglichkeit der Geschwindigkeit für Lern- und Wissensvermittlung. Die didaktische Datenbank speichert das Wissen und modelliert durch ständige Aktualisierung der Wissensdatenbank den immer bestmöglichen Arbeitsablauf. Um Prozesssicherheit zu erlangen sind für die Optimierung der Arbeitsschritte, Kontrollmechanismen hinterlegt. Eine innovative Idee, beispielsweise eine Verbesserung des Arbeitsablaufes eines Arbeiters an seinem Arbeitsplatz, wird erst nach der Freigabe des neuen Prozesses durch den Vorgesetzten in der didaktischen Datenbank verankert. Somit wird ein beidseitiges Controlling und Ideenmanagement gewährleistet. Beidseitig deshalb, weil die maximale Reaktionszeit des Vorgesetzten in der Datenbank hinterlegbar ist. Eine schnellstmögliche Umsetzung von Verbesserungen kann somit bewerkstelligt werden. Wertprägende Ideen von Mitarbeitern finden direkte Anwendung und können durch Anreize hin zu einem kontinuierlichen Verbesserungsprozess entwickelt werden. Innovationen und Informationen sind somit global, innerhalb kürzester Zeit, in verschiedensten Sprachen verfügbar. Die Aktualität von Prozess- und Arbeitsvorschriften ist durch die Inanspruchnahme der didaktischen Datenbank revisions- und auditsicher. Durch die Verzahnung der Arbeitsvorschriften und Prozesse mit dem Arbeitsplatz kann höchstmögliche Qualität sichergestellt werden. Da eine ständige Optimierung der Arbeitsprozesse gewährleistet werden kann. Bei Qualitätseinbrüchen kann schnellstmöglich durch das Management reagiert und Einfluss genommen werden, da die Prozesse transparent sind.

8.5.2 Didaktische Datenbanken als Ideen- und Wissensbasis für das Innovationsmanagement

Als Lernmedium wurde im ALF-Projekt eine „Didaktische Datenbank" aufgebaut und zu einem Wissensmanagementsystem weiterentwickelt, das das Arbeitsprozesswissen dokumentiert und die zu entwickelnden Qualifizierungsmaßnahmen mit Fachinformationen und Lernmedien unterstützt. Es entstand das Produktions-Lern-System (PLS). Die IT-basierten Komponenten des arbeitsprozessorientierten Lernsystems waren:

1. **Virtuelle Montagestraße:** Mithilfe eines Editors kann der Produktionsbereich im PLS als virtuelle Montagestraße nachgebildet werden. Die einzelnen Arbeitsplätze können dann direkt angewählt werden, um sich dort über Tätigkeiten und erforderliche Kompetenzen zu informieren.
2. **Netzbilder:** In sogenannten „Netzbildern" werden die einzelnen Arbeitsschritte der jeweiligen Tätigkeiten mit den wichtigsten Informationen graphisch dargestellt. Der Arbeitsschritt wird dabei im Zentrum abgebildet, in den acht „Ohren" findet der Mitarbeiter Informationen zu Werkzeugen, Drehmomenten, Teilenummern, Qualität sowie besondere Hinweise. Mithilfe von Medien aller Art (Videos, Digitalfotos und Präsentationen) können Handlungsabläufe zusätzlich visualisiert werden.
3. **Kompetenzbeschreibungen:** Die „Fachliche Kompetenz" beinhaltet Informationen zu Teilen, Werkzeugen und dem Thema Qualität. Die Leitfrage lautet hier: „Welches

fachliche Wissen ist für eine bestimmte Tätigkeit notwendig?". In der „Methodischen Kompetenz" ist das Wissen zu Arbeitsabläufen gespeichert. Die leitende Frage lautet hier: „Wie gehe ich vor, um die Tätigkeit fachlich richtig auszuführen?". Die „Emotionale Kompetenz" umfasst das Thema Kommunikation und Zusammenarbeit. Die Informationen orientieren sich hier an der Frage: „Wie gehe ich mit Kollegen in konkreten Situationen um?". Die „Persönliche Kompetenz" gibt Informationen zu Umweltschutz, Ordnung und Sauberkeit, sowie Arbeitssicherheit. Die Leitfrage lautet: „Von welchen Einstellungen, Werten und Überzeugungen lasse ich mich bei meinem Handeln leiten?"

4. **Rückmeldungen:** Jeder Mitarbeiter hat im PLS die Möglichkeit, Rückmeldungen zu PLS-Inhalten zu verfassen. Die Mitarbeiter können somit aktiv bei der Pflege des Systems mitwirken, in dem sie Änderungen an das Redaktionsteam melden.
5. **Lexikon:** Im Lexikon kann der Mitarbeiter über eine Suchmaschine Hintergrundinformationen zu Bauteilen, Werkzeugen, Maschinen oder Fachbegriffen recherchieren. Zusätzlich zu Fließtexten besteht dort die Möglichkeit, Grafiken, Fotos, Präsentationen oder kurze Videosequenzen zu integrieren.
6. **Qualifizierungsmatrix:** Jeder Mitarbeiter kann im PLS seine persönliche Qualifikationsmatrix einsehen. Dort ist der aktuelle Qualifizierungsstand für jeden Arbeitsplatz hinterlegt. Zusätzlich werden dort geplante Qualifizierungsmaßnahmen eingetragen. Die vom Tarifvertrag vorgesehenen jährlich stattfindenden Qualifizierungsgespräche können mit diesem Instrument sinnvoll durch Mitarbeiter und Führungskräfte vorbereitet werden.
7. **Selbstüberprüfung:** Im PLS kann jeder Mitarbeiter sein Wissen über einen „Selbsttest" überprüfen und den persönlichen Lernbedarf feststellen. Fragen zu den entsprechenden Kompetenzbereichen stehen für jeden Arbeitsplatz zur Verfügung und können im Anschluss mit einer Musterlösung verglichen werden.
8. **Verbesserungsvorschläge:** Über eine integrierte Rückmeldefunktion können die Mitarbeiter aktiv bei der Dokumentation der für die Tätigkeiten erforderlichen Kompetenzen mitwirken und zusätzliche eigene Ideen einbringen. Es bildet eine Schnittstelle zum betrieblichen Vorschlagswesen.

Didaktische Datenbanken sind somit Werkzeuge selbstgesteuerten und selbstverantwortlichen Lernens. Durch die Verknüpfung mit den Schnittstellen zu anderen IT-Medien entsteht ein produktionsnahes Lernsystem (PLS). Didaktische Datenbanken sind rechnergesteuerte Wissensmanagementsysteme von unten, die von den Experten vor Ort befüllt werden und aufgrund der damit verbundenen Lernprozesse neues Wissen generieren (vgl. Abb. 8.8).

Das Fallbeispiel zeigt, wie entsprechende Wissensinfrastrukturen die Kommunikation und Multiplikation von Daten und Wissen im Unternehmen zur Entwicklung von Produktinnovationen fördern können. Die Publikation und Diskussion der Ideen helfen dabei das implizite Wissen der Entwickler und Experten transparent zu machen. Als Bestandteil der betrieblichen Wissensbasis bleibt dieses Wissen auch langfristig dem Unter-

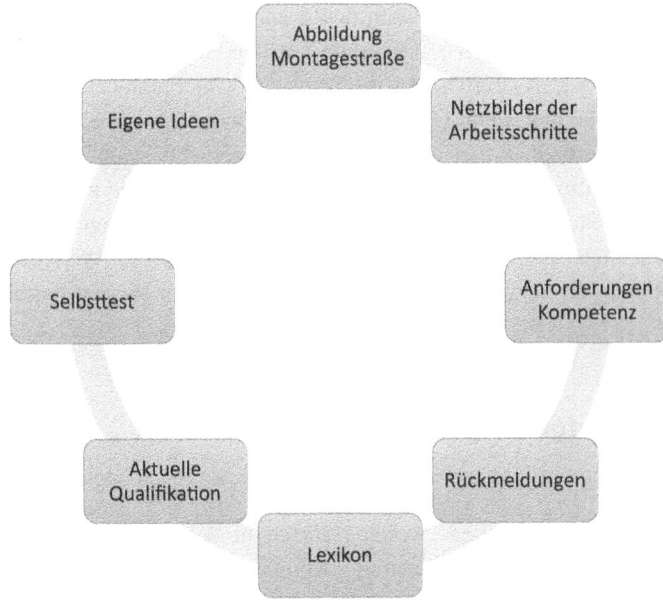

Abb. 8.8 IT-Komponenten eines arbeitsprozessorientierten Lernsystems

nehmen erhalten. Insgesamt ist die systematische Entwicklung neuen Wissens im Verständnis des Innovationsmanagements das Produkt einer intelligenten Kombination von Menschen und Informationstechnologie.

8.6 Ihr Lernerfolg aus diesem Kapitel

In diesem Kapitel sollte bewusst gemacht werden, dass die oftmals synonym gebrauchten Begriffe Wissen, Qualifikation und Kompetenz differenziert zu definieren sind, um sie in den Kontext des Innovationsmanagement zu transportieren. Den Erfolg der Entwicklung vom Wissen bis zur Innovationskompetenz ist über den Prozess der Performanz Beschreibung erfahrbar geworden. Ein weiterer Baustein in diesem Kapitel ist das Wissensmanagement, das in der Lage ist die Weiterentwicklung von Ideen der Lernenden Organisation zu unterstützen. Es gilt Wissensmanagement als organisatorischen Teil des Innovationsmanagement zu begreifen. Wissensmanagement versucht, Führungskräften Ansatzpunkte für gezielte Interventionen in die organisationale Wissensbasis zu liefern und entwickelt zu diesem Zwecke Konzepte und Methoden. Die organisationale Wissensbasis umfasst dabei sämtliche Wissensbestandteile, über die eine Organisation zur Lösung ihrer vielfältigen Aufgaben verfügt. Hierbei handelt es sich sowohl um individuelle als auch um kollektive Wissensbestandteile (z. B. Fähigkeiten, Fertigkeiten, Erfahrung, Routinen, Normen). Ziel des Wissensmanagements ist es, das im Unternehmen vorhandene Potenzial an Wissen derart aufeinander abzustimmen, dass ein integriertes unternehmensweites Wissenssystem entsteht, welches eine effiziente gesamtunternehmerische Wissensverarbeitung im Sinne der Unternehmensziele gewährleistet. Sinnvoll erscheint das nur, wenn Organisationen abrücken vom linear-kausalen Denken in Wenn-Dann- Prozessen hinzu einer synergieerzeugenden systemischen Sichtweise; nur dann sind Innovationen möglich, aber auch nur dann, wenn die mit der systemischen Denkweise gekoppelten erhöhten Komplexität des Alltags bewältigt werden kann. Die Grundlage dafür bietet die Generierung von formal strukturierten Wissensdatenbanken. Die damit verbundenen Strukturen helfen die Komplexität der Wissensbestände zu reduzieren.

8.7 Übungsaufgaben zu diesem Kapitel

Aufgabe 1
Bringen Sie die Verben: können- wollen- dürfen in den Zusammenhang zu den in Abb. 8.2 genannten Begriffen Qualifikation – Kompetenz – Performanz.

Aufgabe 2
Wissensmanagement ist die organisatorische Basis für die Förderung von Innovationskompetenz. Dazu bedient sich das Wissensmanagement einiger strukturierender Bausteine. Wie heißt der operationale Vorgang der Wissensidentifikation, der Wissensdokumentation und der Wissensverteilung.

Aufgabe 3
Im systemischen Wissensmanagement unterscheidet man Wechselbeziehungen von Wechselwirkungen. Erklären Sie den Unterschied.

Aufgabe 4
Ist es möglich bei einfachen Systemen, das sind Systeme mit einer geringen Anzahl Beteiligter, die sich nur sehr schwerfällig bewegen und somit verändern, Synergieeffekte zu erzeugen?

Literatur

Chomsky, N. (1981). In A. Klug (2007): Knowledgebase – Kompetenz. http://Klugmd.de/Wissen/Kompetenz.htm. Zugegriffen: 12. Nov. 2022.
Erpenbeck, J., & Sauter, W. (2015). *Wissen, Werte und Kompetenzen in der Mitarbeiterentwicklung (essentials) German Edition*. Springer Fachmedien Wiesbaden. Kindle-Version.
Gentsch, P. (1999). *Wissen managen mit innovativer Informationstechnologie*. Gabler.

Literatur

Gentsch, P. (2005). *Wissens- und Ideenmanagement. Unveröffentlichtes Manuskript zum Fernlehrgang -Innovationsmanagement- Management Circle Edition*. Eschborn.

Helmrich, R., & Leppelmeier, I. (2020). *Sinkt die Halbwertszeit von Wissen? Theoretische Annahmen und empirische Befunde*. Verlag BIBB.

Heyse, V., & Erpenbeck, J. (1997). *Der Sprung über die Kompetenzbarriere – Kommunikation, selbstorganisiertes Lernen und Kompetenzentwicklung von und in Unternehmen*. Bertelsmann.

Hülshoff, T. (2005). *Didaktische Datenbank Philosophie Design Nutzen, Infobroschüre zu Vorstellung der Software „ALF" Arbeiten und Lernen im Fachbereich*.

Ishikawa, K. (1985). *What is total quality control?* The Japanese Way. Translated by Lu, D.J. Prentice-Hall.

Leisen, J. (2010). Lernaufgaben als Lernumgebung zur Steuerung von Lernprozessen. In H. von Kiper, et al. (Hrsg.), *Lernaufgaben und Lernmaterialien im kompetenzorientierten Unterricht*. Kohlhammer.

Probst, G., & Romhardt, K. (1998). *Bausteine des Wissensmanagements – ein praxisorientierter Ansatz*. Universität Mannheim.

Sommerlatte, T., Chairman Management Consulting Worldwide Arthur D. Little, Zitat aus seinem Vortrag „Wissen – der globale Wettbewerbsfaktor im Innovations- und Wissenszeitalter des dritten Jahrtausends", Kongress zum Thema „Wissen an der Schwelle zum 3. Jahrtausend", Alte Oper Frankfurt/M., 1. September 1999.

Wilke, H. (2018). *Einführung in das systemische Wissensmanagement*. Carl-Auer-Systeme-Verlag.

Anreizsysteme für die Verteilung von Wissen

9

Zusammenfassung

Unternehmen haben den geschilderten Bedeutungszuwachs von Wissen als Wettbewerbsfaktor erkannt und versuchen seit Anfang der neunziger Jahre des letzten Jahrhunderts diese Ressource aktiv in ihr Management einzubeziehen. In diesem Zusammenhang wird von Wissensmanagement gesprochen. Allerdings hat sich in den letzten Jahren gezeigt, dass eine Einführung von entsprechender Software und die Schaffung von technologischen Netzwerken nicht ausreichend ist, den Umgang mit Wissen zu optimieren. Die Informationstechnologie bietet zwar die Möglichkeit, Personen beziehungsweise Abteilungen unabhängig von ihrem Einsatzort miteinander zu verbinden und den Wissensaustausch zu ermöglichen, aber sie ist kein Garant dafür, dass Individuen ihr Wissen auch tatsächlich zur Verfügung stellen (Wilkesmann & Rascher, 2004, S. 14). Neben der technologischen Gestaltung des Wissensmanagements müssen Maßnahmen ergriffen werden, um die Motivation der Mitarbeiter für die Wissensteilung zu initiieren. Im Folgenden werden konkrete wissenskulturelle Gestaltungsmöglichkeiten illustriert. Anreiztheorien liefern Handlungsempfehlungen, wie mit Hilfe von Anreizsystemen die Motivation und somit die Performanz der Mitarbeiter verbessert werden kann. Die verschiedenen aktuell diskutierten Anreizinstrumente im Wissensmanagement bieten jedoch nur partielle Verbesserungsansätze in der Wissensteilung.

Merkmale der Situation, die Motive anregen können, werden als **Anreize** bezeichnet.

Situationen bieten die Gelegenheit, Wünsche und Ziele zu realisieren, sie können aber auch Bedrohliches signalisieren. Alles, was Situationen in diesem Sinne an Positivem oder Negativem verheißen, sind Anreize. Anreize fordern dazu auf, bestimmte Handlungen auszuführen und andere zu unterlassen.

Motivation ist das Produkt aus individuellen Merkmalen von Menschen, ihren Motiven, und den Merkmalen einer aktuell wirksamen Situation, in der Anreize auf die Motive einwirken und sie aktivieren.

▶ **Motive** sind Wertungsdispositionen, die für einzelne Menschen charakteristische Ausprägungen haben. Menschen verfolgen die unterschiedlichsten Handlungsziele, wobei prinzipiell unendlich viele Formen und Ausprägungen solcher Ziele denkbar sind. Handlungsziele werden daher nach gemeinsamen Themen zusammengefasst und mit allgemeinen Begriffen wie z. B. Leistung, Macht oder sozialer Anschluss umschrieben. Solche Klassen von Handlungszielen bilden inhaltlich zusammenhängende Beweggründe des Handelns, die als Motive bezeichnet werden.

▶ **Betriebliche Anreizsysteme** oder **Incentives** sind Instrumente zur Verhaltenssteuerung und Motivation von Mitarbeitenden, die zur Produktivitäts- und Leistungssteigerung beitragen können. Unmotivierte Mitarbeitende können für Unternehmen hohe Kosten verursachen. Anreize für eine nachhaltige Mitarbeitendenmotivation bieten eine Möglichkeit, diese Verluste zu minimieren und Unternehmenserfolg sowie Wettbewerbsfähigkeit zu stärken. Je nach Zielsetzung lassen sich unternehmenszielorientierte Incentive-Strukturen gestalten. Sie tragen dazu bei, Mitarbeiter- und Unternehmensziele in Einklang zu bringen und das Verhalten auf eine gemeinsame Zielerreichung abzustimmen. Mit Blick auf die Zielsetzung lassen sich Anreize spezifizieren, zum Beispiel in Eintrittsanreize für potenzielle Mitarbeitende, Bindungsanreize für qualifizierte Beschäftigte oder Leistungsanreize zur Steigerung bzw. Förderung der Leistungsbereitschaft. Mögliche Anreize sind die Entgeltgestaltung, Karriere- und Weiterbildungsmöglichkeiten oder Beteiligungen der Mitarbeitenden am Erfolg des Unternehmens – passend zu den jeweiligen Motivationsstrukturen des Mitarbeiters.

Auch im Kontext mit dem Human Resource Management und dem Wissensmanagement werden oft Anreizsysteme genannt. Die Anreize sollen die Mitarbeiter motivieren und dadurch ihren Beitrag im System vergrößern. Daher gehören sie zu den zentralen Fragestellungen im Wissensmanagement. Anreizsysteme, sowohl materielle als auch immaterielle, stellen einen wichtigen Erfolgsfaktor zur Unterstützung des Wissensmanagements dar (Bullinger & Prieto, 1998, S. 88). Auf die Anreizproblematik wird im nächsten Kapitel näher eingegangen.

9.1 Motivation und Anreizsysteme

Die Begriffe Motiv und Motivation spielen im Zusammenhang mit Wissensmanagementsystemen insofern eine Rolle, als dass alles Verhalten von Mitarbeitenden, also auch das Verhalten bezüglich Wissensteilung und aktiver Nutzung elektronischer Kommunikations- und Interaktionsplattformen, als eine Funktion der Person und der Situation

9.1 Motivation und Anreizsysteme

angesehen werden kann (Rosenstiel, 1995, S. 211). Die Qualität und die Quantität von Leistungen, die von Personen erbracht werden, werden von vier Determinanten bestimmt (Comelli, 2001). Danach ist die aktive Beteiligung am Wissensmanagement davon abhängig, ob die Mitarbeitenden es wollen, d. h. dazu motiviert sind (persönliches Wollen), ob die nötigen Fähigkeiten und Fertigkeiten vorhanden sind (Können), ob es erlaubt ist (soziales Dürfen) und ob es die Situation zulässt (situative Ermöglichung). Die Leistungsabgabe eines Mitarbeitenden erfolgt also nicht automatisch, wenn die entsprechenden Fähigkeiten vorhanden sind, sondern wird durch äußeren Zwang oder durch innere Motivation hervorgerufen (Schulz, 2000, S. 39). Der äußere Zwang verursacht allerdings meist nur Leistungen, die zum Pflichtbereich gehören. Will man Leistungen darüber hinaus erzielen, so muss man die Leistungsbereitschaft bzw. die Motivation des Mitarbeitenden fördern. Als Arten von Motivation werden in der Literatur die extrinsische und die intrinsische Motivation unterschieden. Die extrinsische Motivation dient einer mittelbaren Bedürfnisbefriedigung, die außerhalb des zu motivierenden Bereiches liegt. In Bezug auf den Beruf bedeutet das, dass die unmittelbare Bedürfnisbefriedigung außerhalb der Arbeitstätigkeit z. B. durch die Entlohnung erfolgt. Die intrinsische Motivation hingegen erfolgt unmittelbar aus der Tätigkeit heraus, die an sich als herausfordernd oder befriedigend empfunden wird (Mergel & Reimann, 2000, S. 16). Motivation entsteht, wenn durch Faktoren der Umgebung Motive aktiviert werden, die ein bestimmtes Verhalten auslösen. Motive bezeichnen hierbei ein kognitives, affektives und Werte gerichtetes Teilsystem einer Person, das angeboren ist oder durch Sozialisation entsteht. Aus latenten Motiven werden erst durch das Zusammenspiel individuell wirksamer Situationsfaktoren und personaler Faktoren konkrete Handlungen (Kehr, 1999, S. 4). Diesen Prozess bezeichnet man als Personen-Situations-Interaktion. Im Bereich der Motivationspsychologie gibt es noch keine konzeptuelle Klarheit. Dabei lassen sich zwei verschiedene Klassen von Ansätzen unterscheiden, die Inhaltstheorien und die Prozesstheorien (Rosenstiel, 1992, S. 218). Die Inhaltstheorien der Motivationspsychologie beschäftigen sich mit den Gesetzmäßigkeiten, nach denen der Mensch Ziele anstrebt. Sie werden in die hierarchischen (Maslow, Alderfer) und die nichthierarchischen Inhaltstheorien (Herzberg, McClelland) differenziert. Die Klasse der Prozesstheorien erlangt in letzter Zeit eine immer größere Bedeutung in der Motivationspsychologie. Sie versuchen die Frage zu beantworten, warum Menschen bestimmte Verhaltenswege wählen, um ihre Ziele zu erreichen und wie Verhalten zustande kommt, gerichtet und beendet wird. Der Begriff Anreizsystem wird in der Literatur vielfältig definiert. Wild definiert Anreizsysteme als „…die Summe aller bewusst gestalteten Arbeitsbedingungen, die bestimmte Verhaltensweisen (durch positive Anreize, Belohnung etc.) verstärken, die Wahrscheinlichkeit des Auftretens anderer dagegen mindern (negative Anreize, Strafen) …" (Wild, 1973, S. 47) So gefasst gilt die gesamte Unternehmung als ein Anreizsystem und alle Anreize werden erfasst, man spricht hierbei auch von Anreizsystemen im weitesten Sinne. In diesem Kontext werden noch zwei weitere Ebenen von betrieblichen Anreizsystemen unterschieden. Zum einen die Anreizsysteme im weiteren Sinn, hierunter wird das gesamte Führungssystem eines Unternehmens gefasst, das sich dann analog zu den

Managementfunktionen aufteilt. Zum anderen die Anreizsysteme im engeren Sinn, hierbei handelt es sich um abgeleitete und individualisierte Anreizpläne, die sich konkret an einzelne Mitarbeiter richten (Becker, 1995, S. 37) Betrieblichen Anreizsystemen werden auch bestimmte Aufgabenkomplexe zugeordnet. Sie sollen das erwünschte Verhalten kommunizieren (Lenkungsfunktion), die Individuen veranlassen das Verhalten im Sinne des Anreizgebers zu ändern (Motivierungsfunktion) und die Individuen bestärken das Verhalten zu wiederholen (Fortführungsfunktion) (Wälchli, 1995, S. 30).

9.2 Anreizarten

Hinsichtlich der Wirkung von Anreizen auf das Individuum kann zwischen einer extrinsischen und intrinsischen Motivation differenziert werden. Ein extrinsischer Anreiz dient einer mittelbaren Bedürfnisbefriedigung, der extrinsische Anreiz fungiert als „... Mittel zum Zweck der Bedürfnisbefriedigung..." (Schanz, 1991, S. 15.). Eine Handlung wird nur durchgeführt, weil damit positive Folgen herbeigeführt oder negative Folgen vermieden werden. Der klassische extrinsische Leistungsanreiz ist die monetäre Gratifikation. Im Gegensatz hierzu stellt bei der intrinsischen Motivation die Aktivität oder deren Ziel eine unmittelbare Bedürfnisbefriedigung dar. Individuen sind meist nicht nur extrinsisch bzw. intrinsisch motiviert, sondern diese beiden Zustände stellen eher die Endpunkte eines Kontinuums dar. Anreize lassen sich anhand von zwei verschiedenen Aspekten systematisieren. Zunächst können Anreize, abgeleitet aus der Unterscheidung zwischen extrinsischer und intrinsischer Motivation, in extrinsische und intrinsische Anreize aufgeteilt werden. In einer zweiten Stufe werden Anreize noch anhand ihres Anreizobjektes in materielle und immaterielle Anreize unterschieden (Mergel & Reimann, 2000, S. 15). Die extrinsischen Anreize bestehen aus materiellen und immateriellen Anreizen. Materielle Anreize bestehen aus direkten monetären Zuwendungen oder Leistungen, die unmittelbar auf monetäre Faktoren zurückzuführen sind, wie bspw. soziale Zusatzleistungen. Der Vorteil der monetären Anreize ist darin zu sehen, dass sie variabel und leicht steuerbar sind und sie ein nahezu universelles Mittel zur Bedürfnisbefriedigung darstellen (Schanz, 1991, S. 14). Da die Wirkung monetärer Faktoren mit zunehmender Höhe nachlässt, werden rein materielle Anreizsysteme durch immaterielle Anreize ergänzt. Für die Gestaltung solcher Anreize können sechs Gestaltungsfelder identifiziert werden. Hierbei handelt es sich um die Bereiche Karriere, Unternehmenskultur, persönliches Umfeld, Führungsverhalten, Arbeitsumfeld und Qualifikation. Der Einbezug von immateriellen Anreizen birgt aber auch Herausforderungen, da sie häufig situationsgeprägt sind, von Individuen unterschiedlich wahrgenommen werden und schwierig zu steuern sind (Wälchli, 1995, S. 131 f.). Die intrinsischen Anreize sind eng mit der Arbeit und ihrer Ausgestaltung verbunden, da die Motivation direkt aus dem Arbeitsinhalt oder ihrem Ergebnis erfolgt. Die Anreize in diesem Bereich der Motivation haben fast ausnahmslos immateriellen Charakter. Es lassen sich in diesem Zusammenhang einige Erlebnismerkmale unterscheiden (Hackman, 1980, S. 77):

- Erleben eines Arbeitsinhaltes
- erlebte Arbeitsverantwortung
- Kenntnis des Arbeitsergebnisses

Das Erleben des Arbeitsinhaltes wird durch drei Faktoren beeinflusst,

- die Vielfältigkeit der Aufgabe,
- die Ganzheitlichkeit der Aufgabe und die
- Bedeutung der Aufgabe.

Die Vielfältigkeit bezieht sich dabei auf die Anforderungen des Arbeitsinhaltes bzgl. der Breite der Fähigkeiten, die zur Erfüllung benötigt werden. Des Weiteren sollte die Aufgabe einen erkennbaren Start- und Endpunkt sowie einen Einfluss auf das Produkt haben. Die Arbeit sollte ferner einen Einfluss auf das Leben von anderen Menschen haben und so eine Bedeutung erfahren. Die erlebte Arbeitsverantwortung setzt eine gewisse Eigenständigkeit des Mitarbeiters voraus. Er muss Raum für eigene Entscheidungen bezüglich der Arbeitsdurchführung haben, dadurch fühlt er sich verantwortlicher für die erreichten Ergebnisse. Die Kenntnis des Arbeitsergebnisses sollte durch eine rückkoppelnde Information erfolgen. Die Wirkung hängt dabei stark von der Unmittelbarkeit und der Schnelligkeit der Information, in Bezug auf das Ende der Tätigkeit, ab (Hackman, 1980, S. 80). Resultierend aus den Ergebnissen der Motivationspsychologie ergeben sich sieben Anforderungen an ein Anreizsystem, diese gehen aus Tab. 9.1 hervor.

Eines der in Deutschland am häufigsten anzutreffendes Anreizsysteme ist das Betriebliche Vorschlagswesen (BVW), welches nahezu in allen größeren Unternehmen in Deutschland einen zum Teil hohen Stellenwert hat.

9.3 Vom betrieblichen Vorschlagswesen zum Ideenmanagement

Ideenmanagement baut darauf auf, dass Menschen Ideen entwickeln und auch das Selbstvertrauen haben, diese Ideen dann zu äußern. Dazu muss die kommunikative Fähigkeit kommen die Ideen zu formulieren und möglichst fachliches Wissen, um sie – zumindest grundlegend – auch einzuschätzen. Das alles ist nicht selbstverständlich, sondern es entwickelt sich in einer Gesellschaft über Generationen. Dazu braucht es Voraussetzungen, wie sie in Westeuropa seit etwa dem Jahr 1500 vorlagen. Entscheidende Voraussetzungen waren dabei:

- mit der Herausbildung der Zünfte ab dem 13. Jahrhundert entstand eine systematisierte Berufsausbildung (Lehrling, Geselle, Meister), in der bereits Eigenverantwortung und „Ehrbarkeit" – also gute Ideen korrekt umzusetzen – von Bedeutung waren;

Tab. 9.1 Anforderungen an ein Anreizsystem

Anforderung	Inhalte
Transparenz	Zusammenhang Leistungsverhalten-> Anreiznutzen beachten
Individualität	Die spezifischen Leistungsmotive sind anzusprechen
Langfristigkeit	Schrittweise Anpassung an die Motivstrukturen der Partizipanten
Qualifikationsorientierung	Qualifikation der Partizipanten zur Beteiligung
Flexibilität	Bewusstsein bei den Partizipanten aufbauen
Leistungsorientierung	Möglichkeit der Anpassung der Elemente des Anreizsystems an sich verändernde Bedingungen
Wirtschaftlichkeit	Leistungsergebnisse sind auf der Grundlage von (durch die Partizipanten) beeinflussbaren Bemessungsgrundlagen zu quantifizieren

- die Besinnung auf die sachliche und systematische Befassung mit der Natur in der Renaissance ab 1450, die zum eigenständigen Weiterdenken anregte;
- der protestantische Eifer, das Lesen und Schreiben zu lernen (um die Bibel lesen zu können);
- die in der Reformation ab 1520 gestärkte Eigenverantwortung des Menschen für sein eigenes Leben mit der einhergehenden Leistungsorientierung;
- dass seit der Aufklärung ab 1770 verbreitete selbständige kritische Denken: Kant formuliert 1781, es gebe keine Ausrede dafür, nicht selber nachzudenken;
- der Einbezug von immer mehr Menschen in Produktionsprozesse in den Manufakturen ab 1800 zusammen mit der Urbanisierung, mit der Folge, dass immer mehr Menschen sich austauschten über Ideen und Prozesse.

In diesem viele Jahrhunderte andauernden Kulturprozess bildeten sich die Grundlagen einer modernen Ideen- und Innovationskultur heraus: Menschen, die beruflich gebildet sind und mit kritisch-kreativ Denken mutig eigeninitiativ und eigenständig handeln. Im Zeitalter der Industrialisierung entstanden Industriebetriebe, die stark von Arbeitsteilung entlang der Wertschöpfungskette geprägt waren (Taylorismus). Die berufliche Welt wandelte sich dahingehend, dass Menschen in Industriebetrieben meist nur für ein sehr abgegrenztes Aufgabengebiet zuständig waren. Häufig waren sie für diese einfachsten repetitiven Tätigkeiten überqualifiziert. Es entstand in dieser Zeit eine neue Arbeiterklasse, die dafür kämpfte, in den Betrieben mitgestalten zu dürfen und die für eine Verbesserung ihrer sozialen Situation eintrat. Dies führte zu Veränderungen in den Betrieben. Nicht zufällig entstehen Vorformen des Ideenmanagements etwa gleichzeitig mit der Bildung von Gewerkschaften: Es geht um Teilhabe. 1872 werden bei Krupp die innerbetrieblichen Strukturen neu geregelt. „Krupp erlässt das von ihm entworfene und dann von der Ge-

9.3 Vom betrieblichen Vorschlagswesen zum Ideenmanagement

schäftsleitung überarbeitete „Generalregulativ", das die innerbetriebliche Hierarchie vom Aufseher und Meister bis zur Unternehmensleitung mit den jeweiligen Aufgaben und Funktionen festlegt und das zugleich Bestimmungen über die betrieblichen Sozialeinrichtungen enthält." (Historisches Archiv Krupp, 1905).

Es werden dadurch Grundlagen für etwas geschaffen, das wir heute Ideenmanagement nennen. Mitarbeitende erhalten die Möglichkeit sich mit ihren Ideen in das Unternehmen einzubringen. In § 13 des Generalregulativs heißt es: „Anregungen und Vorschläge zu Verbesserungen, auf solche abzielenden Neuerungen, Erweiterung, Vorstellung über und Bedenken gegen die Zweckmäßigkeit getroffener Anordnungen, sind aus allen Kreisen der Mitarbeiter dankbar entgegenzunehmen und durch Vermittlung des nächsten Vorgesetzten an das Direktorium zu befördern, damit dieses die Prüfung veranlasse. Eine Abweisung der gemachten Vorschläge, ohne eine vorangehende Prüfung derselben, soll nicht stattfinden, wohingegen denn auch erwartet werden muss, dass eine erfolgte Ablehnung dem Betreffenden, auch wenn ihm ausnahmsweise nicht alle Gründe dafür mitgeteilt werden können, genüge, und ihm keineswegs Grund zu Empfindlichkeit und Beschwerde gebe. Die Wiederaufnahme eines schon abgelehnten Vorschlages unter veränderten tatsächlichen Verhältnissen oder in verbesserter Gestalt ist selbstredend nicht nur zulässig, sondern empfehlenswert." (Historisches Archiv Krupp, 1905).

Die Umsetzung des Generalregulativs in der Organisation erfolgte schrittweise. Ende der 1880er Jahre wurde das Ideenmanagement immer mehr zur gelebten Kultur. Mit der Zeit bilden sich in Deutschland weitere rechtliche Grundlagen heraus, die das Thema „Ideen der Mitarbeitenden" betreffen, zum Beispiel entstand 1920 das Betriebsrätegesetz (DGB, 2020), später das Arbeitnehmererfindungsgesetz sowie das Betriebsverfassungsgesetz. Mit diesen Gesetzen wurden wichtige Regelungen im Zusammenhang der Nutzung von Mitarbeiterideen geschaffen. Leitmotive – wie wir sie heute nennen würden – sind dabei zum Beispiel Diversität, Gleichbehandlung, Transparenz und Wertschätzung. In einer globalisierten Wirtschaft stellt sich heute auch die Frage, wieweit das Ideenmanagement global eingesetzt werden kann. Seine Geschichte ist eng an westliche Werte geknüpft, und sein erfolgreicher Einsatz weltweit ein zentrales Thema, das vom Deutschen Institut für Ideen- und Innovationsmanagement aktiv gefördert wird.

Das Verständnis von Ideenmanagement hat sich im Laufe der Zeit immer wieder gewandelt. 1975 wurde Ideenmanagement noch als die Kombination von Betrieblichem Vorschlagswesen (BVW) und Kontinuierlichen Verbesserungsprozessen (KVP) definiert (Spahl, 1975). Der dib-Report 2013 „Benchmarking im Ideenmanagement" des Deutschen Instituts für Betriebswirtschaft *(dib)* konnte für das Jahr 2012 Belege für eine weitreichende Verwendung präsentieren. Es scheint fast, als hätte 2012 ein breiter Strategiewechsel die Unternehmenslandschaft erfasst; die Studie registrierte gegenüber 2011 eine Verdopplung der Zahl der Vorschläge pro 100 Mitarbeiter von 81 auf 164. Dass sich das Thema schließlich in dieser Breite durchsetzen konnte, lag sicherlich an den Erfolgszahlen, die das Ideenmanagement vorweisen konnte. Im Jahr 2012 sparten die allein an der *dib*-Studie beteiligten Firmen durch die Ideen ihrer Mitarbeitenden etwa 700 Mio. €. Die Verbesserungsvorschläge brachten den Einreichenden im Durchschnitt eine Prämie von 640 € ein. Im Folgenden eine Auflistung großer deutscher Unternehmen und ihrer Einsparungen (laut Angaben der Unternehmen):

Für das Jahr 2012:

- Robert Bosch GmbH – 215 Mio. €
- Siemens – 145 Mio. €
- Volkswagen – 119 Mio. €
- AUDI – 115 Mio. €
- Deutsche Telekom – 103 Mio. €
- RWE – 78 Mio. €
- Daimler – 61 Mio. €

Für das Jahr 2013:

- Continental – 160 Mio. €
- Daimler – 75 Mio. €
- BASF – 33 Mio. €

Nach Interpretation des *dib*-Reports konnte sich das Ideenmanagement gerade in mittelständischen Betrieben stark durchsetzen. Betriebe mit weniger als 1000 Mitarbeitern konnten besonders viele Vorschläge pro Mitarbeiter vorweisen. Eine Studie, die die Universitäten Marburg und Kassel gemeinsam mit der Industrie- und Handelskammer Hessen – ebenfalls im Jahr 2013 – mit 730 Unternehmen durchführten, kam zu einem anderen Schluss. Die Untersuchung, die als bisher umfassendste zu dem Thema im deutschsprachigen Raum gilt, legte Zahlen vor, nach denen drei Fünftel der das Ideenmanagement nutzenden Unternehmen mehr als 1000 Beschäftigte hatten. Die mögliche Ursache dafür wurde auch benannt: Zumindest Klein- und Kleinst-Unternehmen mit bis zu 50 Beschäftigten verfügen oft nicht über die Ressourcen, um Ideenmanagement professionell durchzuführen. Oder glauben das zumindest. Tatsächlich macht gerade die Zusammenschau der beiden Studien klar, dass in dem Thema Ideenmanagement gerade für KMU ein großes Potenzial steckt. Offenbar sind die Mitarbeitenden weniger großer Firmen mehr noch als die in unüberschaubar großen Konzernen motiviert, ihre Ideen einzubringen. Der Nutzen für KMU wäre also enorm. Heute ist Ideenmanagement noch mehr 2022: 150 Jahre nach seiner Entstehung wird Ideenmanagement vom Zentrum Ideenmanagement und dem Deutschen Institut für Ideen- und Innovationsmanagement neu definiert und auf die Anforderungen einer Zeit der Digitalisierung, New-Work-Culture und Globalisierung ausgerichtet. Heute verstehen wir unter Ideenmanagement die Veränderung und Transformation von Organisationen aus eigener Kraft durch eine Kultur der Orientierung am Menschen. Wichtige Bausteine sind dabei die Beteiligung aller Menschen an der Ideengenerierung, Ideen generieren, Ideen umsetzen sowie eine Kultur der Wertschätzung. Das neue Verständnis verbindet die Industrie- und Wissensgesellschaft, die von Menschen durch Ideen gestaltet wird (Zentrum Ideenmanagement, 2021).

9.4 Kritische Anmerkungen

In diesem Abschnitt soll versucht werden, die kritischen Anmerkungen zur Verwendung innovativer Ideen aus den Köpfen der Menschen in den verschiedensten Bereichen unserer Wirtschaft zu reflektieren. Das Betriebliche Vorschlagswesen (BVW) ist ein von Menschen unter bestimmten historischen Bedingungen vereinbartes Problemlösungsmuster. Es basiert – auch heute noch auf dem Wunsch, die beiden unternehmerischen Bereiche, Entwicklung und Ausführung, wieder ins Gespräch zu bringen, weil Theorie in der Planung und Entwicklung und Praxis der Umsetzung doch häufig auseinanderfallen. Es ist daher hilfreich, sich das ursprüngliche Organisationsproblem vor Augen zu führen, für das das Vorschlagswesen einst erfunden und institutionalisiert wurde. Es lautet etwa so: Die traditionelle Trennung von Planen und Machen hat zu Ineffizienzen geführt. In der Mitarbeiterschaft steckt eine enorme Innovationsreserve. Diese Innovationspotenziale stellen die Mitarbeiter dem Unternehmen nicht freiwillig zur Verfügung. Es müssen Anreize geschaffen werden, damit die Mitarbeiter Verbesserungsvorschläge machen und die Anwendungserfahrung in die Planung zurückfließt. Es muss eine Institution eingerichtet werden, die die Vorschläge beurteilt und entsprechend ihrer optimierenden Wirkungsgrade belohnt. Was immer wir über die Quelle des Kreativen, wissen; Kreativität bedeutet hier: für ein Problem gibt es in den Köpfen der Mitarbeitenden verschiedene Lösungen: Sie lässt sich niemals von außen induzieren. Belohnung und/oder Bestrafung schaffen es, dass Menschen (zumindest kurzfristig) vorsichtiger oder schneller arbeiten, niemals aber, dass sie innovativ sind. Kreativität ist immer intrinsisch motiviert – sie beruht auf Neugier und Freude am Tun. Kreativität lässt sich weder befehlen noch kaufen. Im Gegenteil: Belohnung zerstört Kreativität. begleiten. Zusammengefasst: Belohnungen sind die »Feinde der Neugier«. Ideen bringen Geld. Aber Geld bringt keine Ideen. Das BVW setzt zur Hebung der Innovationsreserve und zur Mobilisierung der Köpfe auf Prämien, wobei die Bedingungen, unter denen diese Leistung erbracht werden soll, weitgehend ignoriert werden. Wir wissen aus der Verhaltensforschung, dass die Erhöhung des Reizniveaus (Motivierung von »außen«) das Absinken des Eigenantriebs (Motivation von »innen«) nach sich zieht. Schon bald nach Einführung eines Anreizsystems wird ohne zusätzliche extrinsische Gratifikation keine Handlung mehr ausgeführt. Die Prioritäten verschieben sich mithin von dem Interesse an der Sache zum Interesse an der Belohnung. Die Folge ist ein Verbesserungsaktionismus: Aller Erfahrung nach wendet sich bei Prämiensystemen die Energie und Konzentration von den Arbeitsinhalten ab – und der Belohnungsmöglichkeit zu. So gibt es nach Aussagen erfahrener Praktiker nicht wenige Mitarbeiter, die 20 bis 30 % ihrer Arbeitszeit darauf verwenden herauszufinden, wo und wie wieder ein Vorschlag zu machen ist. Ja, in einigen Unternehmen ist es üblich, durch Passivität die Prämienprogramme gleichsam zu erpressen. Man wartet so lange, bis es den Superbonus gibt, holt die geparkten Aufträge aus der Tasche und kassiert das Geld. Das BVW ist die legalisierte und prämierte innerbetriebliche Denunziation. Missgunst als Unternehmenskultur. Das fördert nicht gerade die Verantwortungsübernahme für das Ganze. Stattdessen betont es das Abteilungs-Abgrenzungs-Denken. Denn jeder Kollege ist ein potenzieller Verfolger. Und wenn ich zuerst einen Verbesserungsvorschlag eingebracht habe, dann wird er wohl nur auf eine Gelegenheit zur Revanche warten. Gleichzeitig proklamiert dann die neueste Corporate- Identity-Welle »Wir-Gefühl«, »Kollegialität« und »gegenseitige Hilfsbereitschaft«. Es geht aber darum, Kreativität und ständige Verbesserung in den täglichen Führungsprozess zu integrieren. Es geht darum, Rahmenbedingungen dafür zu schaffen, dass die Verbesserung alltäglich, nämlich genau dies ist: Nicht die Ausnahme, sondern die Regel. Nicht moralisch, sondern selbstverständlich. Nichts für wenige, sondern für alle. Hier muss Führung aktiv werden. Hier muss Führung klar Erwartungen formulieren und gemeinsame Ziele vereinbaren. Hier müssen die Verbesserungsinitiative und die Kreativität zum unverzichtbaren Bestandteil des täglichen Führungsprozesses gemacht werden. Nicht der Verbesserungsvorschlag ist wichtig, sondern die systematische Verbesserung. Das ist es: Es geht um die Kreativität zur Lösung von unendlich vielen kleinen und großen Problemen, zum Finden von vielen Verbesserungsmöglichkeiten. Lieber permanente und unbürokratische Verbesserung durch alle, statt ausnahmsweiser, bürokratischer und kostenintensiver Verbesserung durch Einzelne. Ideenmanagement ist die gemeinsame Einführung und Durchführung des Betrieblichen Vorschlagswesens (BVW) und des Kontinuierlichen Verbesserungsprozesses (KVP). Hauptziel beider Strategien des Ideenmanagements ist die Verbesserung der betrieblichen Abläufe, also deren Vereinfachung, Erleichterung, Beschleunigung oder qualitative Verbesserung. Ergebnisse sind geringere Kosten oder höhere Qualität. Auch die Verbesserung des Arbeitsschutzes kann zum Gegenstand einer Strategie des Ideenmanagements erklärt werden, ebenso der Umweltschutz. Daneben werden im Ideenmanagement Humanziele wie die Beteiligung und Motivation von Mitarbeitern verfolgt. Beschäftigte, die über ihren eigenen Pflichtenkreis hinaus Vorschläge entwickeln, qualifizieren sich auf diesem Wege weiter (vgl. Sprenger, 2021, S. 129–140).

9.5 Gegenüberstellung der Anreizsysteme

Vor einer Überbewertung extrinsischer Anreizsysteme im Ideenmanagement muss jedoch gewarnt werden. Die Verhaltenspsychologie zeigt, dass bestehende intrinsische Motivation sogar durch Anreizsysteme verdrängt werden kann. Das natürliche Commitment des Mitarbeiters, Wissen zu teilen, wird durch die externe Manipulation zerstört. Der Mitarbeiter, der ohnehin überzeugt ist, Wissen bereitzustellen und zu teilen, fühlt sich gesteuert und bevormundet. Menschen möchten selbst entscheiden, was für ihre Aufgabe wichtig ist („Empowerment"). In diesem Fall ist ein extrinsisch ausgestaltetes Anreizsystem kontraproduktiv. Dies wird durch aktuelle Forschungsarbeiten belegt (s.a. North, 2016), nach denen für die Wissensteilung und Wissensentwicklung die intrinsische Motivation ausschlaggebend ist. Wichtige Wissensbestandteile in Unternehmen lassen sich weder aufschreiben noch in Symbolen ausdrücken. Diese Form des impliziten Wissens lässt sich nur schwer quantifizieren. Zudem sind mehrere Mitarbeiter an der Übertragung beteiligt, sodass der jeweilige Einzelbeitrag für eine Wissens-Prämie nur schwer ermittelt werden kann. Zur Förderung der Wissens(ver)teilung ist ein mit den Zielen des Unternehmens kompatibles intrinsisches Anreizsystem notwendig. Ebenso beruhen auch kreative Tätigkeiten im Hinblick auf die Wissensentwicklung hauptsächlich auf intrinsischer Motivation. Genauso werden Lernprozesse durch intrinsische Motivation gefördert („Ich lerne, weil mich das Thema interessiert") gegenüber der extrinsischen Motivation („Ich lerne, weil ich dafür etwas bekomme").

Motivation durch Partizipation
Die Wissensziele können sich zum einen auf die Erweiterung der persönlichen Kompetenz richten. Hierzu gehören Bildungsmaßnahmen durch interne oder externe Seminare. Ebenso gehört hierzu das Erlernen methodischer Kompetenzen (z. B. Anwendung neuer Instrumente) im Selbststudium und „training on the job". Entscheidend ist, dass Kompetenzerwerb anhand objektivierter Kriterien messbar und dokumentierbar gemacht wird. Nur so lässt sich der persönliche Erfolg in Eigenreflexion und in Review-Gesprächen anhand von Soll/Ist-Vergleichen messen. Zum anderen sind hier Kompetenzziele zu nennen, die sich auf die Weitergabe von Wissen (z. B. beim Einarbeiten eines neuen Mitarbeitenden) oder die Weiterentwicklung der organisationalen Wissensbasis des Unternehmens (z. B. durch Mitarbeit in Netzwerken, Einstellung von Projektprofilen in die Datenbanken) beziehen. In beiden Fällen sollten die Beschäftigten aktiv an dem Prozess der Zielbildung beteiligt sein. Eine frühe Partizipation erzeugt in der Regel eine positive Motivation. Die frühe integrative Einbindung von Wissenszielen in die Personalbeurteilung gewährleistet, dass die Mitarbeitenden langfristig angehalten sind, aktiv mit der Ressource Wissen im Unternehmen umzugehen, um sich im Unternehmen sukzessive entwickeln zu können. Zudem wird durch die Einräumung von erweiterten Weiterbildungsmöglichkeiten für die Beschäftigten deutlich, dass Wissen und dessen Aneignung wertvoll und erwünscht ist und aktiv unterstützt wird.

Gruppenbezogene Anreizsysteme
Da die auf die Leistungserbringung des Individuums ausgestalteten Anreizsysteme den Kompetenzaufbau und -transfer innerhalb einer Gruppe blockieren können, stellen gruppenbezogene Vergütungssysteme eine interessante Erweiterung beziehungsweise Ergänzung für kompetenzbasierte Anreizsysteme dar. Die Bemessungsgrundlage ist hier keine individuelle, sondern eine von Team-, Bereichs- und Unternehmensergebnissen abhängige Bezugsgröße. Dadurch, dass diese Boni nur durch eine erfolgreiche Gruppenleistung erzielt werden können, besteht für jeden einzelnen Mitarbeiter der Gruppe ein starker Anreiz, seine Kompetenzen der Gruppe zur Verfügung zu stellen und darüber hinaus gemeinsam mit den anderen Gruppenmitgliedern Verbesserungsvorschläge zu erarbeiten und zu realisieren.

Intrinsische Anreizsysteme

Intrinsisch ausgelegte Anreizsysteme benötigen dagegen keine eindeutig abgrenzbare Bemessungsgrundlage. Sie manifestieren sich vielmehr im allgemeinen Umgang mit Mitarbeitern und Wissen. Eine wichtige Größe ist hier zum Beispiel die Anerkennung als Fachmann auf einem bestimmten Fachgebiet. Über den „Respekteffekt" ist mit dieser Form der Anerkennung zugleich die Zugehörigkeit zu einer sozialen Gruppe verbunden. Das Streben nach Anerkennung und Zugehörigkeit sind zentrale Determinanten intrinsischer Motivationsstrukturen. Auch wenn diese Phänomene zunächst völlig unabhängig von informationstechnologischen Aspekten sind, gibt es doch interessante verstärkende Effekte durch technische Systeme zu beobachten. So hat zum Beispiel das Intranet durch seine unternehmensweite Präsenz eine Transparenz- und Multiplikationsfunktion. Ein eingestellter Artikel, ein kritischer Kommentar oder eine interessante Idee bleibt nun nicht mehr ungesehen beziehungsweise nur einer kleinen Gruppe vorbehalten, sondern erfährt durch den Veröffentlichungsaspekt einen anderen Verbreitungsgrad und Stellenwert. Eine gesunde Eitelkeit und ein Selbstdarstellungsbedürfnis sollten als bestehende Motivation von Mitarbeitenden zur Kompetenzbereitstellung gezielt gefördert werden. Dies kann beispielsweise auch dadurch erreicht werden, Beschäftigten die Möglichkeit zu geben, sich mit ihrer eigenen Homepage im Intranet präsentieren zu können. Der damit provozierte Wettbewerb über die am meisten von den persönlichen Homepages heruntergeladenen Dokumente sind ideale Gelegenheiten intrinsisches Engagement für die Wissensbereitstellung und -teilung zu honorieren. Zur Entfaltung intrinsischer Motivation ist ein entsprechender Nährboden notwendig. Es sind Infrastrukturen und Freiräume zu schaffen, welche die intrinsische Motivation fördern beziehungsweise honorieren. Dies kann zum Beispiel dadurch geschehen, dass Mitarbeitern ein bestimmter Teil ihrer Arbeitszeit zur freien Wissensarbeit zur Verfügung gestellt wird. So haben zum Beispiel die Mitarbeitenden der Firma 3M bis zu 10 % ihrer Arbeitszeit zur freien Verfügung. Ebenso können die Zusammenarbeit mit Experten in einem Projektteam sowie die Freiheit, neue Lösungswege suchen und gehen zu können, Motivatoren für die aktive Kompetenzbereitstellung und -nutzung sein. Darüber hinaus kann das aktive Mitgestalten der eigenen Karriere zu dieser Motivation beitragen. Diese intrinsischen Effekte sind oft stärker als eine höhere Bezahlung und ein hierarchischer Aufstieg im Unternehmen.

9.6 Empirische Ergebnisse

Im Rahmen der Studie „knowledge meets motivation" hat das Fraunhofer Institut für Arbeitswirtschaft und Organisation das Thema Anreizsysteme für das Wissensmanagement empirisch untersucht. Die Studie zeigt auf, dass, obwohl die meisten Unternehmen (80 %) ein Anreizsystem im Wissensmanagement für notwendig halten, nur 43 % der Unternehmen ein entsprechendes System tatsächlich einsetzen. Ein weiteres empirisches Ergebnis dieser Studie zeigt die Verteilung von materiellen und im-

9.6 Empirische Ergebnisse

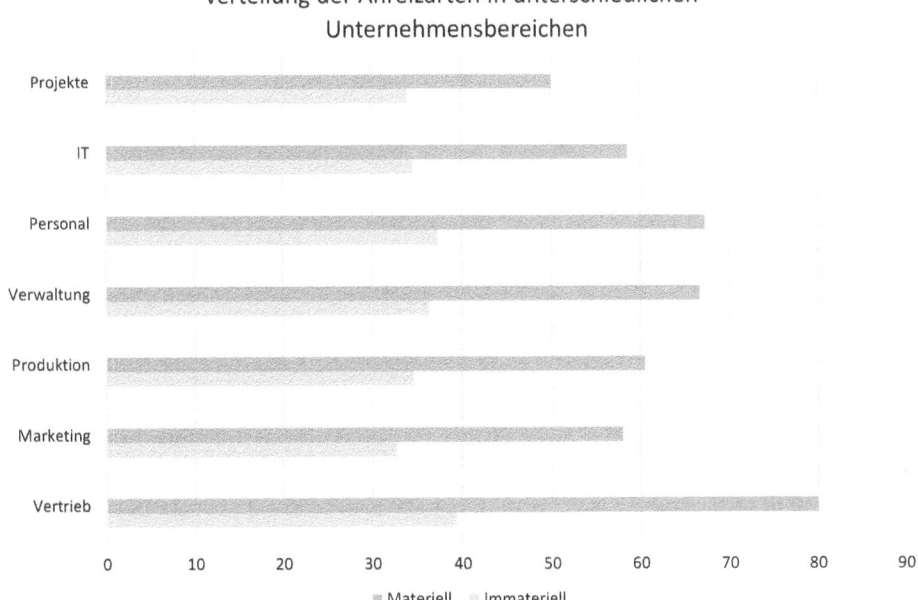

Abb. 9.1 Materielle und immaterielle Anreize. (Quelle: Gentsch, 2005)

materiellen Anreizsystemen in Unternehmen auf. Vergleicht man die verschiedenen Arten der Anreize in Verbindung mit den Unternehmensbereichen fällt auf, dass die immateriellen Anreize über alle Unternehmensbereiche hinweg relativ gleich verteilt sind. Abb. 9.1 zeigt, dass die immateriellen Anreize in den einzelnen Bereichen in einer Bandbreite von 32,7 % im Marketing bis zu 39,3 % im Vertrieb eingesetzt werden. Insgesamt werden die materiellen Anreize in allen Bereichen häufiger eingesetzt als die immateriellen. Während im Vertrieb die Quote von materiellen Anreizen bei 80 % liegt, werden bei Projekten in 50 % der Fälle materielle Anreize verwendet. Unter Projekten werden dabei temporäre, abteilungsübergreifende Projektgruppen verstanden (Gentsch, 2005).

Die Bereitschaft, Wissen bereitzustellen und zu verteilen, wurde für bestimmte Konstellationen nachgewiesen. Dazu gehört im Allgemeinen der direkte sprachliche Kontakt mit Personen, die anerkennen oder schätzen können, was man sagt und die selbst interessantes Wissen liefern können. Tab. 9.2 zeigt die jeweilige Bereitschaft zur Wissensteilung sowie die bevorzugten Kommunikationswege im Rahmen der oben genannten Untersuchung auf. Die Zahlen bekräftigen den hohen Stellenwert des persönlichen Gespräches für die Wissenskommunikation. Bei der Gestaltung von Anreizsystemen sind demnach unternehmensspezifische Konstellationen zu schaffen beziehungsweise zu berücksichtigen.

Tab. 9.2 Bereitschaft zur Wissensteilung für diverse Kommunikationswege

Auf welche Weise informieren Sie sich primär zu fachlichen Themen, um an Informationen zum eigenen Arbeitsgebiet zu gelangen? Bitte max. vier Punkte ankreuzen	Ergebnis in %
Intranet	34
Internet	46
E-Mail, z. B. Newsletter	12
Gruppenlaufwerke	38
Printmedien	32
Pers. Gespräch	60
Meeting	54
Diskussionsforen	16
Vorträge	60
Projekt-Homepage im Intranet	30
Telefonverzeichnis	0
Sonstiges	14

Insgesamt zeigen Studien, dass es keine unüberwindlichen Barrieren bei der Wissensteilung gibt, sondern die Frage nach der richtigen Konstellation gestellt werden muss. Viele der typischen Argumente gegen das Teilen von Wissen verschwinden, wenn sich die Gesamtkonstellation ändert, in der Tätigkeiten gefordert werden. Die Kombination aus grundsätzlicher Bereitschaft und der Schaffung eines Umfeldes, das Wissensteilung und -nutzung ernsthaft erwartet und ermöglicht, stellt den Lösungsraum dar, innerhalb dessen Unternehmen das optimale Anreizsystem konzipieren müssen. Ein wichtiger Schritt besteht vor diesem Hintergrund darin, die Mitarbeitenden dazu zu bewegen, die Wissenstätigkeiten als wesentlichen Teil ihrer täglichen Arbeit aufzufassen.

9.7 Ihr Lernerfolg aus diesem Kapitel

Im Kap. 9 wird postuliert, dass Menschen ihre innovativen Potenziale nicht immer freiwillig zur Verfügung stellen; es gehört dazu ein ausgeprägtes Maß an Persönlichkeits- und Sozialkompetenz; fehlen diese Kompetenzen, müssen die Innovationsträger motiviert werden, ihre innovativen Gedanken mitzuteilen. Motivation benötigt Anreize und schon 1872 wurde mit dem Krupp`schen Generalregulativ die Grundlage für ein Ideenmanagement gelegt, das anreizbasierte Grundsätzen folgte. Diese frühe Orientierung lässt aber keinerlei Schlüsse darüber zu, ob die Leitgedanken dazu noch in der heutigen Zeit Gültigkeit besitzen. Den historischen Überblick sollten Sie sich jedoch in diesem Kapitel verschaffen, um die Auseinandersetzung der Wissenschaft und der Unternehmen in der Praxis mit den Begriffen: Betriebliches Vorschlagswesen BVW, Kontinuierlicher Verbesserungsprozess KVP, Kaizen, Ideenmanagement und Innovationsmanagement zu verfolgen, und sich ein eigenes Bild über ein zukunftsorientiertes Innovationsmanagement in dem Sinne: die Innovationskompetenzen von Menschen im Arbeitsprozess sinnvoll und erfolgreich einzusetzen machen zu können. Sie sollten sich nach dem Durcharbeiten des Kapitels eine Meinung darüber bilden können, ob und inwieweit eine Entwicklung und Förderung innovativer Kompetenzen am Arbeitsplatz der Zukunft sinnvoll erscheint. Bei der Gestaltung von Anreizsystemen für das Wissensmanagement sollte berücksichtigt werden, dass an Personen gebundenes Wissen nicht „pflichtgemäß" hierarchisch, sondern eher in persönlichen Beziehungsnetzen „freiwillig" ausgetauscht wird. Ebenso ist zu beachten, dass selbst lukrative Incentives ihre Grenzen haben. So sollte man sich nicht der Illusion hingeben, dass Vertriebsmitarbeiter durch den Anreiz einer Kaffeemaschine oder eines Reiseweckers, ihr kostbares Wissen über ihre Kunden minutiös in ein Wissenssystem einstellen werden. Anreizsysteme haben Grenzen, die in der Organisation und im menschlichen Verhalten begründet sind. Anreizsysteme versuchen die besondere Bedeutung der Ressource Wissen herauszustellen und dementsprechend zu honorieren. Auf der anderen Seite lässt sich so auch argumentieren, dass aufgrund des erfolgskritischen Charakters von Wissen Anreizsysteme überflüssig sind. Jeder Mitarbeiter sollte auch im eigenen Interesse diese besondere Relevanz internalisieren und per se wissensbewusst handeln. Der nachhaltigste Anreiz für die Wissenteilung besteht damit in der Tatsache, dass der Wissensteilende selbst davon profitiert. Wenn es gelingt, die tägliche Arbeit der Mitarbeitenden mithilfe von Wissensmanagement schneller, besser und einfacher zu machen, werden sie die Wissenssysteme auch ohne Anreizsysteme nutzen. Früher oder später sollte die Einsicht erwachsen, dass ein Wissenssystem sich nicht selbst trägt, sondern dass es auf qualifizierten Input angewiesen ist. An diesem „point of knowledge" sind die Mitarbeiter auch eher bereit, ihr eigenes Wissen bereitzustellen. Auf diese Weise könnte dann das Wissensmanagement aus sich selbst heraus beginnen zu funktionieren und damit Anreizsysteme langfristig obsolet werden zu lassen, beziehungsweise zumindest ihre Bedeutung in den Hintergrund zu drängen. Da Führung per se Wissensmanagement bedeutet, erscheint es darüber hinaus zu nehmend notwendig, das Wissensmanagement in die Geschäftsprozesse zu integrieren. Wissensmanagement darf kein „Add-on" sein, das es zu incentivieren gilt. Wissensmanagement muss „wie selbstverständlich" integraler Bestandteil des täglichen Arbeitsablauf werden. Insellösungen, wie zum Beispiel losgelöste Gruppen, müssen, um ihr Image als Selbsterfahrungsgruppe loszuwerden, in die Unternehmensprozesse eingebunden beziehungsweise vernetzt werden. Um Wertschöpfung garantieren zu können, muss eine Aufgabe oder ein Prozess Bezugspunkt für die Vernetzung sein. So entstehende Kompetenz-Netzwerke erhöhen die Handlungskompetenz von Unternehmen. In der Vernetzung dezentralen Know-hows liegt eine Kraft, welche die Leistung Einzelner weit übersteigt. Diese systeminhärente Anreizkompatibilität von Netzwerken übersteigt die Anreizwirkung extrinsischer Systeme. Die hohe Bedeutung der Ressource

Wissen für die unterschiedlichen Managementsysteme ist ein weiterer Treiber für die umfassende Wissensintegration: Die Integration von Personalführungssystemen mit Entgelt- und Anreizsystemen in Verbindung mit einer strategischen Steuerungskomponente Wissensmanagement stellt sicher, dass die Wissensgenerierungs- und Wissensnutzungsprozesse auf strategischer Ebene für die gesamte Organisation und auf operativer Ebene positiv beeinflusst wird. Insgesamt sollten zukünftig insbesondere intrinsische Motive durch entsprechende Anreize unterstützt werden. Das Unternehmen leistet damit einen maßgeblichen Beitrag zu einer modernen, mitarbeiterorientierten und zugleich wissensbejahenden Unternehmenskultur. Wissensdatenbanken müssen aus sich heraus funktionieren. Die Mitarbeitenden müssen den Mehrwert erkennen können, sehen sie den Mehrwert nicht und nutzen die Wissensdatenbank nur der Incentives wegen, wird der Erfolg und die Eigendynamik nicht nachhaltig andauern. Dies kann sogar kontraproduktiv sein: Die wirklichen Potenzialträger verweigern aufgrund der „künstlichen Beeinflussung" die aktive Mitarbeit und Gestaltung der Wissensdatenbank (vgl. Gentsch, 2005; S. 22–23).

9.8 Übungsaufgaben

Aufgabe 1

Im folgenden Text erfahren Sie, was Reinhard K. Sprenger 30 Jahre nach Erscheinen seines Buches „Mythos Motivation" zu der heutigen Situation in der Wirtschaft zu sagen hat:

> „Zwar haben sich im KMU-Bereich viele Unternehmen mittlerweile von sogenannten »leistungsvariablen Einkommensanteilen« verabschiedet. Und auch öffentlich kotierte Unternehmen wie SAP, Infineon, Daimler oder Bosch haben ihre Entgeltsysteme angepasst. Aber insgesamt gibt es in dieser Angelegenheit mehr Rückschritt als Fortschritt. Es gehört nach wie vor zum Standard, dass man »motivierende« Führungskräfte sucht. Das Menschenbild vom motivationsgebenden Chef und vom motivationsnehmenden Mitarbeiter ist offenbar strapazierfähig. »Leistungsentlohnung« – sogar für öffentliche Verwaltungen, Krankenhäuser, Schulen – wird kaum mehr in Frage gestellt, »erfolgsabhängige Vergütungskonzepte« werden von den fliegenden Händlern der Beratungsindustrie an allen Ecken angeboten, »Motivation als Managementaufgabe« ist ein Gemeinplatz. Warum aber schließt sich nicht die Kluft zwischen dem, was Wissenschaft weiß und was Wirtschaft tut? Warum sind die hohen Bonuszahlungen, die zum Beispiel auch die Finanzkrise 2007/08 mitverursacht haben, nicht abgeschafft worden?" (Sprenger, 2021: S. 300)

Literatur

Becker, F.G. (1995). Anreizsysteme als Führungsinstrumente. In: Kieser, A. (Hrsg.), *Handwörterbuch der Führung*.

Bullinger, H.-J., & Prieto, J. (1998). Wissensmanagement: Paradigma des intelligenten Wachstums – Ergebnisse einer Unternehmensstudie in Deutschland. In: P. Pawlowsky (Hrsg.), *Wissensmanagement: Erfahrungen und Perspektiven* (S. 87–118). Gabler.

Comelli, G., & v. Rosenstiel, L. (2001). *Führung durch Motivation: Mitarbeiter für Organisationsziele gewinnen*. Vahlen.

DGB. (2020). 100 Jahre Betriebsrätegesetz: Ein Meilenstein der Sozialpolitik. https://www.dgb.de/themen/++co++246130b2-7fc7-11ea-8b82-52540088cada.

Gentsch, P. (2005). *Wissens- und Ideenmanagement. Unveröffentlichtes Manuskript zum Fernlehrgang -Innovationsmanagement- Management Circle Edition*. Eschborn.

Hackman, J. R., & Oldham, G. R. (1980). *Work redesign*. Addison-Wesley Longman.

Historisches Archiv Krupp. (1905). S 2/FK 6.1/1-1873 https://www.thyssenkrupp.com/de/unternehmen/historie.

Kehr, H. M., Bles, P., & v. Rosenstiel, L. (1999). Motivation von Führungskräften: Wirkungen, Defizite, Methoden. *Zeitschrift für Führung und Organisation-zfo-, 68*(1), 4–9. Haufe-Lexware.

Mergel, I., & Reimann, M. (2000). Anreizsysteme für Wissensmanagement in Unternehmensberatungen. *Wissensmanagement – Das Magazin für Führungskräfte, Heft 4*, 15–19. Doculine Verlags GmbH.

North, K. (2016). *Wissensorientierte Unternehmensführung*. Springer Gabler.

Schanz, G. (Hrsg.). (1991). *Handbuch Anreizsysteme in Wirtschaft und Verwaltung* (S. 34–45). Schaeffer-Poeschel.

Schulz, V. (2000). *Nichtmaterielle Anreize als Instrument der Unternehmensführung: Gestaltungsansätze und Wirkungen*. Deutscher Universitätsverlag.

Spahl, S. (1975). *Handbuch Vorschlagswesen – Praxis des Ideenmanagements*. Verlag Moderne Industrie.

Sprenger, R. K. (2021). *Mythos Motivation* (German Edition). Campus. Kindle-Version.

v. Rosenstiel, L. (1992). *Grundlagen der Organisationspsychologie: Basiswissen und Anwendungshinweise*. Schäffer-Poeschel.

v. Rosenstiel, L., Molt, W., & Rüttinger, B. (1995). *Organisationspsychologie*. Kohlhammer.

Wälchli, A. (1995). *Strategische Anreizgestaltung: Modell eines Anreizsystems für strategisches Denken und Handeln des Managements*. Haupt.

Wild, J. (1973). Organisation und Hierarchie. *Zeitschrift für Führung und Organisation-zfo-, 42*(1), 45–54. Haufe-Lexware.

Wilkesmann, U., & Rascher, I. (2004). *Wissensmanagement. Theorie und Praxis der motivnationalen und strukturellen Voraussetzungen*. Hampp.

Zentrum Ideenmanagement. (2021). Erstveröffentlichung in „Ideenmanagement und die Agenda 2030 für nachhaltige Entwicklung mit Vorwort von Dr. Gerd Müller, Bundesminister für wirtschaftliche Zusammenarbeit und Entwicklung" durch das Deutsche Institut für Ideen- und Innovationsmanagement (Hrsg.). www.zentrum-ideenmanagement.de/ideenmanagement-idm. Zugegriffen: 9. Okt. 2022.

Methoden und Instrumente 10

Zusammenfassung

Einige Methoden, welche die Wissensbasis eines Unternehmens erweitern und helfen die wichtigsten Benchmarks (Zielmarken) festzulegen, werden im nächsten Kapitel erläutert. Hierbei verstehen wir unter Methode jedes regelhafte Verfahren zur Erlangung von wissenschaftlichen Erkenntnissen und unter einem Instrument das entsprechende Messgerät, welches die Erkenntnisse messbar gestaltet. Viele Methoden (vier davon finden im Kontext des Innovationsmanagements ihre Anwendung und werden im folgenden Kapitel beschrieben) werden im sogenannten Total Quality Management Konzept (TQM-Konzept) schon seit vielen Jahren angewendet, ohne dass der Innovationsgedanke bei der Anwendung vordergründig eine Rolle gespielt hätte. Es ist jedoch nachgewiesen, dass die Unternehmen, die das TQM-Konzept konsequent anwenden auch technologisch führend sind und darüber hinaus auch über eine hohe soziale Kompetenz und Verantwortung ihren Mitarbeitenden gegenüber zeigen.

10.1 Quality Function Deployment (QFD) – Wissensdaten vom Kunden

Das Basiskonzept des Quality Function Deployment wurde in Japan entwickelt und bei Mitsubishi Heavy Industries in der Kobe-Werft 1972 erstmals angewendet (Akao, 1992). Seit 1985 wird QFD mit Nachdruck von Ford und dem American Supplier Institute (ASI) in den USA und Europa propagiert. Schon in der folgenden Definition (in Anlehnung an ASI, 1989, S. 4) wird die grundsätzliche Bedeutung des QFD für ein zukunftsorientiertes Wissens- bzw. Kompetenzmnagement klar:

▶ **Quality Function Deployment** ist ein Planungs- und Dokumentationssystem, um Kundenanforderungen in entsprechende unternehmensseitige Erfordernisse für jede Phase der Produktentstehung, beginnend bei der Forschung über die Produktentwicklung und Herstellung bis hin zu Marketing und Vertrieb, zu übersetzen, Beziehungen und Auswirkungen zu definieren und zu bewerten.

Grundlegendes Ziel der QFD-Philosophie ist demnach, den Erwartungen und Wünschen des Kunden in jeder Phase der Produktentstehung mehr Bedeutung beizumessen als den Realisierungsvorstellungen der Produktentwickler. Kundenforderungen sind genau zu analysieren und aus der Sicht des Kunden zu interpretieren. Die Produkte sollen sich durch höchste Gebrauchstauglichkeit („Fitness for use") auszeichnen. Den Mitgliedern des QFD-Teams kommt dabei die Rolle der Übersetzer der „Stimme des Kunden" in ingenieurmäßiges Denken und Handeln zu. Dieser Transfer von Kundenwünschen wird durch die Vorgehensweise beim QFD systematisch und schrittweise durch die unterschiedlichen Unternehmensbereiche Marketing, Produktentwicklung, Fertigung, Beschaffung, Qualitätssicherung, Vertrieb durch ein System aufeinander abgestimmter Planungs- und Kommunikationsschritte zusammengeführt. Dabei werden die Kompetenzen der einzelnen Unternehmensbereiche zielgerichtet koordiniert, sodass letztendlich die Kundenanforderungen bestmöglich realisiert werden können (vgl. ASI, 1989).

Umsetzung des QFD-Prozesses
Die häufig nicht genau definierten Kundenwünsche müssen im QFD-Prozess in quantifizierbare Merkmale überführt werden. Durch eine vorgegebene Systematik werden durch vier Planungsphasen hindurch die notwendigen Daten gesammelt, diskutiert und gewichtet. Ein Formular, „House of Quality" genannt (s. Abb. 10.2), enthält auf engstem Raum eine große Menge an Informationen. Es können damit wichtige, kritische und besonders schwer einzuhaltende Qualitätsmerkmale definiert werden. Voraussetzung für die erfolgreiche Durchführung ist die Bildung einer Arbeitsgruppe, die sich aus Fachleuten verschiedener Funktionsbereiche des Unternehmens zusammensetzt. Ein mit der Methode vertrauter Moderator leitet die QFD-Sitzungen. Zunächst werden die wirtschaftlichen, technischen und marktstrategischen Eckdaten im Team festgelegt; vor allem muss eine genaue Definition des Kunden und seiner Qualitätsansprüche erfolgen (vgl. Sullivan, 1988, S. B3–18; Pfeifer, 1993, S. 40; Schmalzl & Schröder, 1998, S. 138). Am Beispiel einer Produktplanung wird die Vorgehensweise beim Ausfüllen des „House of Quality" als Ablaufplan beschrieben. Die grafische Schrittfolge in Abb. 10.1 stellt einen systematischen Ansatz für die Entwicklung der Gesamtmatrix dar. Im Laufe dieses Prozesses kann es vorkommen, dass neue Informationen ein Umdenken und Revidieren von Entscheidungen fordern.

Zu Beginn der Arbeiten steht die Bildung eines QFD-Projektteams. Ein QFD-Team besteht aus sechs bis acht Mitarbeitern, die aus unterschiedlichen Bereichen des Unternehmens stammen, also nicht nur aus dem Konstruktionsbereich oder dem Qualitäts-

10.1 Quality Function Deployment (QFD) – Wissensdaten vom Kunden

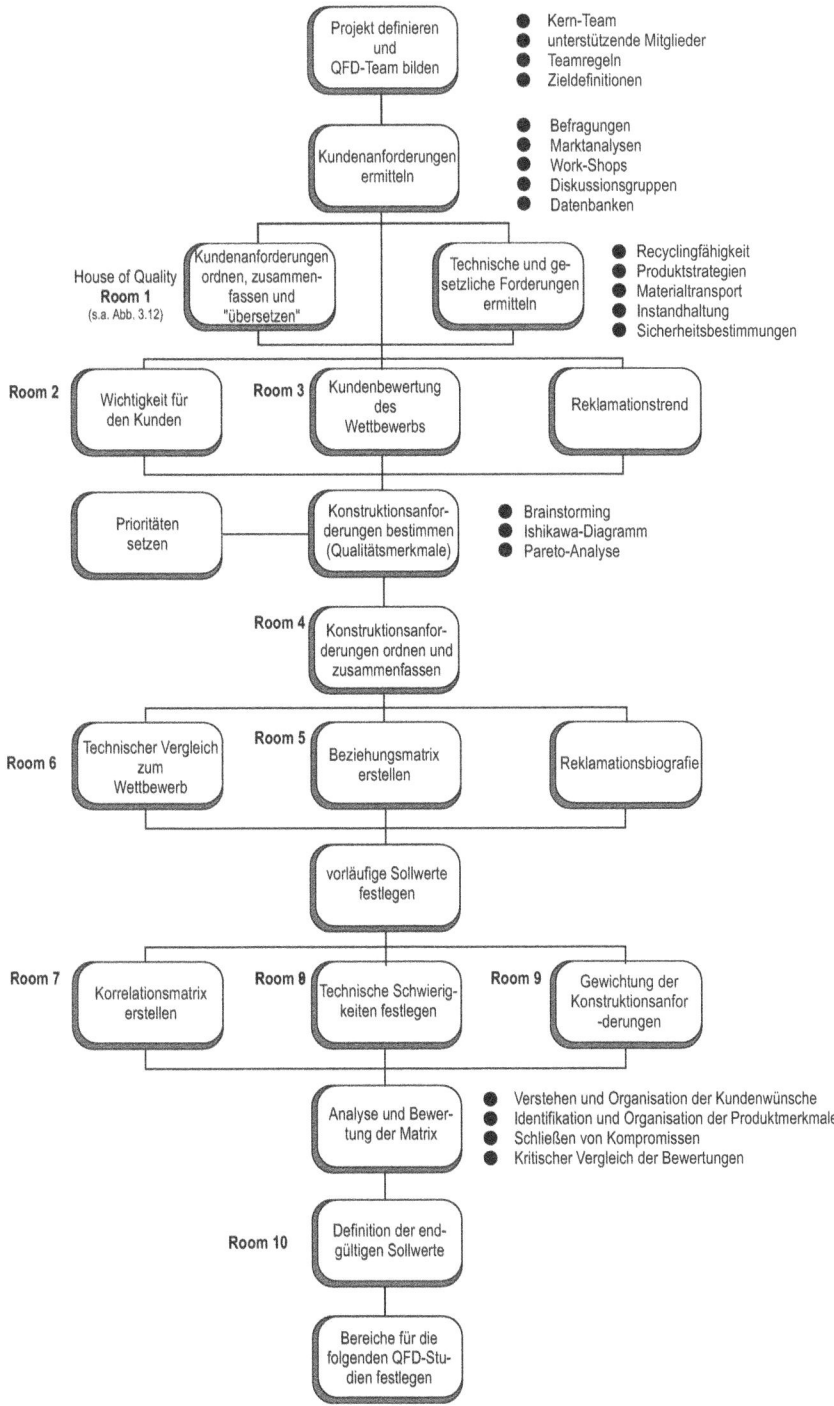

Abb. 10.1 Entwicklungsschritte für die Gesamtmatrix. (Eigene Darstellung)

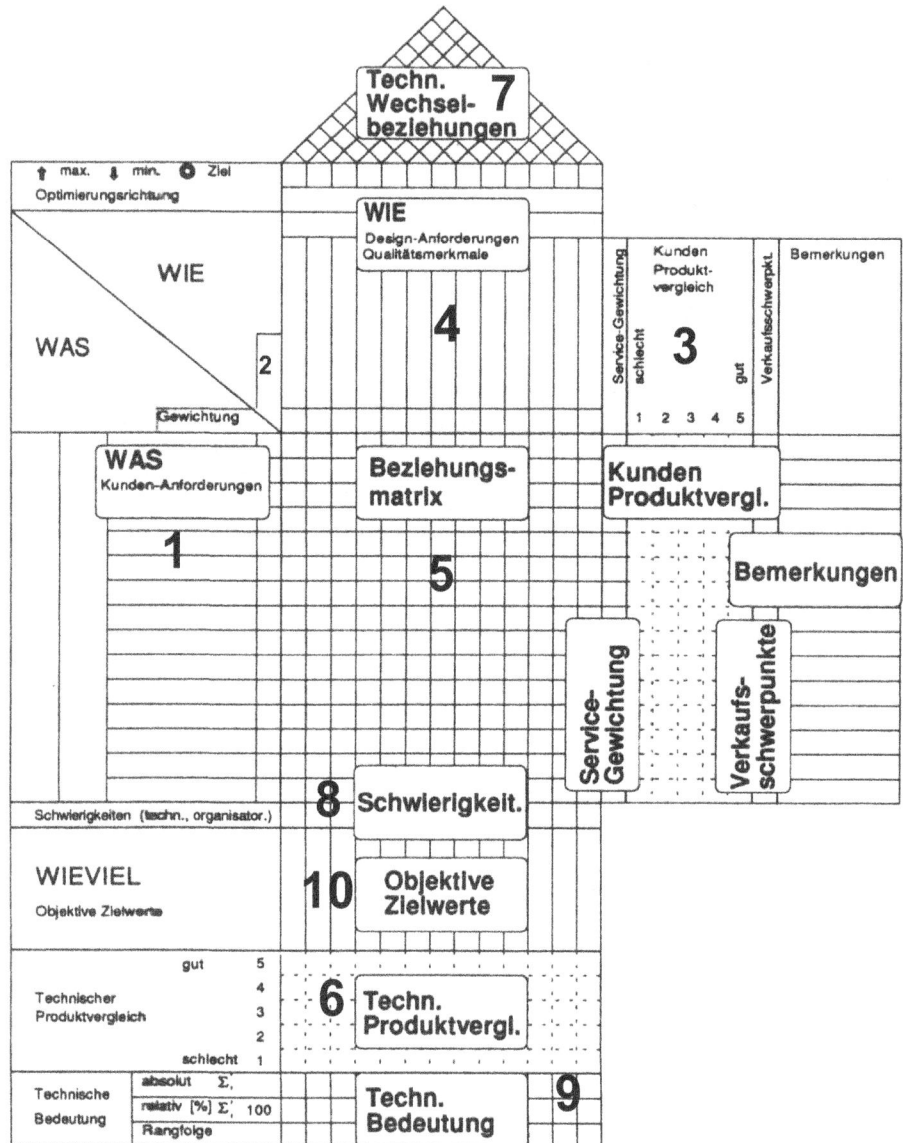

Abb. 10.2 QFD-Formblatt „House of Quality". (Quelle: Kamiske et al. 1994, S. 185)

wesen. Das Team arbeitet alleinverantwortlich. Der Ablauf eines QFD-Projektes umfasst 15 Einzelschritte. Das Ergebnis eines jeden Schrittes wird im „House of Quality" (HoQ Abb. 10.2 Zahlenwerte 1–10) dokumentiert:

10.1 Quality Function Deployment (QFD) – Wissensdaten vom Kunden

Tab. 10.1 Beziehungsmatrix im HoQ (Ausschnitt). (Quelle: Eigene Darstellung)

Legende: keine Beziehung 0 Ist wichtiger 3 Ist gleich wichtig 2 Ist weniger wichtig 1	Anford 1	Anford 2	Anford …	Anford n
Anforderung 1	0			
Anforderung 2		0		
…			0	
Anforderung n				0
∑ = Gewichtung im QFD				

1. **Kundenanforderung**
   Der QFD-Prozess startet mit der Ermittlung der Anforderungen, die der Kunde an das Produkt stellt. Sind die Kundenanforderungen – in der QFD-Terminologie auch die „What's" genannt – zusammengetragen, so werden sie in Kategorien eingeteilt und in das QFD-Formblatt eingetragen. Die Anzahl der Anforderungen sollte überschaubar bleiben. Vorsicht: Übertragungsfehler und Missverständnisse zwischen Kunden und Leistungserbringer durch unterschiedliche Diktion sind wahrscheinlich, wenn den Teammitgliedern nicht die Identifikation mit dem Kunden gelingt.

2. **Gewichtung**
   Sind die Anforderungen in das Formblatt eingetragen, werden sie in ihrer Bedeutung für den Kunden gewichtet. Die relativen Wichtigkeiten stellen eine zentrale Eingangsinformation dar, da diese die Grundlage für die Vergabe von Prioritäten über den gesamten Prozess des QFD bilden. Die Ermittlung der relativen Wichtigkeiten kann z. B. durch das „Verfahren des paarweisen Vergleiches" ermittelt werden. Dabei werden die befragten Kunden gebeten, die einzelnen Anforderungen jeweils mit allen anderen Anforderungen zu vergleichen. Dazu wird eine Matrix ausgefüllt, deren Zeilen und Spalten durch die einzelnen Anforderungen aufgespannt werden. Die Ergebnisse des paarweisen Vergleichs werden in Form von Zahlenwerten in die jeweiligen Matrixfelder eingetragen. Dabei werden den Aussagen „weniger wichtig", „gleich wichtig" und „wichtiger" z. B. die Zahlenwerte „1", „2" und „3" zugeordnet. Durch Summation der Zahlenwerte über die einzelnen Spalten ergeben sich dann die Gewichtungen der einzelnen Anforderungen (vgl. Tab. 10.1).

3. **Schwerpunkte des Services**
   Idealerweise wird dem Kundendienst an dieser Stelle die Möglichkeit eingeräumt, seine Dienstleistungen mit den Kundenanforderungen zu vergleichen und abzustimmen.

4. **Produktgestaltung**
   Für jede Kundenanforderung („What") arbeitet das QFD-Team nun so lange Qualitätsmerkmale – das sind möglichst physikalische Größen („How" in der QFD-Ter-

minologie) – in das QFD-Chart ein, bis alle Kundenanforderungen entsprechend der Kundengewichtung ausgewogen erfüllt werden. Diese Abdeckung der Kundenwünsche durch technische Spezifikationen wird in der Beziehungsmatrix des QFD-Charts dokumentiert.

5. **Messbare Werte**
In diesem Arbeitsschritt werden den Merkmalen Zielgrößen – „How much" in der QFD-Terminologie – zugeordnet. Zielwerte sind in diesem Zusammenhang messbare bzw. bezifferbare Größen und Einheiten, z. B. Motorleistung = 6 W, maximale Lautstärke 8 dB. Es werden also klare Ziele definiert, die einer späteren kontrolle als Beurteilungsbasis dienen.

6. **Ziel**
Es erfolgt eine Beurteilung der Zielvorgaben durch Gegenüberstellung der Ergebnisse des Produktgestaltungsschrittes 4 mit den Zielwerten aus dem fünften Schritt. Das Analyse-Ergebnis wird schriftlich fixiert und kann drei Werte annehmen: Zielvorgabe zu niedrig, zu hoch, richtig. Alternativ wird versucht, die Qualitätsmerkmale mit einer Angabe der zu bevorzugenden Variationsrichtung des Zielparameters zu versehen, d. h. festzulegen, ob für den Zielwert gilt, „je kleiner, desto besser" oder „je größer, desto besser".

7. **Technische Realisierung**
Die technischen Schwierigkeiten, die bei der Realisierung eines Merkmals zu erwarten sind, können im Feld „Schwierigkeitsgrad" abgeschätzt werden. Diese Abschätzung für die technische/praktische Realisierung erfolgt für die Schritte 4 bis 6. Die Schwierigkeitsgrade werden in einer Zehnerskala ausgedrückt: 1 = sehr leicht erreichbar, 10 = nicht erreichbar.
Hat ein Qualitätsmerkmal nur eine geringe Bedeutung für die Erfüllung von Kundenwünschen, und sind bei der Realisierung größere technische Schwierigkeiten zu erwarten, so sollte das geplante Merkmal verworfen oder eine andere technische Lösungsmöglichkeit gefunden werden.

8. **Beziehungsmatrix**
Anhand von Schritt 1 und Schritt 2 wird zahlenmäßig aufgezeigt, wie gut Kundenwünsche erfüllt werden können. Jeder Kundenwunsch wird dafür einem Produktmerkmal gegenübergestellt, die gegenseitige Beziehung überprüft und in Zahlen von 0 (keine Beziehung) bis 3 (starke Beziehung) ausgedrückt. Viele niedrige Zahlenwerte zeigen auf, dass die Kundenwünsche nur unzureichend erfüllt werden. Der Produktentwurf muss an dieser Stelle neu überdacht werden. Schritt 8 stellt einen kritischen Punkt dar, gibt er doch erstmalig Anhaltspunkte für Gelingen oder Misslingen des Projektes.

9. **Bedeutung**
In diesem Arbeitsschritt wird die Wichtigkeit aus Kundensicht ermittelt. Hierfür wird die Kundengewichtungszahl (Schritt 2) mit der Beziehungszahl (Schritt 8) multi-

pliziert. Alle so ermittelten Produkte werden aufsummiert und als Schritt 9 festgehalten. Die Quersumme in der Zeile des Schrittes 9 entspricht 100 %. Die Prozentzahlen der jeweiligen Produktmerkmale zeigen dann die jeweilige Wichtigkeit an.

10. **Produktbewertung aus Kundensicht**
Teammitglieder in der Rolle des Kunden nehmen jetzt eine Marktbewertung vor. Es erfolgt ein Vergleich aller verfügbaren ähnlichen Produkte mit dem in Planung befindlichen. Aus Kundensicht wird kritisch geprüft, welches der Produkte die Kundenwünsche (Schritt 1) am besten erfüllt. Er erfolgt eine Benotung (1 = ungenügende Erfüllung, 5 = sehr gute Erfüllung). Eine grafische Aufbereitung zeigt die Stärke-Schwächen-Profile am besten auf. Ergebnisse dieses Schrittes sind von allerhöchster Bedeutung.

11. **Analyse der Kundenbewertung**
In einer Art Markttest wird ermittelt, welches Produkt die Kundenanforderungen zu wieviel Prozent erfüllt. Dies geschieht durch Multiplikation der in Schritt 10 vergebenen Benotung mit den drei Gewichtungen aus Schritt 2. Anschließend wird eine Rangskala gebildet. Erneut kann jetzt eine kritische Überprüfung der eigenen Planung erforderlich sein.

12. **Wettbewerbsvergleich**
Technischer Vergleich aller im Wettbewerb stehenden Produkte unter Berücksichtigung der Fragen: Wie löst der Wettbewerber die Aufgabe? Wie erfolgt die Umsetzung der Produktmerkmale? Wie liegen die Kosten der Wettbewerber-Lösung? Wie sehen die Arbeitsprozesse und Funktionen aus? Sind andere Lösungen einfacher und robuster? Der technische Vergleich erfordert die Bewertung der Katalogelemente durch eine fünfstufige Skala + +, +, 0, -, – („sehr gut" bis „nicht gelöst").

13. **Ausgewogenheit**
Die Korrelationen zwischen den einzelnen Qualitätsmerkmalen werden untersucht und in der Korrelationsmatrix, dem „Dach" des House of Quality, dokumentiert. Unter Korrelationen zwischen Qualitätsmerkmalen sind Forderungen zu verstehen, die miteinander positiv oder negativ in Wechselwirkung treten. Anders ausgedrückt: Alle Produktmerkmale (Schritt 4) und die dazugehörigen Zielwerte (Schritt 6) werden in paarweisen Vergleichen auf gegenseitige Beeinflussung untersucht. Folgende Symbole finden Verwendung: Minuszeichen (-), Null (0), Pluszeichen (+). Herrschen Minuszeichen vor, bedeutet dies, dass das Konzept weitestgehend ausgereizt ist und kaum noch Veränderungen oder Verbesserungen möglich sind, ohne andere Merkmale negativ zu beeinflussen. Demgegenüber weisen Pluszeichen und Nullen auf ein Verbesserungspotenzial hin.

14. **Marktschwerpunkte**
In Abgleich mit dem Wettbewerbsprofil aus Schritt 10 werden an dieser Stelle Hilfen für die Vermarktung aufgeführt. Die Schwerpunkte orientieren sich an Produktstärken und Gewichtung der Kundenanforderungen.

15. **Kritische Merkmale**

Im letzten Schritt werden alle für die Realisierung des Produktes erforderlichen Merkmale erfasst und markiert. Kritisch sind alle jene Merkmale, die ein Risiko darstellen und daher ausschlaggebend für den Erfolg sind. Dies sind Merkmale, die entweder in der technischen Bewertung (Schritt 9) hohe Prozentzahlen erhielten oder vom Kunden als wichtig erkannt, deren Realisierung aber als mit hohem Schwierigkeitsgrad behaftet angesehen wurden (Schritt 7). Hieraus müssen Schlüsse gezogen und umgesetzt werden; eine alleinige Dokumentation ist nicht ausreichend.

10.1.1 Praxisbeispiel: Anwendung des HoQ in der Textilindustrie

Das folgende Fallbeispiel ist aus dem Bereich der Arbeitsbekleidung und wendet das HoQ an.

Ein Modelabel möchte einen geeigneten Oberstoff für eine Regenjacke auswählen. Die Jacke soll speziell für Gärtner beziehungsweise die Gartenarbeit angefertigt und konstruiert sein. Mithilfe einer Umfrage wurden die Anforderungen an den Oberstoff für eine Regenjacke speziell für Gärtner ermittelt (Frage: Was?). Kunden bewerteten auch ihre Bedeutung auf einer Skala von 1 (sehr wichtiger) bis 4 (weniger wichtig). Anhand dessen wurden Qualitätsmerkmale beziehungsweise Produktmerkmale der bewährten Stoffqualitäten des Labels zur Gegenüberstellung gewählt (Frage: Wie?).

Abb. 10.3 visualisiert auf der linken Seite (1) die gewichteten Anforderungen aus Kundensicht und oben die Produktmerkmale aus Sicht des Unternehmens (2). Im Dach des HoQ ist vermerkt, wie sich die Produktmerkmale aus Unternehmenssicht gegenseitig beeinflussen (3). Die eigentliche Matrix in der Mitte zeigt (4), wie die einzelnen Produktmerkmale die einzelnen Kundenanforderungen unterstützen (Frage: Wie viel?). Die Bewertung der Produktmerkmale aus Kundensicht ist das wesentliche Ergebnis des HoQ (5). Diese Produktmerkmale gehen als Anforderungen in das nächste HoQ, wo diese beispielsweise mit Designmerkmalen (zum Beispiel Kapuze, Ärmel) in Beziehung gesetzt werden (Frage: Wie viel?). In diesem Sinne kann diese Methode bis zum Produktionsprozess fortgeführt werden. Die Abbildung zeigt, dass für die Regenjacke den Gärtnern ein ansprechendes Aussehen und eine gute Beweglichkeit besonders wichtig und ein nicht schweißtreibendes Material im Sommer und ein warmhaltendes Material im Winter den Kunden eher weniger wichtig sind. Dem Gegenüber stehen die Produktmerkmale wie beispielsweise Naturstoff, Kunststoff, Elastizität (Elastan) und Versiegelung (Stoffausrüstung). Diese Merkmale können komplett unabhängig voneinander sein, aber auch Abhängigkeiten aufweisen. In diesem Beispiel bedeutet dies, dass beispielsweise Kunststoff mit Elastan kombiniert werden kann, da es sich bei beiden Faserarten um künstliche Fasern handelt. Naturstoff und Kunststoff können jedoch keine Abhängigkeit voneinander haben, da diese aus komplett unterschiedlichen Fasern gefertigt werden und demnach nicht kombiniert werden können. Diese Abhängigkeiten

10.1 Quality Function Deployment (QFD) – Wissensdaten vom Kunden

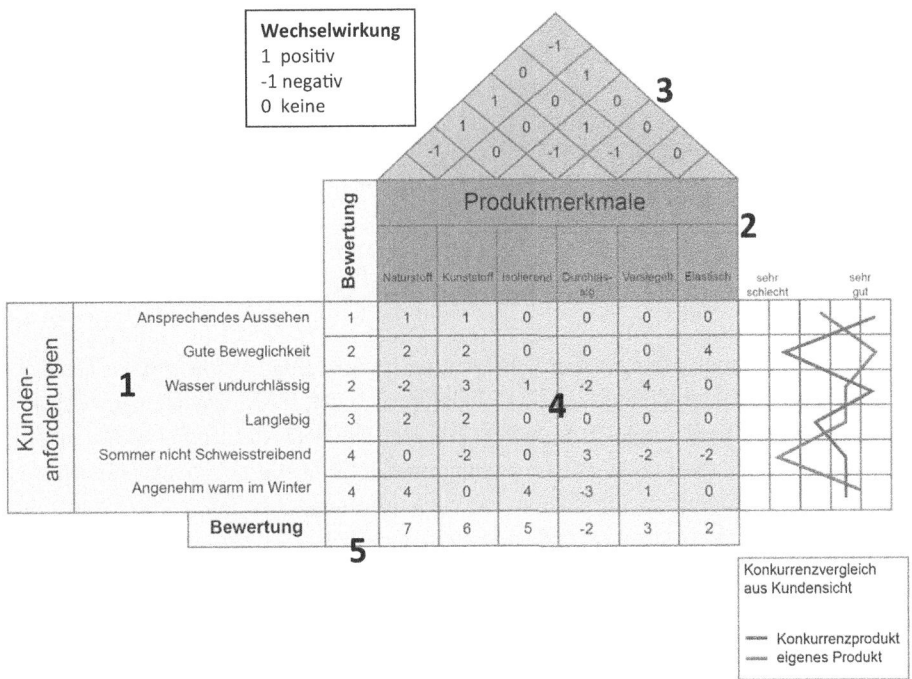

Abb. 10.3 Ausschnitt House of Quality (HoQ): Fallbeispiel „Material für eine Regenjacke"

sind wichtig, da anhand dessen ersichtlich ist, welche Materialien zu einem bestmöglichen Ergebnis führen können und möglichst viele Produktmerkmale zur Erfüllung der Kundenanforderungen vereinen. Die Matrix und dessen durch Addition errechnete Bewertung gibt an, welcher Stoff die Kundenanforderungen unabhängig von der technischen Seite am besten erfüllt. In dem Fallbeispiel ist dies der Naturstoff, gefolgt von dem Kunststoff. Da der Kunststoff jedoch auch fast alle Kundenanforderungen erfüllen kann und in Kombination mit den anderen Produktmerkmalen eine bessere Korrelation als der Naturstoff hat, entscheidet sich das Label für den Kunststoff als geeignetes Material. Rechts ist der Konkurrenzvergleich aus Kundensicht angezeigt (Frage: Warum?). Hierfür wird das aktuelle Produkt, mit dem am besten bewerteten Konkurrenzprodukt verglichen (Frage: Warum?). Der Vergleich ergibt, dass die Regenjacke der Konkurrenz ein ansprechenderes Aussehen hat, weniger Wasser durchlässt und im Sommer nicht so schweißtreibend ist wie das eigene Produkt. Das bedeutet, dass die Produktmerkmale der Versiegelung und der Durchlässigkeit bei entsprechender Optik von der Konkurrenz besser gelöst werden. Das Label kann nun den Oberstoff mit einer Ausrüstung versehen, die die Nähte besser versiegelt und den Stoff Luftdurchlässiger macht. Jedoch sind die Produktmerkmale der Durchlässigkeit auch in einer guten Korrelation zum Naturstoff und eine Versiegelung kann durch wasserabweisende Nähte ebenfalls verbessert werden.

Eine Lösung wäre, das Innenfutter der Jacke aus einem Futter aus Naturstoff zu fertigen und den Oberstoff aus einem Kunststoff mit versiegelten Nähten zu fertigen. Das Material an der Haut würde Schweiß und Körperdämpfe durchlassen und der Kunststoff würde Feuchtigkeit von außen durch seine Versiegelung fernhalten. Die ansprechende Optik kann durch eine moderne Farb- und Musterwahl optimiert werden (vgl. Merkens, 2023, S. 5–8).

10.2 Benchmarking – Wissensdaten vom Mitwettbewerber

Die Anforderungen an eine ganzheitlich orientierte Wissensdatenbank können nicht nur aus der Sicht des Unternehmens, sondern müssen auch durch Kundendaten sowie Daten aus einem Wettbewerbsvergleich festgelegt werden. Die drei Ansatzpunkte für eine differenzierte Datenanalyse und Datenbewertung müssen im Zusammenhang gesehen werden, um letztlich ein fertiges Produkt so gut wie vom Kunden gefordert – also nur so gut wie nötig und nicht so gut wie technisch möglich – herstellen zu können. Erfolgsentscheidend dabei ist allerdings eine verbindliche Sollvorgabe des Kunden für das Produkt, für das Gesamtsystem und für die Ansprüche an Kommunikation und sozialen Kontakt (vgl. Töpfer & Mehdorn, 1993, S. 70). Das im letzten Abschnitt erläuterte Vorgehen beim QFD-Prozess ermöglicht es, die produktbezogenen Kundendaten detailliert zu ermitteln und umzusetzen. Der Vergleich mit dem Wettbewerb und die Definition der eigenen Marktposition erfordert jedoch eine andere Vorgehensweise, so wie sie in Benchmarking-Prozessen gefordert wird. Benchmarking ermöglicht es die eigenen Prozess- und Produktdaten (Merkmale, Abläufe, Entscheidungen, Strategien usw.) mit denen der Marktführer zu vergleichen, um daraus Defizite oder auch Vorteile daraus abzuleiten.

Beschreibung und Definition
Benchmarking gestattet einen detaillierten Vergleich der eigenen erreichten Qualitätsdaten in den direkten Wertschöpfungsphasen und Marktleistungen mit der von wichtigen Unternehmen der gleichen Branche, aber auch den Vergleich mit der Qualität erfolgreicher Unternehmen anderer Branchen in Bezug auf übergeordnete und flankierende Prozessphasen (vgl. Töpfer & Mehdorn, 1993, S. 76). Interne Benchmarking-Prozesse gestatten den Vergleich von Abteilungen und Gruppen in Bezug auf Arbeitsmethoden, Geschäftsprozesse, Wertevorstellungen, Umsetzungsstrategien o. Ä.

Bezieht sich die Suche nach Vergleichsdaten und -prozessen auf die bestmögliche Realisierung, so wird dies als „Best-Practice-Benchmarking" bezeichnet (vgl. Zink, 1995, S. 262). Der Benchmarking-Prozess ist sowohl Analyse- als auch Orientierungsmethode im Rahmen der Umsetzung eines umfassenden Datenmanagements. Der Vergleich mit den beteiligten Unternehmen impliziert aber auch gleichzeitig das Lernen von den anderen. Aus dem aktiven Benchmarking-Prozess werden neue Zielvorgaben, neue Standards zur Erlangung von Wettbewerbsvorteilen erarbeitet, deren Referenzpunkte (Benchmarks) es gestatten, Leistungen messen oder beurteilen zu können.

10.2 Benchmarking – Wissensdaten vom Mitwettbewerber

Benchmarks können inhaltlich stark differieren. Das Spektrum reicht von relativ einfach zu beschaffenden Informationen (z. B. Umsatz pro Mitarbeitenden, Preis von Serienprodukten, Lieferzeiten) bis hin zu Vergleichsdaten, die erst auf der Grundlage komplizierter Recherche- und Analyseprozesse gewonnen werden können (z. B. Fehlerquoten, Kosten, Montagezeiten). Die relative Kompliziertheit der Beschaffung bestimmter Daten ergibt sich einerseits aus der Wettbewerbssituation des Unternehmens branchenintern, aber auch aus der noch vorhandenen Reserviertheit branchenfremder Unternehmen, die den eigenen Nutzen der Befragungsergebnisse von nicht zur Branche gehörenden Unternehmen als zu gering einschätzen. Dabei handelt es sich sowohl um neue Vorgehensweisen bei der Beschaffung qualitativer Benchmarks als auch um betriebswirtschaftlich erprobte Techniken zur Ermittlung von Leistungsdaten (quantitative Benchmarks). Zink leitet daraus folgende Arbeitsdefinition für den Benchmarking-Prozess ab:

▶ **Benchmarking** ist die Suche nach den besten Prozessen, Vorgehensweisen oder Ergebnissen, die für die jeweilige Aufgabe im eigenen Unternehmen relevant sind. Ziel ist es dabei, von diesen Prozessen, Vorgehensweisen und Ergebnissen zu lernen und sie zur Verbesserung der eigenen Leistung einzusetzen." (Zink, 1995, S. 261).

Durchführung eines Benchmarking-Prozesses
Professionelles Benchmarking verläuft als kontinuierlicher Verbesserungsprozess in einzelnen Phasen ab (vgl. Langner, 1994, Sander & Brockmann, 1995, Mehdorn & Töpfer, 1995, Niemand & Scholl, 1995). Der Benchmarking-Prozess ist somit nicht nach erfolgreicher Implementierung abgeschlossen; Unternehmensumfeld und Unternehmen unterliegen einem ständigen strukturellen Wandel, die Vergleichsdaten und die gesetzten Benchmarks müssen demzufolge immer wieder überprüft und gegebenenfalls geändert werden. Benchmarking impliziert Veränderungen und der Prozess gelingt deshalb nur unter aktiver und intensiver Mitwirkung der Mitarbeitenden (vgl. Mehdorn & Töpfer, 1995, S. 25). Wie ein Benchmarking-Prozess ablaufen soll, geht aus Abb. 10.4 hervor.

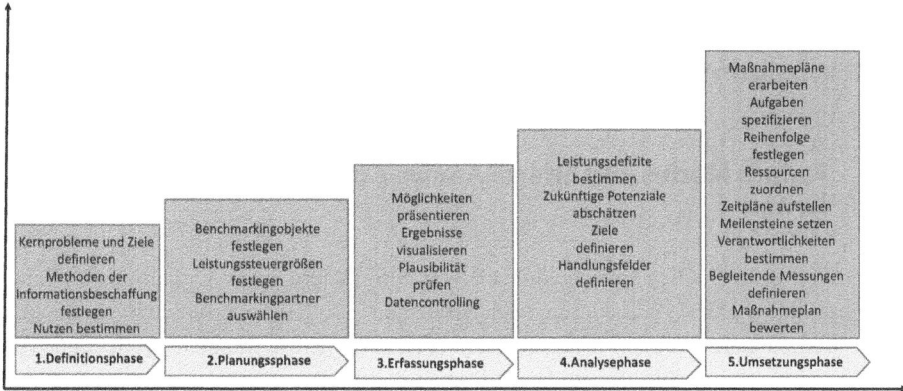

Abb. 10.4 Die einzelnen Phasen des Benchmarking-Prozesses. (Quelle: Eigene Darstellung)

Benchmarking ist somit ein kontinuierlicher Prozess des Vergleichens mit dem grundsätzlichen Ziel, Vorgaben für neue Herausforderungen zu entdecken und als Standards zu definieren (vgl. Camp, 1994, S. 34). Benchmarking zielt weiter vor allem darauf, die eigene Position des Unternehmens relativiert zu bewerten und somit Faktoren zu bestimmen, die für den langfristigen Erfolg verantwortlich sind (kritische Erfolgsfaktoren). Die Informationen dürfen sich dabei jedoch nicht nur auf „hard facts" beschränken. Vielmehr sind auch Verhalten, Einstellung und Wertevorstellungen im Rahmen der Unternehmenskultur zu analysieren und zu interpretieren. Zum einen bewertet und entscheidet auch der Kunde nicht nur nach kognitiv nachvollziehbaren Fakten und zum anderen besteht für ein Unternehmen gerade auch bei den „soft facts" wie der Service-, Kontakt- und Kommunikationsqualität eine Chance der Differenzierung gegenüber den Mitwettbewerbern (vgl. Töpfer & Mehdorn, 1993, S. 77). Ein weiteres Ziel beim Benchmarking ist, aus dem Vergleich, der eine profunde Kenntnis des eigenen Unternehmens voraussetzt, mit den sich daraus ergebenden Benchmarking-Wunschpartnern (vgl. Zink, 1995, S. 276) die wirkungsvollsten Ideen und Instrumente herauszufinden und zu adaptieren, um damit die Leistungsfähigkeit des eigenen Unternehmens zu steigern und somit Wettbewerbsvorteile aufzubauen (vgl. Schmalzl & Schröder, 1998, S. 131). „Benchmarking hilft, realisierbare Ziele zu setzen. Die gefundenen Eckpunkte sind einerseits glaubwürdig und unbestreitbar, denn sie basieren auf Fakten. Andererseits sind diese Eckpunkte auch zukunftsorientiert, wenn man davon ausgeht, dass im Sinne eines Survival-of-the-Fittest nur die leistungsfähigsten Unternehmen auf lange Sicht überleben können" (Zink, 1995, S. 277). Aufgrund der Wichtigkeit der Benchmarks werden hohe Anforderungen an die Datenerhebung und die Datenqualität gestellt. Ist dies gewährleistet, lässt sich Benchmarking auch sehr gut in das Umfeld von Effizienzsteigerungsprogrammen einordnen. Es ist als Analyseinstrument ideale Voraussetzung für Werkzeuge der praktischen Unternehmensführung wie Wertanalyse, Zero-Base-Budgeting und das beschriebene Quality Function Deployment. Die beiden bisher beschriebenen Instrumente dienen einerseits zur Steigerung der Planungs- und Fertigungseffizienz und andererseits zur Definition von „Spitzenwerten" zur Festlegung neuer herausfordernder Ziele, um sich den „besten" Unternehmen im Sinne kontinuierlicher Veränderungsprozesse zu nähern. Bei der Umsetzung finden jeweils Lernprozesse statt, die eine Erweiterung der unternehmensinternen Wissensbasis zur Folge haben.

10.3 Failure Modes and Effects Analysis (FMEA) – aus Fehlern lernen

Das Treffen individueller Entscheidungen von Mitgliedern einer Organisation, Neues zu wagen und Fehler zu riskieren oder Strategien zur Risikovermeidung zu imitieren, werden durch die im Unternehmen etablierten Einstellungen, Werte und Verhaltensweisen vorgeprägt. Verstärkend wirken kulturelle Rituale, Phänomene und Symbole, insbesondere intelligente Anreizsysteme und die Führungskultur .... Doch

10.3 Failure Modes and Effects Analysis (FMEA) – aus Fehlern lernen

obschon Innovationschancen durch das Zulassen von Fehlern eingeräumt werden, blockiert in vielen Unternehmen der „gelebte" Umgang mit Fehlern innovatives Engagement: ... Negative Erfahrungen mit den Konsequenzen gescheiterten innovativen Engagements erhöhen die Wahrscheinlichkeit, dass Absicherungsstrategien zur Risikovermeidng rational erscheinen und sich verfestigen – mit problematischen Folgen für die Innovationskompetenz der Organisation ... Um dieses Innovationsdilemma zu lösen, werden Plädoyers für neue Fehlerkulturen mit mehr Fehlertoleranz in Umlauf gebracht: Wenn „Scheitern als Chance" gesehen wird, kann Innovationsbereitschaft geweckt werden. Durch die Sicherung der Legitimität riskanten Probehandelns, z. B. durch die Anerkennung gemachter Fehler ohne negativer Sanktionen und Bewusstmachung „kreativer Fehler" als Akt symbolischer Führung, wirken fehlertolerante Innovationskulturen motivierend und sind für den Innovationserfolg von besonderer Bedeutung. Die Fehlerkultur beeinflusst weiterhin, ob nach einem gescheiterten Projekt einfach weiter so gehandelt wird oder Fehlschläge als Chancen für organisationales Lernen genutzt werden ... In Summe stellt der Umgang mit Fehlern einen Prüfstein innovationsorientierter Unternehmenskulturen dar". (vgl. Kriegesmann et al. 2006, S.144).

▶ **Wichtig** Innovationsprozesse mit hoher Fehlertoleranz führen unter sonst gleichen Bedingungen zu höherem Innovationserfolg als solche mit geringer Fehlertoleranz.
  Je höher der Neuigkeitsgrad von Innovationsprozessen, desto geringer ist unter sonst gleichen Bedingungen die Fehlertoleranz. (Vgl.: Weibler et al., 2006).

Die Fehlermöglichkeits- und Einflussanalyse (FMEA = failure mode and effects analysis) ist eine Methode zur Analyse von Fehlerrisiken. Sie dient der systematischen Risikoanalyse bei komplexen Systemen oder Prozessen. Ziel der Anwendung ist das Erkennen, Nachvollziehen, Eingrenzen und Abstellen von potenziellen Schwachstellen und Risiken und somit die Vermeidung von Fehlern indem eine Bewertung vorgenommen wird und Anreize geschaffen werden aus den gemachten Fehlern zu lernen und somit neues Wissen zu generieren, das wiederum zur Erweiterung der vorhandenen Innovationskompetenz der Teilnehmenden führt. Organisational verankert, ist eine weitere Methode zur konstruktiven Betrachtung von Fehlern gefunden. Der Einsatz einer Methode zur vorbeugenden Fehlervermeidung in allen Bereichen der Wirtschaft ist sehr wichtig. Für die Bereiche Dienstleistung und Verwaltung ist die Fehlervermeidung deshalb ein zentrales Thema, da in der Regel die Erbringung und der Konsum der Leistung gleichzeitig erfolgen. Eine Nachbesserung ist in den meisten Fällen nur schwer möglich, zumindest nicht ohne Schaden für die Reputation des Dienstleisters. Unterschieden werden können die sogenannte Produkt-FMEA (bestehend aus System- und Konstruktions-FMEA) und die Prozess-FMEA. In Organisationsuntersuchungen ist besonders die Prozess-FMEA von Bedeutung, sie befasst sich mit möglichen Schwachstellen in Leistungsprozessen. Im Kontext der Thematik dieses Buches spielt die Human-FMEA eine besonders wichtige Rolle. Die Produkt- und Prozess-FMEA wurden Mitte der 1960er

Jahre im Rahmen von Vorhaben der NASA entwickelt, um die komplexen Systeme der Raumfahrt- und Luftfahrttechnologie durch systematisches Vorgehen besser erfassen zu können. Später folgten Anwendungen in der Kerntechnik, der Automobilindustrie und anderen technischen Bereichen. Heute gehört die FMEA zu den Standardinstrumenten des TQM. Sie wird von den meisten Automobilherstellern verwendet und ihr zielgerichteter Einsatz von allen Zulieferunternehmen gefordert (vgl. Pfeifer, 1993, S. 60 f.)

Definition und Beschreibung
Die Fehlermöglichkeiten- und Fehlereinflussanalyse ist eine weitgehend formalisierte analytische Methode, die systematisch potenzielle Fehler bei der Entwicklung, Fertigung und Montage neuer Produkte sowie bei der Gestaltung und Umsetzung neuer Arbeitsprozesse ermittelt. Das Risiko des Auftretens, die Bedeutung und die Wahrscheinlichkeit der Entdeckung eines Fehlers, bevor das Produkt zum Kunden gelangt oder bevor ein Handlungsfehler Schaden anrichtet, werden schon im Vorfeld der Realisierung bewertet und durch geeignete Maßnahmen vermieden. Mithilfe der FMEA ist es weiterhin möglich das in einem Unternehmen vorliegende Erfahrungswissen über Fehlerzusammenhänge und signifikante Einflussfaktoren auf systematische Weise zu sammeln und damit verfügbar zu machen. Die Durchführung der FMEA ist im Sinne der Anwendung eines umfassenden Qualitäts- und Innovationsmanagements erforderlich bei Entwicklungen von Systemen, Produkten und Prozessen, Sicherheits- und Problemteilen, bei Produkt-, Prozess- und Systemveränderungen (vgl. Kamiske, 1994, S. 326) sowie bei der Gestaltung von Arbeitsabläufen. Demzufolge wird unterschieden (vgl. Pfeifer, 1993, S. 61; Kamiske, 1994, S. 327) in

- Design-FMEA (auch Konstruktions- bzw. Entwicklungs-FMEA),
- Prozess-FMEA,
- System-FMEA und
- Human-FMEA (besser: Handlungsfehler-FMEA Anm. d. Verf.).

Zur Unterstützung der systematischen Vorgehensweise verwendet man bei der FMEA ein universell anwendbares Formblatt. Der Einsatz eines solchen Formblattes verfolgt ganz bestimmte Zielsetzungen: Vereinheitlichung der Analyse-Methodik für alle Anwendungen, Unterstützung des methodischen Hauptzieles der FMEA: potenzielle Fehler zu vermeiden, statt aufgetretene Fehler zu beseitigen, Dokumentation aller für die FMEA notwendigen Informationen in verschiedenen, für die Methode relevanten Formularspalten eindeutige Darstellung des jeweiligen Ist-Zustandes einerseits sowie der noch einzuführenden Verbesserungsmaßnahmen andererseits, rechnergerechte Formulargestaltung, um sie mit Textverarbeitungssystemen aktualisieren zu können.

Durchführung
Die Wirksamkeit dieses Werkzeuges hängt entscheidend von den richtigen Einsatzbedingungen und von den Kompetenzen der Anwender ab. Aus diesen Rahmen-

bedingungen lassen sich einige Vorbedingungen ableiten, damit ein möglichst hoher Nutzen erzielt werden kann. Das Management muss klar und unmissverständlich seinen Willen zur und sein Interesse an der Einführung der Methode deutlich machen. Alle Beteiligten müssen sowohl die fachliche, methodische als auch soziale Kompetenz besitzen, den Ablauf einer FMEA mitzugestalten.

Es muss eine für alle Beteiligten nachvollziehbare Strategie in Bezug auf den Einsatz der FMEA erkennbar sein. Die Prozedur zur Erstellung muss im Vorfeld diskutiert und für alle Anwender verbindlich festgelegt werden. Es muss eine Koordinationsstelle im Unternehmen eingerichtet sein, die FMEA-Daten an die jeweiligen Projekte „verteilen" kann. Es sollte eine Supervisionsstelle eingerichtet sein, die als Anlaufstelle für Probleme, zur Unterstützung der Anwender und als Evaluationsmedium dient (vgl. Berens 1989, S. 11). Die FMEA wird in interdisziplinären Arbeitsgruppen durchgeführt, um möglichst das gesamte im Unternehmen befindliche Know-how zu nutzen. Von den Mitgliedern des Teams wird, neben der für das Arbeiten in Gruppen erforderlichen Sozialkompetenz, auch die für eine effiziente und zielgerichtete Projektdurchführung notwendige Methodenkompetenz erwartet. Die Durchführung der FMEA erfolgt in Anlehnung an Pfeifer (1993) schrittweise in fünf aufeinander folgenden Phasen, die Abb. 10.5 zeigt.

Neben der systematischen Abarbeitung dieser prinzipiellen Schritte gibt es jedoch auch einige methodische Vorgaben, die, wenn das Prinzip funktionieren soll, unbedingt eingehalten werden müssen: Die Erfassung von Informationen muss eindeutig sein. Zusammenhänge, die unterschiedlich bewertet werden, aber auf den gleichen Basisdaten beruhen, müssen durch eine differenzierende Beschreibung deutlich gemacht werden. Der reale Zustand muss objektiv und so genau wie möglich beschrieben und bewertet werden. Am Beispiel einer Prozess-FMEA werden im Folgenden die Arbeitsschritte und das Formular (vgl. Abb. 10.6) erläutert.

Arbeitsschritte während der Untersuchung

In der ersten Spalte des FMEA-Formulars ist der „Untersuchungsgegenstand" einzutragen. Er muss bereits im Vorfeld der FMEA-Erstellung genau abgegrenzt werden, damit es nicht zu Überschneidungen mit anderen FMEAs kommt und damit die Anzahl der potenziellen Fehler überschaubar bleibt. Beispielsweise könnte das Rüsten eines Spritzgusswerkzeuges Gegenstand einer Prozess-FMEA „Spritzgießen" sein.

Die zweite Spalte enthält die *potenziellen Fehler*, die bei dem untersuchten Prozess auftreten können. Potenzielle Fehler kommen in einer Beeinträchtigung der gewünschten Funktion des untersuchten Gegenstandes zum Ausdruck. Beim untersuchten Rüstvorgang käme als potenzieller Fehler die unzureichende Kennzeichnung des Werkzeuges infrage, da dadurch falsche Werkzeuge für den Rüstvorgang bereitgestellt werden könnten. Die beiden nächsten Spalten im FMEA-Formular enthalten die *Fehlerauswirkungen* und die *Fehlerursachen* des identifizierten potenziellen Fehlers. Für jeden potenziellen Fehler kann es eine Vielzahl von Fehlerauswirkungen und -ursachen geben. Die FMEA verlangt eine systematische Suche nach möglichst vielen Auslösern und Konsequenzen. Ziel ist

Abb. 10.5 Schritte der Durchführung einer FMEA. (Quelle: Eigene Darstellung)

es, den potenziellen Fehler mit hoher Wahrscheinlichkeit zu vermeiden und ihn hinsichtlich seiner Auswirkungen möglichst umfassend beurteilen zu können. *Fehlerfolgen* beschreiben die Auswirkungen des möglichen Fehlers auf den weiteren Prozess. In diesem Fall besteht ein erhöhter Rüstaufwand wegen der vorliegenden Verwechslungsgefahr. *Fehlerursachen* für einen potenziellen Fehler müssen in einer dem Prozess vorgelagerten Stufe gesucht werden. Dass die FMEA durchführende Team muss sich fragen, wie es zu dem potenziellen Fehler kommen kann. Alle in Frage kommenden Ursachen sind in das FMEA-Formular aufzunehmen. Häufig wirken mehrere Ursachen zusammen auf eine Fehlerart. Als unterstützende Methoden bieten sich das Ishikawa-Diagramm oder die Fehlerbaumanalyse an. Am Beispiel des Rüstvorganges kommt als eine der möglichen Ursachen eine fehlende Kennzeichnungsvorschrift infrage.

10.3 Failure Modes and Effects Analysis (FMEA) – aus Fehlern lernen

			Fehler-Möglichkeits- und Einfluss-Analyse				Teilname			Teilnummer		
			Konstruktions-FMEA ☐		Prozeß-FMEA ☒		Modell/System/Fertigung Spritzgießen			Techn. Änderungsstand		
			Name/Abt./Lieferant		Name/Abt./Lieferant		Erstellt durch(Name/Abt.)			Datum	Überarbeitet Datum	
	Bestätigung durch betroffene Abteilungen und/oder Lieferant				Derzeitiger Zustand					Verbesserter Zustand		
System/Merkmale	Potentielle Fehler	Potentielle Folgen des Fehlers	D	Potentielle Fehlerursachen	vorgesehene Prüfmaßnahmen	Auftreten / Bedeutung / Entdeckung	Risiko-Prioritätszahl (RPZ)	Empfohlene Abstellmaßnahmen	Verantwortlichkeit	getroffene Maßnahmen	Auftreten / Bedeutung / Entdeckung	Risiko-Prioritätszahl (RPZ)
1. Rüsten des Werkzeugs	1.1 falscher Änderungsstand Werkzeug	F 1.1.1 Reparaturen oder Verbesserungen am Werkzeug fließen nicht ein		U 1.1.1 fehlende Kennzeichnung oder Dokumentation des Standes des Werkzeugs	V: K-Stand ist im Werkzeug gekennzeichnet, Werkzeugbegleitkarte mit Aufzeichnungen dazu	5 / 7 / 2	70					
	1.2 unzureichende Kennzeichnung am Werkzeug	F 1.2.1 erhöhter Rüstaufwand wg. Verwechslungen		U 1.2.1 keine Kennzeichnung vorgegeben	V: Werkzeugnummer und Teilenummer und K-Stand obligatorisch	2 / 5 / 5	50					
	1.3 falsche Maschine belegt	F 1.3.1 keine Freigabe		U 1.3.1 fehlende Information im Arbeitsplan oder Auftrag	V: Arbeitsplan gibt Standardmaschine vor; Ausweichmaschine festgelegt	1 / 7 / 3	21					
	1.4 Schließflächen nicht dicht aufeinander	F 1.4.1 Gratbildung und Schwemmhäute		U 1.4.1 Werkzeugverschleiß bzw. -bruch	V: Dichtheit nicht durch Rüstvorgang zu beeinflussen; bei Abweichungen Eintrag in WKZ-Begleitkarte, Referenzmuster an der Maschine	1 / 4 / 6	24					
	1.5 Falsche Kennzeichnung eingestellt (Datumsuhr)	F 1.5.1 fehlerhafte Rückverfolgung		U 1.5.1 beim Rüsten nicht umgestellt, bei Serienanlauf nicht geprüft	V: Einstellung der Datumsuhr ist Bestandteil der VA "Rüsten" und der	2 / 3 / 4	24					
	1.6 unzureichende Reinigung der Schnecke beim Werkzeugwechsel	F 1.6.1 Farbabweichungen / Farbpunkte		U 1.6.1 unzureichende Anweisungen und Sorgfalt beim Rüsten	V: VA für Rüstvorgang vorhanden, Reinigung der Schnecke enthalten	4 / 6 / 4	96	Farbprüfung bei Anlauf in Bildanweisung übernehmen	QS in KW 22			
	1.7 Vertauschen der Kühlanleitungen	F 1.7.1 Geometrie der Teile nicht sichergestellt		U 1.7.1 unzureichende Kennzeichnung der Anschlüsse	V: Kühlleitungen sind gekennzeichnet	2 / 7 / 3	42					
	1.8 unzureichende Anschlagmittel	F 1.8.1 Werkzeuge gleiten beim Rüsten auseinander		U 1.8.1 keine Anschlagbrücken, keine Verriegelung gegen Auseinandergleiten	V: bei großen WKZ sind Brücken obligatorisch; Verriegelung ist Bestandteil des Standardpflichtenheftes für Werkzeuge	2 / 5 / 5	50					

Wahrscheinlichkeit des Auftretens (Fehler kann vorkommen)
- unwahrscheinlich = 1
- sehr gering = 2-3
- gering = 4-6
- mäßig = 7-8
- hoch = 9-10

Bedeutung (Auswirkungen auf den Kunden)
- kaum wahrnehmbare Auswirkungen = 1
- unbedeutender Fehler, geringe Beeinträchtigung des Kunden = 2-3
- mäßig schwerer Fehler = 4-6
- schwerer Fehler, Verärgerung des Kunden = 7-8
- äußerst schwerwiegender Fehler = 9-10

Wahrscheinlichkeit der Entdeckung (vor Auslieferung an den Kunden)
- hoch = 1
- mäßig = 2-5
- gering = 6-8
- sehr gering = 9
- unwahrscheinlich = 10

Priorität (RPZ)
- hoch = 1000
- mittel = 125
- keine = 1

Abb. 10.6 Beispiel eines FMEA-Formblatts

Arbeitsschritte während der Bewertung

Die Bewertung verfolgt das Ziel, die einzelnen identifizierten potenziellen Fehler hinsichtlich ihrer Auswirkungen auf den internen oder externen Kunden in eine Reihenfolge zu bringen. Dazu bedient sich die FMEA einer Risikomaßzahl, der sogenannten *Risiko-Prioritäts-Zahl (RPZ)*, die sich aus drei Faktoren zusammensetzt: Die Wahrscheinlichkeit, mit der der potenzielle Fehler auftritt (P). Dieser Wert muss geschätzt werden, sofern keine statistisch abgesicherten Daten über Fehlerhäufigkeit vorliegen. Die Bedeutung des potenziellen Fehlers für den externen oder internen Kunden (B). Bei der Einschätzung der Bedeutung steht die Frage im Hintergrund, welche Auswirkungen der Fehler für die betroffenen Kunden hat. Für die Bewertung kommen unterschiedliche Kriterien infrage, wie z. B. Aufwand bzw. Kosten für den Kunden durch den Fehler, Terminverzug, verursachte Schäden. Die Wahrscheinlichkeit, dass der Fehler entdeckt wird (E), bevor das Produkt an den Kunden ausgeliefert wird. Bei der Abschätzung der Entdeckungswahrscheinlichkeit muss berücksichtigt werden, welche Prüf- bzw. Verhütungsmaßnahmen vorgesehen sind. Zu diesem Zweck sind diese im FMEA-Formblatt in einer gesonderten Spalte vor Berechnung der Risiko-Prioritäts-Zahl einzutragen. Durch Multiplikation dieser drei Faktoren ergibt sich die *RPZ*. Die Bewertung der drei Faktoren erfolgt anhand einer – grundsätzlich frei wählbaren – Skala. Eine Abstufung von 1 bis 10 hat sich mittlerweile durchgesetzt (vgl. Nedeß, 1995, S. 85), sodass der niedrigste Wert ($P = 1 \times B = 1 \times E = 1$) 1 beträgt und der höchste Wert 1000 ($10 \times 10 \times 10$). Für diese Skala existiert ein Bewertungsraster, das eine verbale Zustandsbeschreibung zu den Ausprägungen auf der Bewertungsskala vorgibt. Auffällig ist, dass die Auftretens- und Entdeckungswahrscheinlichkeit aufgrund des Ziels der Risikoabschätzung umgekehrt skaliert werden müssen. Geringe Bewertungspunkte bei der Auftretenswahrscheinlichkeit signalisieren, dass der Fehler selten auftritt, während geringe Punkte bei der Entdeckungswahrscheinlichkeit darauf hinweisen, dass der Fehler mit hoher Wahrscheinlichkeit vor Auslieferung an den (internen/externen) Kunden gefunden wird. Für FMEA-Anwendungen, bei denen eine drei faktorielle RPZ keinen Sinn macht, kann durchaus auf eine Komponente verzichtet werden. Welche Aussagen hinter charakteristischen Bewertungskombinationen verborgen sind, geht aus Tab. 10.2 hervor.

Arbeitsschritte während der Verbesserung des gegenwärtigen Zustands

In der Verbesserungsphase wird entschieden, welche Möglichkeit zur Vermeidung der identifizierten potenziellen Fehler gewählt wird. Dies hängt entscheidend davon ab, wo die höchsten Verbesserungspotenziale bzw. Risiken liegen. Grundsätzlich bieten sich vier Ansatzpunkte für Verbesserungsmaßnahmen an:

1. Fehlerursachen vermeiden
2. Auftretenswahrscheinlichkeit reduzieren
3. Bedeutung des Fehlers für den Kunden reduzieren
4. Entdeckungswahrscheinlichkeit erhöhen

Tab. 10.2 Fehleraussagen bestimmter Bewertungskombinationen (vgl. Pfeifer, 1989, F3 S. 1163)

P	B	E	Fehleraussage	Maßnahmen
1	1	1	Idealfall	Nein
1	1	10	Sichere Beherrschung, keine Kontrollen notwendig	Nein
1	10	1	Fehler erreicht nicht den Kunden	Nein
1	10	10	Fehler wird vom Kunden bemerkt, Auftreten ist unwahrscheinlich	Nein
2	10	10	Fehler wird vom Kunden bemerkt, Auftretenswahrscheinlichkeit ist gering	Ja
10	1	1	Häufiger Fehler, der sicher, aber kostenintensiv zu entdecken ist	Ja
10	1	10	Häufiger Fehler, der den Kunden erreicht, ihm aber nicht wichtig ist	Fraglich
10	10	1	Häufiger Fehler mit großer Bedeutung, der schwer zu entdecken ist	Ja
10	10	10	Konzeptfehler	Dringend

Aber nur die beiden ersten Möglichkeiten fallen in die Kategorie Fehlervermeidung; die Alternativen drei und vier sind nachträgliche Fehlerkorrekturen, die erheblich mehr Kosten verursachen als die beiden präventiven Maßnahmen. Die Kosten für die Sicherstellung von Fehlerfreiheit erhöhen sich mit jeder Phase, die die Verhütung des Fehlers von seiner Entstehung trennt, um den Faktor 10. Diese „Zehnerregel der Fehlerkosten" ist mehrfach empirisch belegt (vgl. z. B. Urban, 1994, S. 273; Pfeifer, 1993, S. 9; Masing, 1994, S. 12). Den Abschluss der Optimierungsphase bildet die Festlegung, welcher Mitarbeiter für die Umsetzung der gefundenen Maßnahmen verantwortlich ist und bis wann diese realisiert werden sollen (s. a. Abb. 11.6). Die neue Bewertung des verbesserten Zustandes zeigt das Ergebnis der Optimierungsphase. Wie schon erwähnt, ist die Nutzung der FMEA nicht nur bei Produkten und Dienstleistungen, sondern auch bei allen anderen planbaren Prozessen im Unternehmen möglich. Sie hilft in den Personalabteilungen genauso wie im Vertrieb oder der Logistik Fehler zu vermeiden, ihre Risiken abzuschätzen und die Folgen quantifizierbar zu machen. Schubert schlägt beispielsweise vor, FMEAs auch bei der Vorbereitung wesentlicher Organisationsänderungen zu nutzen (vgl. Schubert 1993, S. 7). Frohmüller und Ruß regen an, dieses Instrument auf Verwaltungsprozesse bei Banken zu übertragen (vgl. Frohmüller 1995, S. 354–358) und Tönshoff et al. setzen sie zur qualitativen Analyse von Geschäftsprozessen ein (Tönshoff et al., 1995, S. 381–384). Vor diesem Hintergrund wurde die H-FMEA (Human-Failure-Mode-and-Effects-Analysis) entwickelt (vgl. Algedri und Frieling 2001), ein Verfahren, das sich mit der Vermeidung menschlicher Handlungsfehler auseinander setzt.

Anwendung der H-FMEA
Die H-FMEA basiert auf der Hypothese, dass in vielen Fällen ein enger Zusammenhang zwischen zufällig auftretenden Produktfehlern und Handlungsfehlern besteht. Es

wird davon ausgegangen, dass sich diese Fehler durch arbeitswissenschaftliche Methoden systematisch eingrenzen und durch mitarbeiterorientierte Arbeitsgestaltung vermeiden lassen. Die H-FMEA verfolgt Ziele auf der personalen, ergonomischen und organisatorischen Ebene: Auf der personalen Ebene soll die H-FMEA eine Erweiterung des Handlungsspielraumes und das Lernen im Prozess der Arbeit bewirken. Auf der ergonomischen Ebene soll eine Verbesserung der ergonomischen Arbeitsbedingungen eintreten. Auf der organisatorischen Ebene soll eine prozessorientierte Produkt- und Ablaufplanung bewirkt werden. Die methodischen Grundlagen der H-FMEA sind aus dem soziotechnologischen Systemansatz (Forrester, 1972), der Tätigkeits- und Handlungsregulationstheorie (Leontjew, 1977, Frieling & Sonntag, 1999, Hacker, 1986) sowie dem Belastungs-Beanspruchungskonzept (Schönpflug, 1987, S. 172; Frieling & Sonntag, 1999, S. 194) entnommen. Mit der H-FMEA wird das Hauptziel verfolgt, Produktfehler durch eine ergonomische Gestaltung des Arbeitssystems zu vermeiden oder die Auftretenswahrscheinlichkeit zu minimieren. Der in Abb. 10.7 dargestellte Zusammenhang spielt dabei eine bedeutende Rolle.

Gemäß der Zielsetzung der H-FMEA müssen die den Produktfehlern zugrunde liegenden Handlungsfehler einer detaillierten Analyse unterzogen und klassifiziert werden. Algederi und Frieling kommen zu einem Modell der handlungsorientierten Fehlerklassifizierung (Algederi & Frieling, 2001, S. 22), s.a. Abb. 10.8.

Die Klassifikation von Handlungsfehlern dient der Durchdringung von verdeckten, systembedingten und mit den Mitarbeitern in Beziehung stehenden Fehlerursachen. Sie soll Anhaltspunkte über kausale Zusammenhänge geben, wie sie auftreten zwischen:

Organisationsstruktur und Handlungsfehlern, ergonomischer Gestaltung des Arbeitsplatzes und den dazugehörigen Informationen und Handlungsfehlern, personalen Leistungsvoraussetzungen und Handlungsfehlern sowie Aufgabenstellung und Handlungsfehlern. Die Vorgehensweise ist als analytische Kette zu betrachten, die anschließend in einem Ablauf in drei aufeinander aufbauenden Phasen mündet:

- Produktfehleranalyse
- Handlungsfehlerursachenanalyse
- Ableitung von Gestaltungsanforderungen

In jeder Phase sind spezifische Werkzeuge zur Erfassung, Auswertung oder Verarbeitung der jeweils benötigten Daten vorhanden. Auch hier ist eine sehr enge Zusammenarbeit interdisziplinär und hierarchieübergreifend erforderlich, damit ein Lernprozess stattfinden kann, denn die H-FMEA ist nicht nur ein effizientes Werkzeug zur Fehlervermeidung, sondern auch eine Kompetenzentwicklungsmaßnahme im Rahmen kooperativer Selbstqualifikation im Arbeitsprozess.

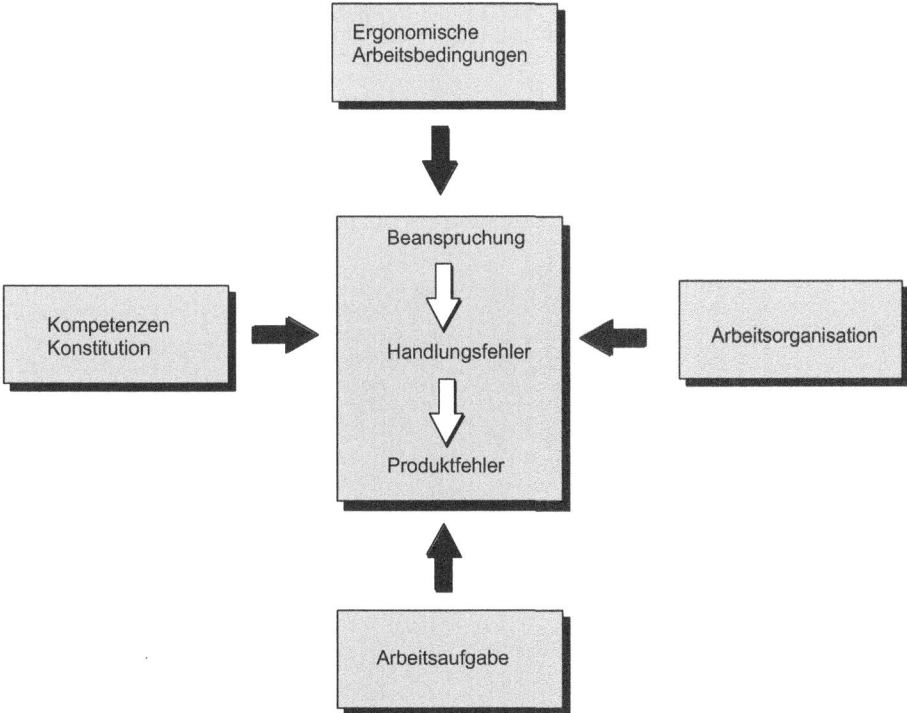

Abb. 10.7 Zusammenhang zwischen Belastungsquellen und Fehlern. (Quelle: Eigene Darstellung in Anlehnung an Algederi & Frieling, 2001, S. 12)

10.4 Kontinuierliche Verbesserungsprozesse (KVP) -Kaizen-Philosophie-

Kaizen ist die japanische Philosophie der ständigen Veränderung und der Flexibilität, um auf den Wandel der Umwelt reagieren zu können. Kaizen im unternehmerischen Kontext geht dabei von der Erkenntnis aus, dass es kein Unternehmen, keine Organisation ohne Probleme gibt, und setzt eine Organisationskultur voraus, in der jeder ungestraft das Vorhandensein von Problemen und damit Fehlern eingestehen kann, damit diese künftig präventiv verhindert werden können. Dieses Prinzip hat wegen seiner übergeordneten und strategischen Ausrichtung eine stark ausgeprägte operative Dimension, die hier im Vordergrund steht und deshalb als „besondere Methode" des Innovationsmanagements aufgefasst wird, obwohl Kaizen eher eine Philosophie bzw. Geisteshaltung als ein in sich geschlossenes methodisches Konzept darstellt.

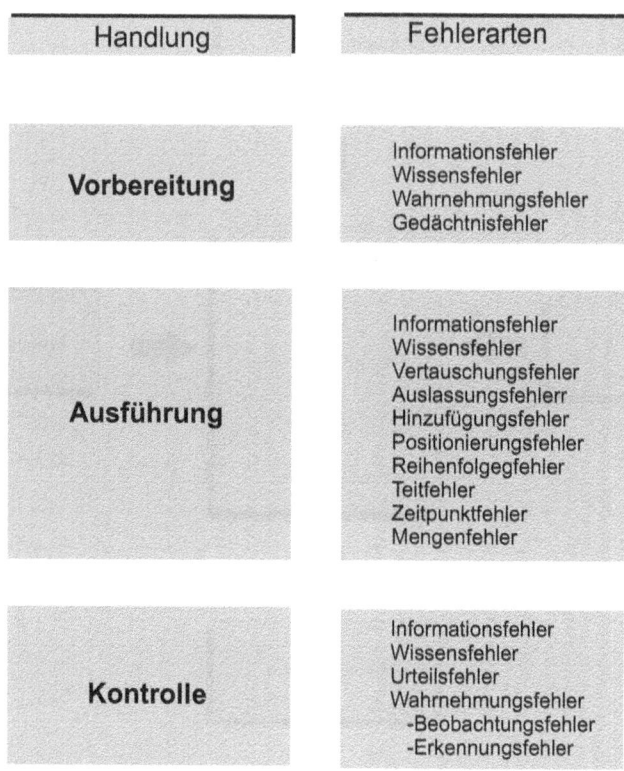

Abb 10.8 Modell der handlungsorientierten Fehlerklassifikation. (Quelle: Eigene Darstellung in Anlehnung an: Algederi & Frieling, 2001, S. 22)

10.4.1 Definition und Beschreibung

Versucht man eine Definition über die beiden Silben „Kai", das heißt Veränderung, und „zen", mit der Bedeutung „zum Besseren", dann bedeutet Kaizen nichts anderes als „Veränderung hin zum Besseren". Kaizen ist aber mehr, wenn es als ein struktureller Rahmen für ein ständiges Infragestellen gesehen wird und dieses Infragestellen auch auf verschiedenen hierarchischen Ebenen passieren darf. Neben der starken Kundenorientierung mit dem Ziel, „kontinuierlich bessere Produkte zu niedrigsten Preisen anzubieten" (Imai, 1996, S. 19), bietet Kaizen als prozessorientiertes Managementkonzept nicht nur der Technik geeignete Instrumente, sondern erstreckt sich sogar auf Bereiche wie Arbeitsbeziehungen, Marketingmethoden und Beziehungen zu Lieferanten. Imai unterscheidet drei verschiedene Segmente, deren Unterschiede aus Abb. 10.9 erkennbar werden.

Die Definitionen von Kaizen in der Literatur (vgl. Imai, 1996; Füser, 1997, S. 98–108; Schmalzl & Schröder, 1998, S. 207–210; Zink, 1995, S. 15–19; Töpfer & Mehdorn,

10.4 Kontinuierliche Verbesserungsprozesse (KVP) -Kaizen-Philosophie-

Abb. 10.9 Die drei Segmente von Kaizen. (Quelle: Eigene Darstellung in Anlehnung an Imai, 1996, S. 111)

1993, S. 114–118) lassen allerdings eine eindeutige Differenzierung gegenüber anderen Konzepten nicht ohne weiteres zu (vgl. Zink, 1995, S. 19). Im Rahmen dieses Buches wird Kaizen als ein Instrumentarium für permanente Verbesserungen in allen Bereichen definiert, das eine Steuerung des Verhaltens aller Mitarbeiter über Ziele, Anreize und eine Ergebnisrückkopplung ermöglicht und somit zu einem Führungshilfsmittel zur kontinuierlichen Optimierung von Verfahren, Produkten und Beziehungen im Gesamtsystem wird.

Das traditionell verankerte betriebliche Vorschlagswesen (BVW) ist integrierter Bestandteil des Individuums orientierten Kaizen. Es verfolgt bei der Bewertung von Mitarbeitervorschlägen im Wesentlichen die folgenden Verbesserungsziele (vgl. Imai, 1996, S. 148):

- Erleichterung der Arbeit
- Abschaffung von Missständen
- Erhöhung der Arbeitssicherheit
- Erhöhung der Produktivität
- Verbesserung der Produktqualität
- Einsparung von Zeit und Kosten

Das Management hat dabei eine Motivations- und Regelungsfunktion zu erfüllen, um die aktive Mitwirkung der Mitarbeiter an Verbesserungsprozessen zu fördern. Imai beschreibt die folgenden Regeln für Führungskräfte:

Abb. 10.10 Der PDCA-Zyklus. (Quelle: Eigene Darstellung in Anlehnung an Imai, 1996, S. 87)

- „Reagiere auf Verbesserungsvorschläge immer positiv!
- Unterstütze die Mitarbeiter beim Niederschreiben ihrer Ideen!
- Finde jede Kleinigkeit heraus, die einen Mitarbeiter stören kann!
- Stelle das Ziel immer klar dar! Beispiel: Wie viele Vorschläge streben wir in diesem Monat an? Auf welches Thema wollen wir uns in diesem Monat konzentrieren?
- Fördere den Wettbewerb, um das Interesse zu steigern! z. B. durch Visualisierung der pro Mitarbeiter eingereichten Vorschläge.
- Setze angenommene Vorschläge möglichst schnell um! Zahle Prämien direkt und unbürokratisch aus!" (Imai, 1996, S. 148)

Neben dieser, am Individuum orientierten Sichtweise birgt die gruppenorientierte Sichtweise sowohl für den Arbeitsbereich als auch für das Gesamtunternehmen Chancen für kontinuierliche Verbesserungsprozesse. Kaizen wird im Rahmen kooperativer Arbeitsstrukturen von „Qualitätszirkeln" getragen, die zur Problemlösung verschiedene Methoden und Instrumente verwenden. Diese „elementaren Qualitätswerkzeuge" werden auch als die „Q7" bezeichnet (vgl. Schmalzl & Schröder, 1998, S. 215; Imai, 1996, S. 111). Das Ziel von gruppenorientiertem Kaizen liegt in der systematischen und strukturierten Vorgehensweise bei der Lösung von Problemen. Der kontinuierliche Ansatz erfordert,

10.4 Kontinuierliche Verbesserungsprozesse (KVP) -Kaizen-Philosophie-

dass der Plan-Do-Check-Act-Zyklus angewendet wird. Der PDCA-Zyklus ist eine Abfolge von Aktivitäten mit dem Ziel, etwas kontinuierlich zu verbessern, indem der einmal erreichte Zustand immer wieder infrage gestellt wird (vgl. Abb 10.10).

Der PDCA-Zyklus beginnt mit der Analyse des Problems; in dieser Phase werden Daten gesammelt, die zur Gestaltung eines Verbesserungsplanes dienen sollen. Sobald dieser Plan existiert, wird er durch die Akteure aus dem jeweiligen Arbeitsbereich umgesetzt. Dann wird überprüft, ob die Umsetzung zur erwarteten Verbesserung geführt hat. Ist das Ergebnis positiv, wird der letzte Schritt eingeleitet, das heißt, die neuen Erkenntnisse werden standardisiert. Dadurch wird sichergestellt, dass nur noch nach den neuen Erkenntnissen gearbeitet wird. Die erreichte Veränderung wird so als neue Arbeitsvorschrift institutionalisiert und dient fortan als Basis für weitere Verbesserungen. Damit bewegt sich der PDCA-Prozess unaufhörlich. Sobald ein Zustand verbessert werden konnte, wird er zum Standard und fordert dadurch zu weiterer Verbesserung heraus. Damit wird Kaizen als Prozess optimal verwirklicht, denn die Herausforderung, ständig hinterfragt zu werden und zu neuen, besseren Standards zu gelangen, dient gleichzeitig der Motivation und der Identifikation der Mitarbeiter mit dem Arbeitsbereich, mit dem Produkt und letztendlich mit dem Unternehmen. Die dritte Säule von Kaizen ist das managementorientierte Kaizen, das sich auf die wichtigen Bereiche Informationslogistik und Strategie konzentriert und Impulse zur Gestaltung der Unternehmensphilosophie gibt. Von Managern betriebene Kaizen-Projekte erfordern umfangreiche Erfahrungen in den verschiedenen Techniken zur Problemlösung sowie hohes professionelles und technisches Wissen. Dabei werden Techniken verwendet, die als die „Neuen Sieben" oder „New Seven Tools of Quality Control" (vgl. Abb. 11.11) in die Literatur (vgl. Imai, 1996, S. 111; Schmalzl & Schröder, 1998, S. 211) eingegangen sind. Diese Werkzeuge, die auch bei der Planung neuer Produkte angewendet werden, haben sich ebenfalls in Problembereichen wie Verbesserung der Gesamtqualität, Kostensenkung und Durchsetzung von Unternehmenszielen als nützlich erwiesen. Die „Neuen Sieben"-Qualitätswerkzeuge erfordern die Einbeziehung von Personen mit den verschiedensten Kompetenzen. Daraus folgt die Eignung besonders für die Lösung funktionsübergreifender Probleme (vgl. Imai, 1996, S. 284).

10.4.2 Durchführung

Das individuums- und gruppenorientierte Kaizen unterscheidet sich in der Umsetzungsweise sehr stark vom managementorientierten Kaizen, das in Form des Policy Deployment die Zielplanung zur Verbesserungsplanung macht. Deming hat dazu die wesentlichen Grundsätze herausgestellt:

▶ **Wichtig** Beim managementorientierten Kaizen werden sowohl das Vorgehen als auch die Methode und die Ergebnisse betrachtet.
   Im Vordergrund steht die Verbesserung der Geschäftsprozesse.

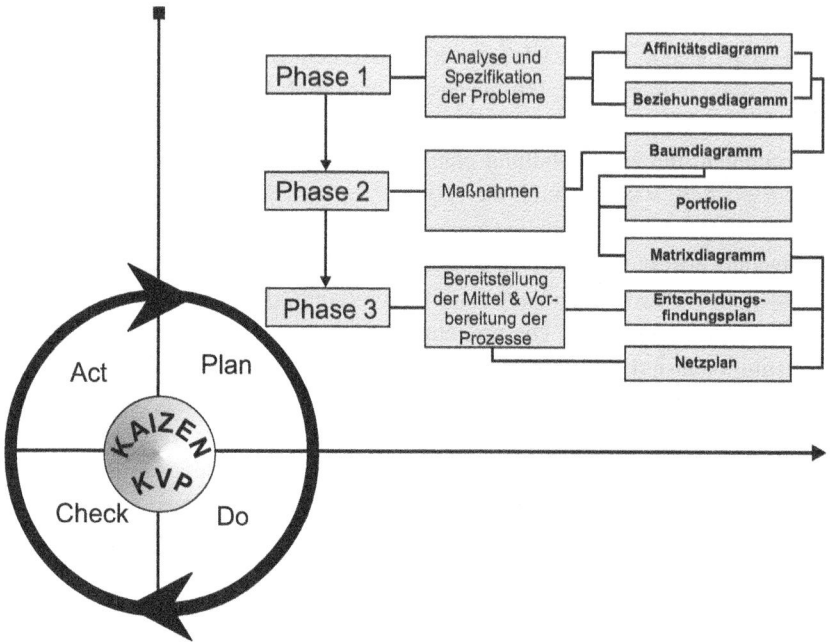

Abb 10.11 Zusammenwirken der sieben Managementwerkzeuge im PDCA-Zyklus. (Quelle: Eigene Darstellung)

Ziele und Methoden sind innerhalb des Unternehmens allgemein zugängliche Informationen, sodass sie jeder verstehen und bei Bedarf seine Hilfe anbieten kann.

Weichen die Ergebnisse von den geplanten Zielen ab, werden Analysen vorgenommen, um die Prozesse zu verstehen und verbessern zu können.

Das Verwenden der geeigneten Methode, um ein Ziel zu erreichen, ist das wichtigste Kriterium für Erfolg.

Interne und externe Kunden werden gleichermaßen zufrieden gestellt.

Tendenziell wird das Unternehmen als Ganzes optimiert.

(vgl. Deming, 1990).

Die Durchführung eines managementorientierten kontinuierlichen Verbesserungsprozesses beginnt sinnvollerweise gerade dann, wenn keine Informationen über die Potenziale des Unternehmens vorliegen, mit einem Self-Assessment. Anschließend wird ein Soll-Ist-Vergleich (SIV) zwischen den strategischen Zielen (Soll) und den vorhandenen Potenzialen des Unternehmens durchgeführt. Die Differenzen zwischen Soll und Ist zeigen die notwendigen Veränderungen des bestehenden Systems auf. Diese Vorgehensweise wird in Abb. 10.12 verdeutlicht.

10.4 Kontinuierliche Verbesserungsprozesse (KVP) -Kaizen-Philosophie-

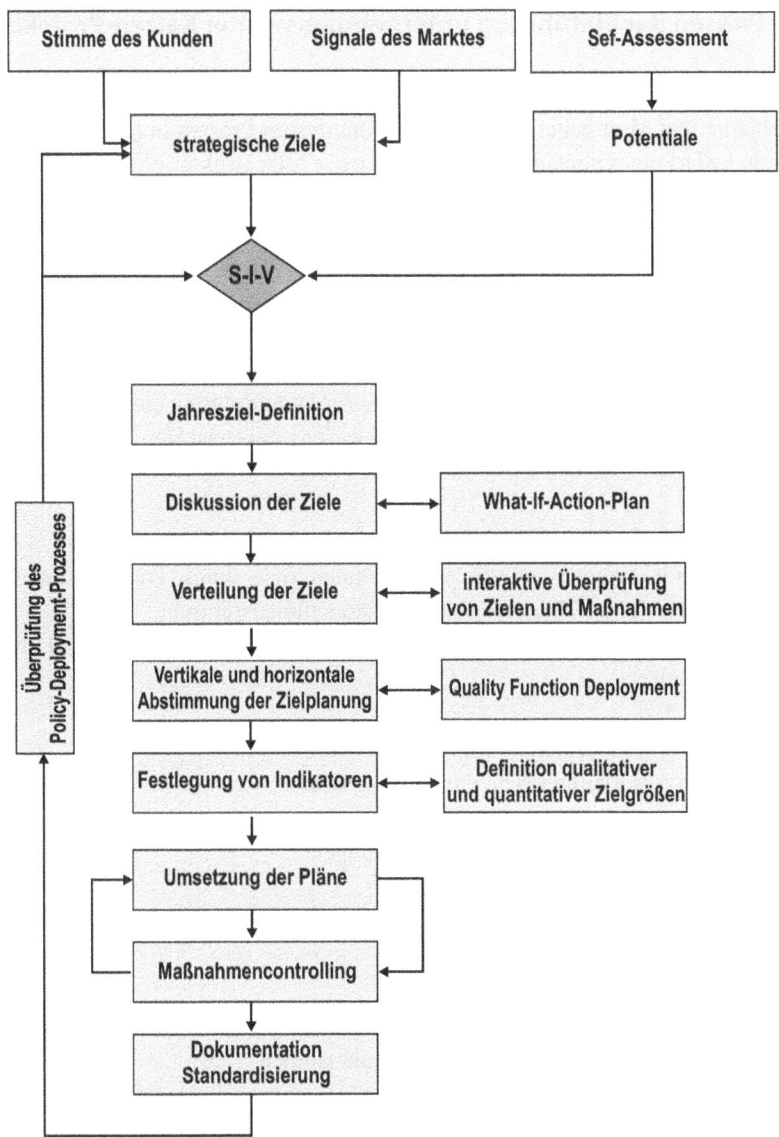

Abb 10.12 Vorgehensweise beim managementorientierten Kaizen

Um kontinuierliche Verbesserungsprozesse auf der Mitarbeitendenebene erfolgreich zu etablieren, müssen die Rahmenbedingungen den Erfordernissen angepasst werden. Denn nur qualifizierte Mitarbeiter sind in der Lage, konstruktiv an Veränderungen mitzuarbeiten bzw. diese zu entwickeln. Eine mögliche Handlungsanweisung geht aus Abb. 10.12 hervor. Wie im gesamten Unternehmen kontinuierliche Verbesserungsprojekte initiiert und durchgeführt werden können, wird im nächsten Abschnitt erläutert.

10.4.3 Phasen der Einführung unternehmensweiter Kaizen-Projekte

Die Durchführung von Kaizen-Projekten mit dem Ziel, die Qualität der Produkte, Arbeitsabläufe und Mitarbeiter in einem kontinuierlichen Prozess in kleinen Schritten zu verbessern, bedarf eines geplanten Ablaufes, der wie folgt strukturiert werden kann:

Konzeptionsphase:

- Formulierung der Verbesserungsziele auf Unternehmensebene
- Definition der Lernziele für die Mitarbeitenden und für Arbeitsbereiche
- Planung des Projektverlaufes
- Festlegung eines zu verbessernden Prozesses zur Durchführung eines Pilotprojektes
- Modifizierung des betrieblichen Vorschlagswesens, ausgerichtet auf kontinuierliche Verbesserungsprozesse und auf Innovationen

Präsentationsphase:
Abstimmung des Konzeptes auf die Unternehmensziele durch Präsentation des Verbesserungsprozesses und Diskussion mit der Unternehmensführung.

Präsentation des KVP-Pilotprojektes und Abstimmung mit den Führungskräften des betroffenen Bereiches:

- Erläuterung des Managementkonzeptes hinter Kaizen
- Definition von Anforderungen an die Führungskräfte
- Definition von Zielen, die mit dem Pilotprojekt erreicht werden sollen
- Festlegung der notwendigen Rahmenbedingungen

Präsentation des KVP-Projektes vor den Mitarbeitern des betroffenen Bereichs:

- Erläuterung der Kaizen-Philosophie
- Erklärung und Diskussion des PDCA-Zyklus
- Formulierung notwendiger Qualifizierungsmaßnahmen
- Definition der Ziele, die mit dem Pilotprojekt erreicht werden sollen
- Erläuterungen des modifizierten betrieblichen Vorschlagswesens

Information aller Beschäftigten des Unternehmens über das KVP-Projekt:

Vorbereitungsphase:

- Modifizierung des Führungsverhaltens durch Management-Trainings
- Vermittlung von Problemlösetechniken
- Analyse des zu verbessernden Prozesses mit dem Fokus auf

- Technologie
- Arbeitsorganisation
- Anforderungen – Anforderungsprofilen
- Qualifikationsprofilen
- Ermittlung des Bildungsbedarfes

Interaktionsphase:

- Durchführung von produktspezifischen Qualifizierungsmaßnahmen
- Definition der Problemstellung aus dem Arbeitsbereich
- Einüben von Problemlösetechniken durch den Einzelnen
- Erläuterung und Sinn des personenorientierten Kaizen
- Zusammenstellen von Kleingruppen
- Erläuterung und Sinn des gruppenorientierten Kaizen
- Einüben von Problemlösetechniken in Arbeitsgruppen
- Verbesserungsaktivitäten der Kleingruppen an konkreten Problemen des Arbeitsumfeldes
- Evaluationsphase
- Auswertung der umgesetzten Verbesserungsvorschläge
- Analyse der Qualitätsdaten
- Analyse der Produktivitätsdaten
- Analyse des Potenzials aller Beschäftigten

Modifikationsphase:

- Abänderung der Vorgehensweise gemäß den Erfahrungen aus dem Pilotprojekt

Einführungsphase:

- Unternehmensweite Präsentation der modifizierten Konzeption
- Einführung von Kaizen-Arbeitsgruppen in allen Arbeitsbereichen

10.5 Business Intelligence – Führungsinstrument im Innovationsmanagement

Der Begriff Business Intelligence (BI) würde, wortwörtlich ins Deutsche übersetzt, „Geschäftsintelligenz" bedeuten. Dies ist jedoch keine adäquate Übersetzung und der Terminus Intelligenz könnte sogar irreführend sein. Der Brockhaus definiert Intelligenz „als Fähigkeit, anschauliche sowie abstrakte Beziehungen zu erfassen, herzustellen und zu deuten und sich dadurch an neuartige Situationen anzupassen und sie ggf. durch problemlösendes Verhalten zu bewältigen." Mittlerweile ist der Begriff BI im deutschen Sprachraum sehr gängig. Das liegt vor allem an der immer stärkeren Verwendung von Anglizismen, besonders im Bereich der Informationstechnologie, die sehr englischsprachig geprägt ist. Es war Mertens (vgl. Mertens, 2002), der in seinem Arbeitspapier „Business-Intelligence – ein Überblick" eine sehr weit verbreitete und anerkannte Begriffserklärung verfasste. Er distanziert sich ebenfalls von der Übersetzung des Begriffs BI ins Deutsche, wonach Intelligenz als die „Fähigkeit zum Auffinden von Ordnungen und Regelhaftigkeit im Zusammentreffen, Neben- und Nacheinander von Ereignissen zu verstehen ist." Aus betriebswirtschaftlicher Sicht ist jedoch die Semantik des amerikanischen „Intelligence" von Bedeutung. Damit ist BI als die Sammlung und Weiterleitung von wichtigen Informationen zu verstehen und daher von großer Bedeutung. Trotz dieser in der Wissenschaft weitreichenden Anerkennung des Begriffs BI, verwenden viele Unternehmen sowie weitere Fachliteratur BI als Synonym für ihre Produkte und Dienstleistungen in den unterschiedlichsten Bereichen. Mertens (ebd.) identifiziert insgesamt sieben unterschiedliche Deutungen des Ausdrucks BI:

- BI als Fortsetzung der Daten- und Informationsverarbeitung für die Unternehmensleitung
- BI als Filter in der Informationsflut: Informationslogistik
- BI als Management-Information-System (MIS), mit besonders schneller/flexibler Auswertung
- BI als Frühwarnsystem (Alerting)
- BI als Data Warehouse
- BI als Informations- und Wissensspeicherung
- BI als Prozess: Symptomerhebung → Diagnose → Therapie → Prognose → Therapiekontrolle

Dies macht deutlich, dass eine genauere Betrachtung der verschiedenen Begriffe unumgänglich ist. Deren Analyse zeigt, dass sich die verschiedenen Ausprägungen durch die Verwendung einzelner Systeme abgrenzen. Hier sei exemplarisch die Definition von Gluchowski u. a. erwähnt. Sie sehen BI als Sammelbegriff für „Systeme, die auf der Basis interner Kosten- und Leistungsdaten sowie externer Marktdaten in der Lage sind, das Management in seiner planenden, steuernden und koordinierenden Tätigkeit zu unterstützen." Durch den von Gluchowski entworfenen zweidimensionalen Ordnungsrahmen ist es möglich, eine Struktur der denkbaren Sichtweisen darzustellen. Die vertikale Achse stellt verschiedene Prozessphasen dar und zeigt, ob es sich um die Datenbereitstellung oder die Auswertung handelt. Die horizontale Achse differenziert zwischen den Anwendungs- und den technischen Schwerpunkten. Diese Anordnung führt zu drei unterschiedlichen Facetten von Anwendungsklassen (vgl. Abb. 10.13).

Business Intelligence (BI) ist ein technologiegetriebener Prozess zur Analyse von Daten und zur Präsentation verwertbarer Informationen, der Führungskräften, Managern und anderen Endanwendern hilft, fundierte Geschäftsentscheidungen zu treffen. Bereits

10.5 Business Intelligence – Führungsinstrument im Innovationsmanagement

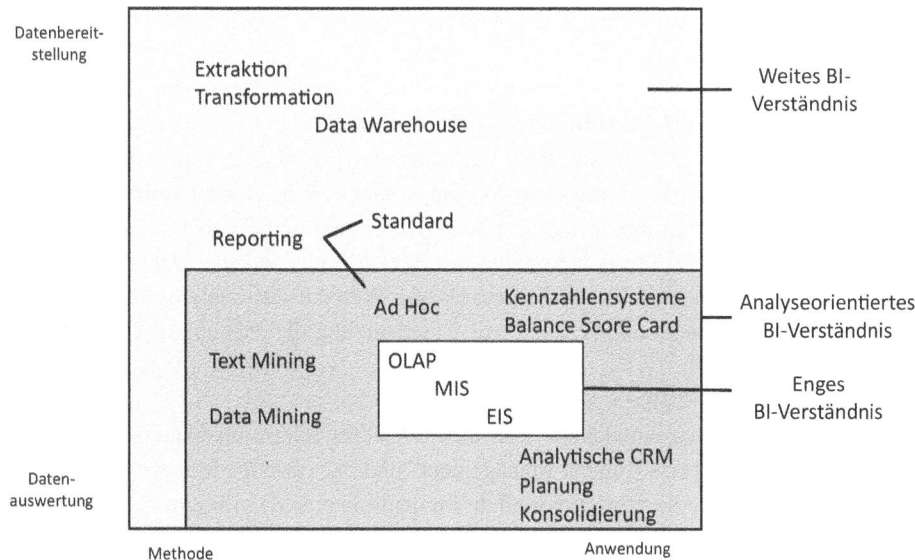

Abb 10.13 Unterschiedliche Facetten von Business Intelligence. (Eigene Darstellung in Anlehnung an Gluchowski, 2001, S. 7)

mit dem Beginn der kommerziellen Nutzung der elektronischen Datenverarbeitung in den 60er Jahren des letzten Jahrhunderts begannen erste Versuche, die Führungskräfte mithilfe von Informationssystemen zu unterstützen. BI umfasst eine Vielzahl von Tools, Anwendungen und Methoden, die es Unternehmen ermöglichen, Daten aus internen Systemen und externen Quellen zu sammeln, sie für die Analyse vorzubereiten, Abfragen zu entwickeln und auszuführen, Berichte, Dashboards und Datenvisualisierungen zu erstellen, um die Analyseergebnisse sowohl den Entscheidungsträgern in Unternehmen als auch den operativen Mitarbeitern zugänglich zu machen. Der Begriff wird erstmals in dem 1958 veröffentlichten Beitrag „A Business Intelligence System" von Hans Peter Luhn verwendet (Luhn, 1958) – etabliert und geprägt hat ihn dann in den frühen 1990er Jahren die Gartner Group (www.gartner.com).

Wie schon oben erwähnt lassen sich generell drei Typen von Definitionsansätzen erkennen.

Enges BI-Verständnis Unter Business Intelligence i. e. S. werden lediglich wenige Kernapplikationen verstanden, die eine Entscheidungsfindung unmittelbar unterstützen. Hierbei sind vor allem das Online Analytical Processing (OLAP) und die Management Information Systems (MIS) bzw. Executive Information Systems (EIS) zu nennen.

Weites BI-Verständnis Unter Business Intelligence i. w. S. werden alle direkt und indirekt für die Entscheidungsunterstützung eingesetzten Anwendungen verstanden. Dieses beinhaltet neben der Auswertungs-und Präsentationsfunktionalität auch die Datenaufbereitung und -speicherung.

Analyseorientiertes BI-Verständnis Business Intelligence im analyseorientierten Sinne umfasst sämtliche Anwendungen, bei denen der Entscheider (oder auch ein Entscheidungsvorbereiter) direkt mit dem System arbeitet, d. h. einen unmittelbaren Zugriff auf eine Benutzungsoberfläche mit interaktiven Funktionen besitzt. Hierzu gehören neben OLAP und MIS/EIS auch Systeme des Text Mining und des Data Mining, das Ad-hoc-Reporting sowie Balanced Scorecards, der Bereich des analytischen Customer Relationship Management und Systeme zur Unterstützung der Planung und Konsolidierung.

(vgl. Kemper et al., 2010, S. 8).

Business Intelligence entwickelte sich dann zunächst relativ unabhängig von „Data Warehousing", „Enterprise Content Management" und „Knowledge Management". Business-Intelligence-Systeme werden vor allem im deutschsprachigen Raum als analytische Informationssysteme verstanden. Inzwischen haben Data Warehousing und Business-Intelligence-Systeme ein gewaltiges Wachstum, eine zunehmende Bedeutung für das Informationsmanagement sowie einige Paradigmenwechsel und Erweiterungen erfahren. Eine wesentliche Handlungsorientierung ist die Anwendung von Business Intelligence im Innovationsmanagement.

Instrumente des BI
Die Entwicklung des World Wide Web und der Informationstechnologie generell haben sich auch stark auf die Business Intelligence ausgewirkt. So haben sich nicht nur die Nutzungs- und Darstellungsmöglichkeiten, sondern auch die Handhabung der BI-Systeme verbessert. Im Wesentlichen haben sich seit den Ursprüngen der BI-Systeme in den 1990er-Jahren zwei Nachfolgegenerationen entwickelt:

Business Intelligence 2.0 Hierunter fallen die BI-Systeme, die durch die Entwicklung des World Wide Web und der Web Services entstanden. So konnten Anwender sich mittels Browser in zentrale BI-Systeme einloggen. Die Systeme wurden im Zuge dieser Entwicklung deutlich interaktiver, flexibler und erlaubten erste Formen der Collaboration ohne Systemabbrüche, wie sie zum Beispiel durch den Versand von Excel-Dateien entstehen.

Business Intelligence 3.0 Diese Entwicklung ergänzt die BI-2.0-Systeme um Komponenten des Semantischen Web (Web 3.0) und erlaubt es, Kontextbezüge herzustellen. So können mithilfe von BI-3.0-Systemen Präsentation und Analysen personalisiert sowie Informationen situationsgerecht verteilt und mithilfe von Social Media Analytics zielgerichtet in sozialen Netzen kommuniziert werden.

Knowledge Discovery und Data Mining Business Intelligence als strategischer Prozess innerhalb eines Unternehmens bedient sich verschiedener Methoden und Tools, um Daten systematisch zu sammeln, zu analysieren und auszuwerten. Data Mining ist ein Verfahren, das dabei zum Einsatz kommen kann – es kann also als ein mögliches Instrument von Business Intelligence bezeichnet werden. Data Mining nutzt statistische und mathematische Verfahren oder Algorithmen, um verborgene Muster, Trends oder Zusammenhänge großer Datenmengen zu identifizieren. Aufgrund der daraus entstehenden Komplexität kommen für das Data Mining oft dezidierte Spezialisten und Tools zum Einsatz. Im wissenschaftlichen Kontext wird ein Unterschied gemacht zwischen Knowledge Discovery in Databases (KDD) und Data Mining. Danach ist KDD der allgemeinere, umfassendere Terminus und Data Mining nur ein Teil von KDD. KDD bezeichnet in der Forschung den gesamten Prozess der Wissensentdeckung. Dieser Prozess zielt auch die Auswahl und Aufbereitung der Daten ein, die Festlegung eines Analyseverfahrens und die Ableitung von explizitem Wissen. **Data** Mining ist in diesem Verständnis nur ein bestimmter Teil von KDD – nämlich das eigentliche Analyseverfahren, das konkret zur Entdeckung der Zusammenhänge führt. In der betrieblichen Praxis wird diese Unterscheidung aber kaum getroffen. Beide Begriffe werden hier in der Regel synonym verwendet, wobei der Terminus Data Mining dominiert. In diesem Sinn verstanden, dem wir hier folgen, beinhaltet Data Mining also nicht nur die engere Bedeutung von Verfahren und Werkzeugen der Wissensentdeckung, sondern den gesamten Prozess der Wissensentdeckung in Datenbanken. Zwei weitere, mögliche Missverständnisse sollten noch angesprochen werden: Eine einfache, klar abgegrenzte und eindeutig definierte Methode ist Data Mining nicht. Vielmehr handelt es sich dabei um sehr komplexe und sensible Prozesse, die sehr viel Erfahrung und Fingerspitzengefühl erfordern. Die Planung ist sehr aufwendig, aber auch notwendig, da spätere Schritte von den vorherigen abhängen. Ein Fehler in der Planung kann am Ende in einem sehr schlechten Ergebnis resultieren (vgl. Tec-Channel, 2021).

Benutzer-getriebene Instrumente
Die *Volltextsuche* ist die gängigste und bekannteste Methode zum Auffinden von Informationen in digitalen Dokumenten. Hierbei werden alle Textelemente des Dokumentes mit einem vom Anwender vorgegebenen Such- bzw. Schlagwort abgeglichen. Bei syntaktischer Übereinstimmung bekommt der Anwender den Text bzw. die Textpassagen angezeigt. Mithilfe der Bool'schen Operatoren wie „OR", „And" oder „Not" können die Suchabfragen spezifiziert und damit eingegrenzt werden. Die *attributsbasierte Suche* erlaubt im Gegensatz zu der Volltextsuche eine semantische Suche. Dies setzt jedoch eine Beschreibung der Dokumente durch Attribute im Sinne von Meta-Informationen voraus. Diese Meta-Informationen stellen die Attribute dar, die ein Dokument klassifizieren. Zu diesen Attributen können Erstellungszeitpunkt, Autor, Erscheinungsort, Sprache oder Typ des Dokumentes gehören. Am häufigsten werden den Inhalt des Dokumentes beschreibende Wörter, sogenannte Schlagwörter, als Klassifikationsattribute verwendet. *Case Based Reasoning (CBR)* oder *fallbasiertes Schließen (FBS)* sucht nicht nur gemäß

eines einfachen Eins zu Eins Abgleichs zwischen Suchvorgabe und den Elementen der Wissensbasis, sondern auch nach Elementen der Wissensbasis, die der Suchvorgabe ähnlich sind. Dies trägt der Tatsache Rechnung, dass man häufig zwar nicht genau den Fall in der Wissensbasis hat, nach dem man sucht, jedoch ähnliche Fälle, die durchaus wertvolle Informationen für den Anwender bereitstellen können. Das menschliche Räsonieren, also das Vergleichen und Abwägen von Fällen, kann durch entsprechende Fuzzy-Algorithmen der CBR-Systeme durchgeführt werden. Die Fuzzy Logic beschreibt eine Logik der unscharfen Mengen, die auch als Fuzzy Sets bezeichnet werden. Im Gegensatz zur Booleschen Logik bzw. der binären Logik, in der nur der Zustand 0 (falsch) oder 1 (wahr) angenommen werden kann, wird durch die Fuzzy Logic ein Wert zwischen 0 und 1 zugeordnet. Neben dem Vorteil der CBR-Systeme, nicht nur nach Übereinstimmungen, sondern auch nach Ähnlichkeiten zu suchen, besteht eine weitere Stärke der Systeme darin, dass auch implizites Wissen wie Erfahrungs- und Expertenwissen abgebildet und wieder aufgefunden werden kann. *SQL (Structured Query Language)* ist eine sehr weit verbreitete strukturierte Abfragesprache für relationale Datenbanken. SQL ist eine sogenannte 4-GL-Sprache (Programmiersprache der vierten Generation). Im Gegensatz zu den prozeduralen Sprachen (3-GL-Programmiersprachen) muss der Anwender dem System nur mitteilen, was er haben will, nicht aber wie man zu den Daten gelangt. SQL ist damit eine Deskriptive Sprache. Der Anwender beschreibt durch seine Datenbankabfrage, welche Daten er benötigt. Das System – genauer das sogenannte Datenbank-Management-System – über- nimmt die eigentliche Suche der Daten in der Datenbank. Dies setzt jedoch voraus, dass der Anwender mit der SQL-Syntax vertraut ist. Auch wenn die einzelnen SQL-Befehle relativ einfach zu erlernen sind, können Abfragen, bei denen unterschiedliche Daten miteinander über verschiedene Hierarchiestufen verknüpft werden müssen, sehr schnell komplex werden und verdienen damit häufig nicht mehr das Prädikat „anwendungsfreundlich". Den Boom hatten die *Management-Informationssysteme (MIS)* und *Executive-Information-Systems (EIS)* in den 1970er und 1980er Jahren. Die Systeme verfolgen das Ziel, zur Verbesserung der Entscheidungsfindung im Unter- nehmen Manager bedarfsgerecht mit entscheidungsrelevanten Informationen zu versorgen. Während anfänglich MIS- und EIS-Systeme ausschließlich auf Basis von traditionellen Speichermedien für strukturierte Daten entwickelt wurden, existieren heute schon zahlreiche MIS- und EIS- Systeme auf Basis von *HCL-Notes* (früher: *Lotus Notes*) und des Intranets. Diese tragen dem Wunsch der Manager Rechnung, bei der Entscheidungsunterstützung verstärkt auch weiche Informationen zur Verfügung gestellt zu bekommen. Im Zusammenhang von Data Warehouses ist häufig von sogenannten OLAP-Systemen *(Online Analytical Processing)* die Rede. Charakteristisch für die *OLAP-Tools* ist die mehrdimensionale Darstellung und Analyse der Daten. Die Mehrdimensionalität zielt auf die Anordnung betriebswirtschaftlicher Größen, insbesondere Kennzahlen (z. B. Gewinn-, Kostengrößen) entlang unterschiedlicher Dimensionen (z. B. Produktgruppe, Region, Kunde) ab. Visualisiert werden diese Dimensionen typischerweise in den „Data Cubes", bei denen die einzelnen Dimensionen durch entsprechende textindizierte

Würfelkanten zum Ausdruck kommen. Der Anwender kann sich mit diesen Systemen je Aufgabenstellung in einfacher Weise individuell seinen eigenen Würfel konstruieren.

Der Würfel als Erklärungsmodell für OLAP
Fangen wir beim Würfel an. Jeder kennt ihn und benutzt hin und wieder einen. Neben dem Bild, das Sie nun im Kopf haben, handelt es sich bei einem Würfel auch um eine geometrische Form. Diese lässt sich in einem dreiachsigen Koordinatensystem darstellen – also in drei Dimensionen. Die meisten modernen EPM-Softwares (Enterprise Performance Management Software = unternehmensweit nahtlose Planungsprozesse und Steuerung der Leistungsgenerierung – in jeder Organisationseinheit, auf jedem Endgerät und mit jeder Datenquelle.) setzen auf multidimensionales OLAP, auch MOLAP genannt. Es heißt so, weil es auf eine multidimensionale Datenbank als Basis zugreift. Nehmen wir an, Ihnen steht ein Datensatz zur Verfügung, in dem Vertriebszahlen verschiedener Produkte eingetragen sind, inklusive der Kunden und dem Kaufzeitpunkt. In Würfelform gedacht, stellt also z. B. die X-Achse im Koordinatensystem die Zeitdimension dar, die Z-Achse die Kundendimension und die Y-Achse Ihre Produktdimension. Die Größe des Würfels wird also von den vorhandenen Daten bestimmt und ist somit von Grund auf dynamisch. Jeder Kombination von Dimensionsdaten sind Werte zugeordnet, die jeweils eine Koordinate im Würfel darstellen (vgl. Abb. 10.14).

Mit dem multidimensionalen Modell, das oben anhand des Würfels beschrieben ist, wird eine Mehrfachnennung derselben Dimensionen redundant. Einmal in der Datenbank angelegt, zeigen sie auf die verschiedenen Zielkoordinaten in Form von Kennzahlen, mit denen sie verknüpft sind. Durch die multidimensionale Anordnung der Daten entstehen für Anwender viele Vorteile. Werfen wir einen Blick auf die wichtigsten. Dieser Würfel lässt sich dann mausgesteuert in Scheiben schneiden und drehen. Dies ist die „slice and dice"-Funktionalität der OLAP-Systeme (vgl. Abb. 10.15). Durch den mehrdimensionalen Ansatz der Datenspeicherung lassen sich schnell Ad-hoc-Reports ver-

Abb. 10.14 OLAP-Datenwürfel. (Eigene Darstellung)

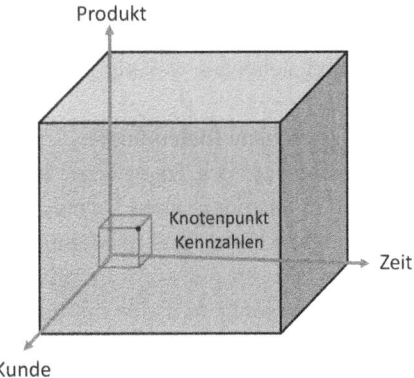

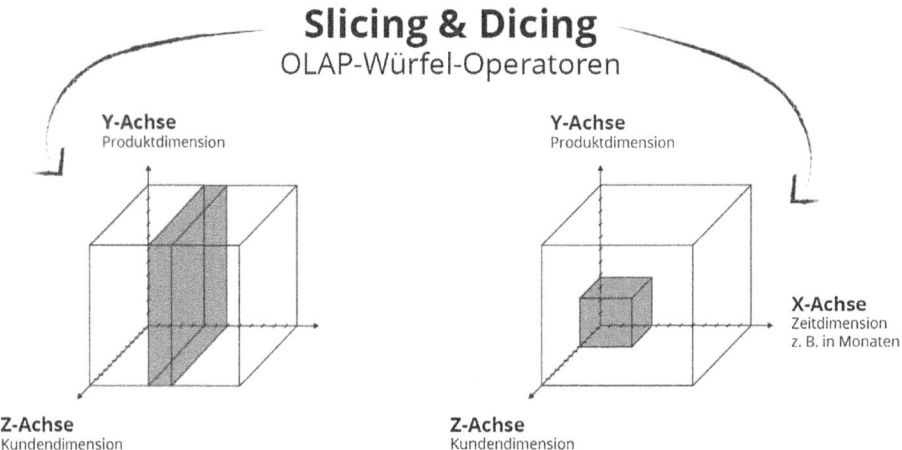

Abb. 10.15 Slicing & Dicing. (Quelle: www.jedox.com/de/blog/was-ist-olap)

fassen, etwa indem man ein *Slicing* des Würfels vornimmt, also in Scheiben unterteilen. Hierbei entscheiden man sich etwa dafür, dass die Umsätze der gesamten Produktpalette über alle Kunden für ein bestimmtes Jahr oder einen bestimmten Monat visualisiert werden. Es wird also eine komplette „Scheibe" an Datenpunkten mit Kennzahlen extrahiert, deren „Dicke" von der Begrenzung auf einen festgelegten Zeitraum bestimmt wird.

Ähnlich verhält es sich beim sogenannten *Dicing,* also der Extraktion eines kleineren Würfels aus dem „Hauptwürfel", der alle Daten beinhaltet. So begrenzt man die Auswahl beispielsweise auf einzelne Produkte oder Produktgruppen in einem spezifischen Zeitraum und Kundenstamm. Die einzelnen Informationsschreiben können dann durch die Lupenfunktion weiter analysiert werden. Durch das „Drill down" und „Drill up" kann der Anwender einfach durch verschiedene Informationshierarchien navigieren und so die Informationen grafisch analysieren.

Die multidimensionalen Würfel lassen sich prinzipiell auch auf Basis der relationalen Datenbanken durch die Datenbankabfragesprache SQL erzeugen. Dies setzt jedoch fundierte SQL-Kenntnisse beim Anwender voraus und bedeutet in jedem Fall einen höheren zeitlichen Aufwand. Die Möglichkeiten des einfachen „Drill Down" und „Slice and Dice" sind nicht ohne weiteres gegeben.

Daten-getriebene Instrumente
Die Instrumente des Knowledge Mining lassen sich in Instrumente zur Wissensentdeckung in unstrukturierten Datenbeständen wie z. B. in Word- Dokumenten oder Web-Seiten (Text Mining) und in Methoden zur Wissensentdeckung in strukturierten Datenbeständen wie beispielsweise in relationalen Datenbanken (Data Mining) unterscheiden. Data Mining beschäftigt sich mit der Möglichkeit, in Datenbeständen versteckte Muster und Strukturen aufzudecken. Das geschieht mittels systematischer Anwendung statisti-

scher Methoden und verfolgt das Ziel, neue Erkenntnisse, Querverbindungen und Trends zu erkennen. Data Mining ermöglicht uns, wie beim Benchmarking, aus Kundendaten neues Wissen zur Produktgestaltung zu generieren. Am häufigsten wird Data Mining im Marketing und Customer Relationship Management (CRM) eingesetzt. Die Unternehmen verfügen hier über umfangreiche Datenbestände. Beim CRM geht um die Beziehungen eines Unternehmens zu seinen Kunden. Diese sollen möglichst effizient gestaltet und ein mögliches Kundenverhalten vorhergesehen werden. Beispielsweise lassen sich zu diesem Zweck Kunden in Kundengruppen zusammenfassen. Das nennt man Kundensegmentierung oder auch Kundenclustering. Kunden aus dem gleichen Segment kann man die gleichen bzw. die für sie am besten geeigneten Produkte anbieten. Beliebt sind auch gezielte Werbeaktionen wie Kundenmailings, bei denen es um eine möglichst hohe Antwortquote geht. Der Handel nutzt Data Mining, um das Kaufverhalten mittels Warenkorbanalyse zu untersuchen. Wir alle kennen das aus dem Online-Handel als „andere Kunden kauften auch". Data Mining unterstützt den stationären Handel auch bei der Verkaufsraumgestaltung oder der Bestellmengenplanung. Banken und Versicherungen haben schon früh Data Mining für die Risikoanalyse genutzt, um beispielsweise folgende Fragen zu beantworten: Ist der Kunde kreditwürdig? Kann man ihm eine Kraftfahrzeug- oder Lebensversicherung anbieten? Data Mining hilft auch beim Aufdecken von Betrug oder Betrugsversuchen. Text Mining ist eine Unterform des Data Mining. Damit lässt sich Wissen aus Texten extrahieren, verarbeiten und nutzen, beispielsweise indem Hypothesen daraus abgeleitet werden. Text kann somit als „Wissensrohstoff" betrachtet werden. Text Mining ist damit auch der Wegbereiter für das „Semantische Web".

In der Pharmaindustrie haben Datenverarbeitung und -analyse eine besonders große Bedeutung. Die Entwicklung von Medikamenten könnte durch Data Mining noch erheblich verbessert werden. Wissenschaftler arbeiten auf dem Weg zur personalisierten Medizin auch daran, mittels Data Mining Einblicke in das Entstehen von Krankheiten zu bekommen und herauszufinden, warum Medikamente bei manchen Menschen wirken und bei anderen nicht. Die Ergebnisse könnten in der Zukunft die Entwicklung von Test und Medikamenten beschleunigen.

Text Mining: Aus Dokumenten Wissen über Technologien und Märkte generieren
Sprache und geschriebene Texte stellen die Grundlage unserer menschlichen Kommunikation dar. Gerade im Internet können Meinungen, Inserate, Artikel oder Bewertungen schnell und einfach kreiert und dauerhaft für alle Interessenten zur Verfügung gestellt werden. Als wesentliche Quellen sind dabei Social Media und mobiles Internet zu nennen. Ebenso kann man E-Mails oder lokalen Dateien aus dem Intranet als Datenquelle berücksichtigen. Ja, selbst Interviews oder Audiobeiträge lassen sich nach Transkription als Text darstellen.

Die Notwendigkeit von Text Mining Verfahren zeigt sich überall dort, wo die Textmenge und Fülle an Informationen die menschliche Leistungsfähigkeit übersteigt.

▶ **Text Mining** ist ein Überbegriff für eine Vielzahl von Analyse Verfahren aus dem Data Mining. Text Mining lässt sich als eine Form des Data Minings verstehen, aus den Informationen aus Textdateien extrahiert und zusammengefasst werden. Die Datenquelle somit sind Buchstaben, Satzzeichen, Wörter sowie Sätze. Mit Text Mining Analytics lassen sich beispielsweise gezielt Informationen suchen, aber auch Texte nach positiver oder negativer Stimmung (Sentiment) auswählen.

Die Ziele von Text Mining sind:

- Extraktion neuer, relevanter Informationen aus großen Mengen von Textdaten.
- Die Darstellung von Mustern und Zusammenhängen von Informationen aus Texten.

Der Zusammenhang zwischen Innovationskompetenz und Textmining liegt darin, dass Textmining eine Technologie ist, die dazu beitragen kann, Innovationsprozesse zu unterstützen und voranzutreiben. Innovationskompetenz bezieht sich auf die Fähigkeit, innovative Ideen zu entwickeln, neue Lösungen zu finden und Veränderungen voranzutreiben. Textmining kann in diesem Zusammenhang helfen, Informationen aus großen Textmengen zu extrahieren und zu analysieren, um neue Erkenntnisse, Muster oder Zusammenhänge zu entdecken.

Durch den Einsatz von Textmining-Techniken können große Mengen unstrukturierter Textdaten, wie zum Beispiel Kundenfeedback, Marktforschungsberichte, wissenschaftliche Artikel oder soziale Medienbeiträge, analysiert werden. Dadurch können Unternehmen oder Organisationen wertvolle Einblicke gewinnen und neue Ideen oder Trends identifizieren, die als Grundlage für Innovationen dienen können.

Einige konkrete Anwendungen von Textmining im Innovationskontext sind:

- **Ideengenerierung:** Textmining kann dabei helfen, Ideen oder Vorschläge aus verschiedenen Quellen zu sammeln und zu analysieren, um relevante und vielversprechende Ideen für neue Produkte, Dienstleistungen oder Geschäftsmodelle zu identifizieren.
- **Marktanalyse:** Durch die Analyse von Kundenfeedback, Rezensionen oder Online-Diskussionen kann Textmining helfen, die Bedürfnisse, Vorlieben und Meinungen der Kunden besser zu verstehen und innovative Lösungen zu entwickeln, die auf diesen Erkenntnissen basieren.
- **Trendanalyse:** Textmining kann verwendet werden, um aktuelle Trends, Entwicklungen oder Veränderungen in bestimmten Branchen oder Märkten zu identifizieren. Dies ermöglicht es Unternehmen, frühzeitig auf diese Trends zu reagieren und innovative Strategien zu entwickeln.

- **Wettbewerbsanalyse:** Durch die Analyse von Texten wie Pressemitteilungen, Geschäftsberichten oder Patenten kann Textmining dabei helfen, Informationen über Wettbewerber zu extrahieren und Einblicke in deren Innovationsaktivitäten zu gewinnen.

Indem Textmining-Techniken eingesetzt werden, um Informationen aus Textdaten zu extrahieren und zu analysieren, können Innovationsprozesse effizienter gestaltet und neue Erkenntnisse gewonnen werden. Es erleichtert die Identifizierung von Trends, das Verständnis der Kundenbedürfnisse und die Generierung neuer Ideen, was letztendlich zur Entwicklung von innovativen Lösungen führen kann.

Text Mining Analysis beschäftigt sich interdisziplinär mit der computergestützten Auswertung großer Textmengen, die aufgrund der Datenfülle nicht vom Menschen gelesen werden können.

Im Text Mining unterscheidet man zwischen Natural Language Processing und statistischen Verfahren. Dabei strukturiert man zunächst unstrukturierte bzw. semistrukturierte Texte mithilfe linguistischer Methoden. Dieser Bereich wird als Natural Language Processing bezeichnet. Hier ist z. B. die Tokenisierung und Kategorisierung nach bestimmten semantischen Charakteristika zu nennen. Erst nach dieser Datenaufbereitung finden je nach Fragestellung geeignete statistische Methoden Anwendung. Hier sind z. B. das Document Clustering oder die Document Classification typische Verfahren. Text Mining Analytics ist in allen Bereichen einsetzbar, die mit Texten oder niedergeschriebener Sprache arbeiten. In den Politikwissenschaften können Reden und Gesprächsprotokolle untersucht werden. Wie hat sich im zeitlichen Verlauf die Redetradition verändert? Gibt es demagogische Tendenzen bei Parteien oder Parteimitgliedern? Welche Schlagworte sind charakteristisch für Parteien oder Personen des öffentlichen Lebens? Plagiatscheck verschiedener Texte Immobilien- oder Automobilhändler nutzen Text Mining Analysis, um automatisiert Inserate nach relevanten Angeboten zu durchsuchen. Im juristischen Umfeld kann man Urteile gezielt selektieren und so wesentlich zu einer Verkürzung der Bearbeitungszeit beitragen. Im medizinischen Umfeld können Publikationen nach Schlagworten oder in Abhängigkeit der Diagnosestellung durchsucht werden. In wirtschaftswissenschaftlichen Anwendungen können Internetquellen wie Social Media oder Bewertungsportale gezielt nach positiven oder negativen Bewertungen und Kommentaren durchsucht werden (Sentiment Analysis). Dadurch hat das Unternehmen die Möglichkeit, zeitnah auf negative Meinungen zu reagieren.

Vorgehensweise einer Text-Analyse

Ausgangspunkte jeder Text-Analyse ist die klare Aufgabendefinition. Ausgehend von Fragestellungen oder Hypothesen identifiziert und selektiert man repräsentative Dokumente. Im nächsten Schritt erfolgt die Dokumentaufbereitung. Hier werden die un-

Abb 10.16 Prozess für eine typische Textanalyse. (Eigene Darstellung)

strukturierten Dokumente in analysierbare Einheiten eingeteilt und gegliedert. Erst im nächsten Schritt erfolgt die eigentliche Text Analysis mit Text Mining Methoden. Anschließend interpretiert man die Ergebnisse. Diese stehen dann für die Anwendung zur Verfügung (vgl. Abb. 10.16).

Die Prozesse orientieren sich dabei an dem im Data Mining etablierten CRISP-DM-Standardprozess (Cross Industry Standard Process for Data Mining).

Ein Praxisbeispiel
Anhand von Redeprotokollen im deutschen Bundestag sollen die häufigsten verwendeten Begriffe der Abgeordneten unterschiedlicher Parteien miteinander verglichen werden. Die Protokolle sämtlicher Plenarsitzungen sind auf den Internetseiten des deutschen Bundestags als Textdatei oder pdf-Dokument verfügbar. Erster Schritt der Auswertung ist die Selektion repräsentativer Dokumente. Dabei wird darauf geachtet, dass eine komplette Legislaturperiode abgebildet wird. Insgesamt werden dabei 20 Protokolle ausgewählt. Der nächste und zeitaufwendigste Schritt der Text Mining Analytics besteht in der Datenaufbereitung. Die gesamten Protokolle müssen so unterteilt werden, dass Redebeiträge eines Redners getrennt werden. Anschließend wird der Text tokenisiert, d. h. in Einzelbestandteile zerlegt. Von diesen Einzelbestandteilen werden im nächsten Bearbeitungsschritt alle üblichen Worte des deutschen Sprachschatzes entfernt. Dazu zählen beispielsweise die Artikel, Bindewörter etc. Anschließend wird eine Häufigkeitsauszählung der Token durchgeführt und diese werden grafisch dargestellt.[1].

Text Mining und Text Analysis bereichern die Palette der Anwendungsverfahren immens. Nicht nur Zahlen, sondern auch Texte kann man sinnvoll auswerten. Gerade in Zeiten schnell anwachsender Textmengen hat Text Mining Analytics eine besondere Wichtigkeit. Text Mining stellt damit ein effizientes Business Intelligence Instrument für Technologie- und Wettbewerbsanalysen sowie für das Intellectual Property Management dar.

---

[1] Anmerkung des Autors: empfehlenswerter Artikel in der Süddeutschen Zeitung unter www.sueddeutsche.de/projekte/artikel/politik/so-haben-wir-den-bundestag-ausgerechnet-e893391/

10.6 Ihr Lernerfolg aus diesem Kapitel

Im Kap. 11 dieses Lehrbuches haben wir uns mit ausgewählten Methoden und Instrumente eine erfolgsversprechenden Innovationsmanagement befasst. Wir haben dabei auch gesehen, dass in den verschiedenen Disziplinen der Unternehmensführung bereits seit Jahren diverse Methoden zur Wissensgenerierung eingeführt wurden.

Mit dem **Quality Function Deployment** haben wir eine Methode kennengelernt, die uns gestattet vom Kunden unserer Produkte und Dienstleistungen Wissen „abzuschöpfen". Der Kunde definiert in seiner Sprache individuelle Wünsche und somit seine Anforderungen an das Produkt. Durch die prozessuale und systemische Betrachtungsweise der QFD-Systematik über sämtliche Abteilungsgrenzen hinweg werden alle Beteiligten am Produktentstehungsprozess für die ursprüngliche „Stimme des Kunden" sensibilisiert. Dies ist eine Gewähr, dass die Produkteigenschaften eine hohe Deckung mit den Kundenanforderungen aufweisen und die Anzahl der Änderungen während der Entstehungsphase aufgrund von Missverständnissen reduziert wird. Durch Verpflichtung aller Prozessbeteiligten auf die wesentlichen, d. h. für den Kunden wichtigen Merkmale wird eine Verschwendung von sach- und personalbezogenen Unternehmensressourcen vermieden. Durch die QFD-Matrix wird das gewonnene Know-how dokumentiert, für spätere Entwicklungen nutzbar gemacht und somit Produktentwicklungszeiten eingespart. Da diese Art der Planung von Produkten sehr viele Veränderungen in den Köpfen der Beteiligten notwendig werden lässt und die traditionellen Entwicklungs- und Planungsstrategien infrage stellt, ist QFD nicht in kurzer Zeit einführbar. Die Mitarbeiter müssen für dieses Instrument eines präventiven Qualitätsmanagements vorbereitet werden; Mitarbeiter müssen von der Systematik des QFD-Prozesses überzeugt sein und lernen wollen, mit diesem Instrument umzugehen. Gerade am Anfang erfordert QFD stringent diszipliniertes Vorgehen, was zur Folge hat, dass mehr Zeit für die Planungsphase der ersten neuen Produkte eingeplant werden muss. Erst wenn eine Wissensbasis geschaffen wurde, setzen sich auch die wirtschaftlichen Vorteile durch. Da es sich um einen Prozess handelt, der sich über längere Zeit hinziehen kann und dessen Endergebnis sich kaum messen lässt, bis das Produkt beim Kunden angelangt ist und dessen Zufriedenheit ermittelt werden kann, ist es ratsam, bestimmte Messpunkte, „Benchmarks", zur Überprüfung des Prozesses festzulegen. QFD eignet sich hervorragend, Daten für diese Überprüfungen zu sammeln und zu koordinieren. Um die Effektivität des QFD-Teams zu maximieren, muss für deren Kompetenzerweiterung gesorgt werden. **Benchmarking** ist ein kontinuierlicher Prozess des Vergleichens mit dem grundsätzlichen Ziel, Vorgaben für neue Herausforderungen zu entdecken und als Standards zu definieren (vgl. Camp, 1994, S. 34). Benchmarking zielt weiter vor allem darauf, die eigene Position des Unternehmens relativiert zu bewerten und somit Faktoren zu bestimmen, die für den langfristigen Erfolg verantwortlich sind (kritische Erfolgsfaktoren). Die Informationen dürfen sich dabei jedoch nicht nur auf „hard facts" beschränken. Vielmehr sind auch Verhalten, Einstellung und Wertevorstellungen im Rahmen der Unternehmenskultur zu analysieren und zu interpretieren. Zum einen bewertet und entscheidet auch der Kunde nicht nur nach kognitiv nachvollziehbaren Fakten und zum anderen besteht für ein Unternehmen gerade auch bei den „soft facts" wie der Service-, Kontakt- und Kommunikationsqualität eine Chance der Differenzierung gegenüber den Mitwettbewerbern (vgl. Töpfer & Mehdorn, 1993, S. 77). Ein weiteres Ziel beim Benchmarking ist, aus dem Vergleich, der eine profunde Kenntnis des eigenen Unternehmens voraussetzt, mit den sich daraus ergebenden Benchmarking-Wunschpartnern (vgl. Zink, 1995, S. 276) die wirkungsvollsten Ideen und Instrumente herauszufinden und zu adaptieren, um damit die Leistungsfähigkeit des eigenen Unternehmens zu steigern und somit Wettbewerbsvorteile aufzubauen (vgl. Schmalzl & Schröder, 1998, S. 131). „Benchmarking hilft, realisierbare Ziele zu setzen. Die gefundenen Eckpunkte sind einerseits glaubwürdig und unbestreitbar, denn sie basieren auf Fakten. Andererseits sind diese Eckpunkte auch zukunftsorientiert, wenn man davon ausgeht, dass im Sinne eines Survival-of-the-Fittest nur die leistungsfähigsten Unternehmen auf lange Sicht überleben können" (Zink, 1995, S. 277). Die Fehlermöglichkeiten- und -einflussanalyse (**Failure Mode and Effects Analysis**) FMEA ist ein geeignetes Werkzeug, Risiken durch Fehler bei Neuentwicklungen rechtzeitig zu erkennen und diese durch geeignete Maßnahmen zu umgehen. Ziel ist es, erkannte Risikoschwerpunkte durch geeignete technische und organisatorische Veränderungen zu entschärfen. Mittlerweile fordern die Kunden und der Markt die FMEA für die Produkt- und Prozessentwicklung (vgl. DIN ISO 9004). In der Produktneugestaltung wird das risikobewusste Entwickeln und ein frühzeitiger Blick auf das Ganze ermöglicht, und die bereichsübergreifende Zusammenarbeit wird schon in sehr früher Phase gefördert. Die fortwährende interdisziplinäre Diskussion verbessert den Informationsstand des Einzelnen und erhöht die Chance zur Schaffung einer gemeinsamen Wissensbasis. Durch die notwendige Disziplin beim formalen Ablauf der FMEA verbessert sich nachhaltig die Effizienz der Besprechungen. Über die sachgerechte Interpretation der Kennzahlen ist es möglich, quantifizierbare Risiken im Vorfeld zu definieren. Dadurch wird es möglich:

- nachträgliche Änderungen am Produkt und demzufolge an den Werkzeugen zu ihrer Herstellung zu reduzieren,
- Projektlaufzeiten zu senken,
- Fehlerkosten und Fehleranzahl zu minimieren,
- Prüfkosten einzusparen und somit
- die Qualität planbar zu machen.

Kaizen bietet ein umfangreiches Instrumentarium, um eine umfassende Qualitäts- und Innovationskultur in einer Organisation zu erreichen. Es geht um permanente Verbesserungen in allen Bereichen. Grundlegendes Prinzip dabei ist, dass es nichts gibt, was man nicht noch besser machen könnte. Kaizen arbeitet mit Methoden, die permanent Verbesserungsmöglichkeiten und -notwendigkeiten analysieren und den personenorientierten Steuerungsprozess organisieren. „Bezweckt und erforderlich hierfür ist

10.6 Ihr Lernerfolg aus diesem Kapitel

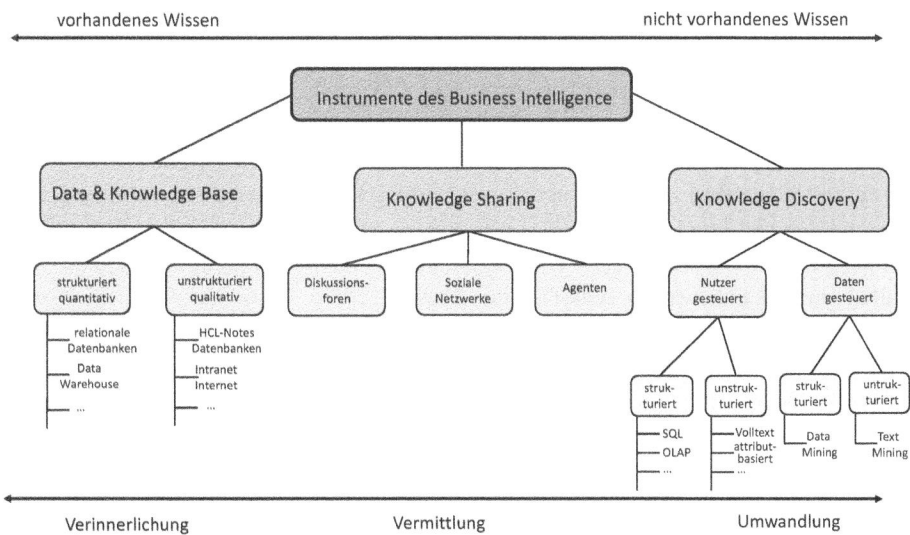

Abb. 10.17 Einordnung der Instrumente des Business Intelligence. (Quelle: Eigene Darstellung)

eine Verhaltenssteuerung durch kleine Ziele, Anreize und vor allem auch Ergebnisrückkopplungen an die Mitarbeiter. Auf diese Weise wird die Führung der Mitarbeiter auf die Optimierung von Verfahren und Produkten fokussiert.

Das Kapitel hat ebenfalls gezeigt, dass **Business Intelligence** die primäre Wissensentwicklung im Sinne des Erkennens von interessanten Strukturen und Mustern für die Entwicklung von Innovationen unterstützen kann (vgl. Abb. 10.17). Dies kann benutzergetrieben durch entsprechende Wiederauffindungswerkzeuge erfolgen, oder durch Knowledge Discovery Werkzeuge, die eine zum großen Teil automatisierte, direkte Entwicklung von Wissen ermöglichen. Data Mining und Text Mining hilft dem Anwender, aus einer Masse von Daten aussagekräftige Strukturen und Mustern zu extrahieren, die mit dem „bloßen Auge" nicht mehr zu erkennen sind. Der Computer übernimmt die für den Menschen aufwendige Suche nach möglichen Verknüpfungen in tragbaren Zeiteinheiten und hilft, die Informationsflut zu kanalisieren und mit ihrer Komplexität besser umzugehen.

„Damit ist der Prozess der Wissensgenerierung beim Data Mining durch das Zusammenspiel von Mensch und Maschine gekennzeichnet: Während nur der Mensch die sachgerechte und aufgabenfokussierte Datenaufbereitung sowie die Interpretation der Ergebnisse vornehmen kann, kann der Rechner mithilfe intelligenter Algorithmen schnell große Datenbestände auf Auffälligkeiten hin untersuchen. Damit wird deutlich, daß [sic!] Planung und Ausführung des gesamten Prozesses nur in bestimmten Grenzen automatisierbar sind." (Gentsch, 1999, S. 53). Das war noch die Meinung vor gut zwanzig Jahren; durch die weitere Entwicklung hin zur Künstlichen Intelligenz (KI) im Kontext mit Business Intelligence (BI) werden weitere Evolutionen in der Art und Weise wie Analysen durchzuführen sind möglich. Viele Organisationen investieren in diese Ansätze und Technologien.

▶ **Maschinelles Lernen (ML)** verwendet Algorithmen und mathematische Modelle, um Muster in Datensätzen zu identifizieren, welche Maschinen unterstützen, Probleme autonom zu lösen und ihre Lösungsansätze schrittweise zu verbessern. Um dies zu erreichen, werden verschiedene Lern- und Trainingsmethoden für die Modelle angewandt (z. B. (halbüberwacht, unbewacht). (vgl. Deloitte, 2019).

Deep Learning (DL) ist eine Form von ML. Die Besonderheit des Lernansatzes besteht darin, dass Repräsentationen für komplexe Konzepte eingeführt werden, die wiederum auf Repräsentationen basieren, die in ihrer Struktur einfacher sind. Dabei verwendet DL eine Reihe von hierarchischen und miteinander verbundenen Schichten (unter Verwendung neuronaler Netzwerke), um maschinelles Lernen durchzuführen. (vgl. Deloitte, 2019).

▶ **Natural Language Processing (NLP)** umfasst Methoden und Techniken zur Verarbeitung und Analyse von Daten in natürlicher Sprache, die auf eine direkte, natürliche und sprachbasierte Kommunikation zwischen Mensch und Maschine abzielen.

(vgl. Deloitte, 2019).
KI findet sich auf allen Architekturschichten eines simplifizierten BI-Modells wieder. Eine Auswahl an Beispielen:

- **Datenaufnahmeschicht**
  Automatisierung des Datenimports durch trainierte Modelle, um gesuchte und für ein Analyseszenario erforderliche Felder in heterogenen Quellen zu identifizieren, semantisch zu kennzeichnen und sie gegebenenfalls einer gemeinsamen Zielstruktur zuzuordnen. Steigerung der Datenqualität durch den Einsatz von ML. Ausgebildete Modelle stehen zur Validierung, Ergänzung und Korrektur von Datensätzen zur Verfügung.
- **Datenverarbeitungsschichtf**
  Gruppierung und Klassifizierung unstrukturierter Texte mittels NLP. NLP-inhärente Standardfunktionen erlauben ein Clustering und die Kategorisierung von Dokumenten bereits vor deren analytischer Nutzung. Die automatisierte Verknüpfung der erkannten Inhalte mit unternehmenseigenen Daten erfolgt modellgestützt (z. B. Zuordnung zu einem Stammdatum eines Produkts). Integration von Bild- und Videoinformationen durch ML und DL zur korrekten Klassifizierung und Zuordnung zu semantisch verwandten als auch vorhandenen, strukturierten Daten.
- **Datenzugriffsschicht**
  Die Nutzung von Sprachkommandos ist bereits heute in produktiven Analyselösungen erfolgreich realisiert. Durch Sprachbefehle können beispielsweise benötigte Infor-

mationen direkt abgerufen, aufbereitet und in vordefinierten Dashboards ausgegeben werden („Zeige mir die Umsatzzahlen für Süddeutschland im Jahr 2018!").
Verwendung von Multimediadaten als Eingabevariablen (z. B. Bilder, Video) für die Abfrage von analytischen Informationen (z. B. Eingabe eines Produktbilds zur Abfrage der Umsatzzahlen).

Diese Beispiele zeigen auf, dass KI schon heute Einzug in die klassische BI-Welt hält und diese auf eine neue Evolutionsstufe hebt. Auf allen Ebenen eines BI-Systems können durch ML, DL, NLP oder weitere KI-verwandte Disziplinen zum einen Mehrwerte zur Automatisierung und damit Effizienzsteigerung sowie zum anderen neue Formen der Interaktion mit und Nutzung der verfügbaren Daten realisiert werden.

10.7 Übungsaufgaben zu diesem Kapitel

Aufgabe 1
Warum ist das Quality Function Deployment für das Innovationsmanagement eine sehr interessante Methode und wozu wird es hauptsächlich im Innovationsmanagement eingesetzt?

Aufgabe 2
Benchmarking wird sehr häufig in der Praxis als Kontrollmethode angepriesen. Es wird der Vergleich mit den Besten im jeweiligen Marktsegment wird häufig gleichgesetzt mit einem Leistungsvergleich in der gleichen Organisation und wird missbraucht um Abteilungen gegeneinander auszuspielen. Was verstehen Sie unter dem Begriff Benchmarking und wie integriert sich diese Methode in das Innovationsmanagement.

Aufgabe 3
Welchen theoretischen Konzepten folgt die Anwendung der H-FMEA?

Aufgabe 4
Welche Vorüberlegungen führen zum managementorientierten Kaizen?

Aufgabe 5
BI bezeichnet längst nicht mehr nur die Analyse von unternehmensinternen Daten. Auch Daten, insbesondere über Kunden, die extern oder direkt am Point-of-Sale anfallen (z. B. durch Teilnahme in sozialen Netzwerken oder an Rabattprogrammen) finden wachsende Betrachtung der Unternehmen. Nennen Sie Vor-/Nachteile, die sich aus dieser Entwicklung für Unternehmen ergeben.

Aufgabe 6
Was verstehen Sie unter OLAP (= Online Analytical Processing)?

Aufgabe 7
Wie lässt sich das Text Mining zur Entwicklung von

- Produktverbesserungen/-innovationen
- Prozessverbesserungen/-innovationen
einsetzen?

Literatur

Akao, Y. (1992). *Quality Function Deployment, wie die Japaner Kundenwünsche in Qualität umsetzen*. Verlag Moderne Industrie.
American Supplier Institute. (1989). *Quality function deployment institute. Awareness manual.* ASI.Dearborn.
Algederi, J., & Frieling, E. (2001). *Human-FMEA. Menschliche Handlungsfehler erkennen und vermeiden*. Hanser.
Camp, R. C. (1994). *Benchmarking*. Hanser.
Deloitte. (2019). https://www2.deloitte.com/de/de/pages/technology/articles/business-intelligence-mit-ki.html. Zugegriffen: 20. Nov. 2022.
Deming, E. (1990). Vortrag, Washington. *Journal of the American Statistical Association, 89*(426), 365–366.
Forrester, J. W. (1972). *Grundzüge einer Systemtheorie*. Betriebswirtschaftlicher Verlag Gabler.
Frieling, E., & Sonntag, K. (1999). *Lehrbuch der Arbeitspsychologie*. Huber.
Füser, K. (1997). *Modernes Management*. Beck Wirtschaftsberater im dtv.
Gentsch, P. (2005). *Wissens- und Ideenmanagement. Unveröffentlichtes Manuskript zum Fernlehrgang -Innovationsmanagement-. Management Circle Edition*. Eschborn.
Gentsch, P. (1999). *Wissen managen mit innovativer Informationstechnologie: Strategien – Werkzeuge*. Gabler.
Gluchowski, P. (2001). Business Intelligence – Konzepte, Technologien und Einsatzbereiche. *HMD – Praxis der Wirtschaftsinformatik, 38*(222), 5–15. Springer.
www.tecchannel.de/a/bi-methoden-teil-2-data-mining-phasen-und-vorgehensschritte. Zugegriffen: 11. Dez. 2022.
Hacker, W. (1986). *Arbeitspsychologie*. Huber.
Imai, M. (1996). *Kaizen – Der Schlüssel zum Erfolg der Japaner im Wettbewerb*. Ullstein.
Kamiske, G. F. (1994). *Die Hohe Schule des Total Quality Managements*. Springer.
Kemper, H.-G., Mehanna, W., & Unger, C. (2010). *Business Intelligence – Grundlagen und praktische Anwendungen: Eine Einführung in die IT-basierte Managementunterstützung*. Vieweg+Teubner Verlag.
Kriegesmann, Bernd; Kerka, Friedrich; Kley, Thomas (2006) :Fehlerkulturen und Innovationserfolg: Eine vergleichende empirische Analyse, Zeitschrift für Personalforschung (ZfP), ISSN 1862-0000, Rainer Hampp Verlag, Mering, Vol. 20, Iss. 2, pp 141–159.
Langner, H. (1994). Benchmarking ist mehr als der bekannte Vergleich mit der Konkurrenz. *Marketing Journal, 1*, 36–40. Hamburg.
Leontjew, A. N. (1977). *Tätigkeit, Bewusstsein Persönlichkeit*. Klett.
Luhn, H. P. (1958). A business intelligence system. *IBM Journal of Research and Development, 2*, 314–319.

Masing, W. (1994). Das Unternehmen im Wettbewerb. In von W. Masing (Hrsg.), *Handbuch Qualitäts-Management* (3. Aufl., S. 3–16). Hanser.

Mehdorn, A., & Töpfer, H. (1995). Weltweit von den Besten lernen. *Personalwirtschaft Nr. 2*(1995), 24–27. FAZ Business Media GmbH.

Merkens, J. (2023). *Case QM, unveröffentliches Arbeitspapier*. Steinbeis Hochschule.

Mertens, P. (2002). *Business Intelligence – Ein Überblick*. Arbeitspapier Universität Erlangen.

Niemand, S., & Scholl, K. (1995). Benchmarking und Target Costing. FB/IE- Zeitschrift für Unternehmensentwicklung und Industrial Engineering, Nr. 3. REFA-Bundesverband.

Pfeifer, T. (1993). *Qualitätsmanagement*. Hanser.

Sander, U., & Brockmann, K. H. (1995). *Kontinuierliche Verbesserung -Benchmarking mit virtuellen Unternehmen- Logistik Heute* (Nr. 1/2, S. 68).

Schmalzl, B., & Schröder, J. (1998). *Managementkonzepte im Wettstreit TQM vs. BPR*. Beck.

Schönpflug, W. (1987). Beanspruchung und Belastung bei der Arbeit. In U. Kleinbeck & R. Rutenfranz (Hrsg.), *Arbeitspsychologie. Enzyklopädie der Psychologie, Themenbereich D*, (Serie III, Bd. 1, S. 130–184). Hogrefe.

Sullivan, L. P. (1988). Quality Function Deployment. In deutscher Bearbeitung von J. P. Bläsing (Hrsg.), *Praxishandbuch Qualitätssicherung, Band 4 Baustein B3*. Vieweg.

Tec-Channel. (2021). www.tecchannel.de/a/bi-methoden-teil-2-data-mining-phasen-und-vorgehensschritte. Zugegriffen: 12. Dez. 2022.

Töpfer, A., & Mehdorn, H. (1993). *Total Quality Management-Anforderungen und Umsetzung im Unternehmen*. Luchterhand.

Tönshoff, K., Brüning, J., & Goebel, D. (1995). Qualitative Analyse von Geschäftsprozessen. *Zeitschrift für wirtschaftlichen Fabrikbetrieb, 90*(7–8), 153–176. De Gruyter.

Urban, K. (1994). Die Rolle der Human Resources im TQM. In H. Mehdorn & A. Töpfer (1996) *Besser – Schneller – Schlanker* (S. 265–283). Luchterhand Verlag.

Weibler, J., Kerka, F., & Kley, T. (2006). Fehlerkulturen und Innovationserfolg: Eine vergleichende empirische Analyse, Zeitschrift für Personalforschung ISSN 1862–0000. Hampp. *2*(20), 141–159.

Zink, K. J. (Hrsg.). (1995). *Erfolgreiche Konzepte zur Gruppenarbeit – aus Erfahrungen lernen –*. Luchterhand. https://www.jedox.com/de/blog/was-ist-olap. Zugegriffen: 12. Dez. 2022.

Ein Führungsmodell zur Entwicklung und Förderung von Innovationskompetenz

11

Zusammenfassung

In diesem Kapitel soll versucht werden, ein Führungsmodell zu entwerfen, das im besonderen Fokus der Entwicklung, Förderung und Anwendung von Innovationskompetenz steht. Es sollen ferner Umsetzungsempfehlungen gegeben werden, die den Transfer des Modells in die tägliche unternehmerische Praxis erleichtern, dabei wird bewusst auf die nähere Erklärung der Methoden verzichtet, die nicht explizit zur Förderung der Innovationskompetenz dienen. Die Auswahl dieser Methoden und die nähere Beschäftigung damit bleibt dem Leser vorbehalten. Die Anwendung dieses Modells soll eine Verringerung – im Idealfall die gänzliche Vermeidung – von Widerständen bei Veränderungen im technischen, organisationalen und personalen Bereich ermöglichen. Auf diesem Entwurf aufbauend, soll ein Vorschlag einer Umsetzungsstrategie entwickelt werden, der hilft, dieses Modell in den betrieblichen Alltag zu überführen. Folgende Definition soll dem zugrunde liegen:

▶ Ein **Modell** ist stets eine Abbildung der subjektiv empfundenen Wirklichkeit mit dem Detaillierungsgrad, den der Betrachter fordert. Es bildet dabei nicht das komplette Ganze ab, sondern nur einen Ausschnitt daraus. Wie groß dieser Ausschnitt ist, hängt davon ab, wie die Grenzen des Modells festgelegt sind. Außerdem kann das Modell entweder nur sehr wenig von der Wirklichkeit abweichen oder aber sehr stark abstrahiert sein und viele Komponenten der Realität ausblenden.

Ein Führungsmodell ist somit ein Modell zur Unterstützung und Führung der Menschen in einem Unternehmen. Dabei helfen Denkmodelle, die Aussagen dazu treffen, wie die Führungskraft unter bestimmten Bedingungen im Unternehmen handeln und agieren sollte. Die Führungsebene hat dabei die Aufgabe, die Ziele der Gruppe zu formulieren und zu verwirklichen (vgl. Fleischmann et al., 2018).

11.1 Struktur des Modells

Wie aus den vorherigen Kapiteln ersichtlich geworden ist, sind für unser Modell drei Basiskomponenten konstituierend, die als unabhängige Beeinflussungsfaktoren für den Veränderungserfolg identifiziert worden sind (vgl. Abb. 11.1):

- die Ungewissheitstoleranzkomponente,
- die Vertrauenskomponente und
- die Wissenskomponente.

Diese Komponenten, die den Verlauf eines Innovationsprozesses wesentlich beeinflussen, entstehen auf drei verschiedenen Ebenen, die miteinander in Beziehung stehen (vgl. Abb. 11.2)

- Auf der Individualebene hat sich die Ungewissheitstoleranzkomponente durch die biografische Struktur des Individuums entwickelt.
- Auf der Gruppenebene entwickelt sich Vertrauen als soziale Tauschbeziehung zwischen den Individuen bzw. zwischen Individuum und Organisation.
- Auf der Sachebene entwickelt sich Wissen in Form von Fach- und Methodenkompetenz.

Abb. 11.1 Das Modell auf seinen tragenden Säulen. (Quelle: Eigene Darstellung)

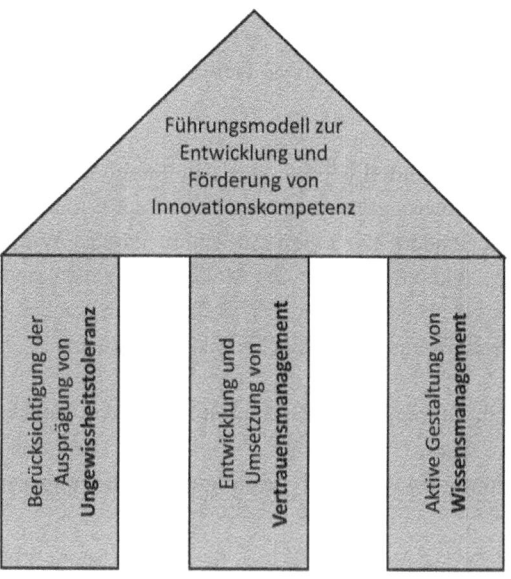

11.1 Struktur des Modells

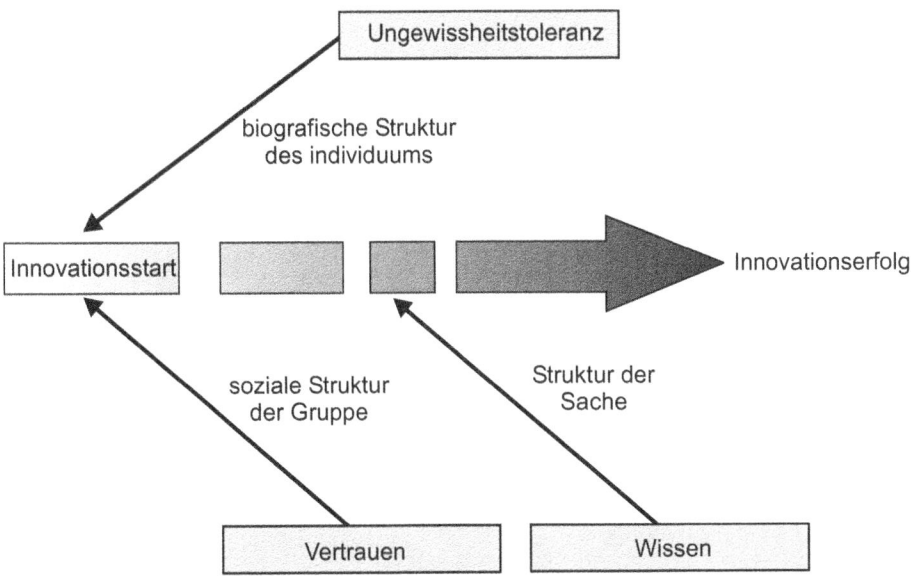

Abb. 11.2 Horizontales Zusammenspiel der Basiskomponenten Ungewissheitstoleranz, Wissen und Vertrauen. (Quelle: Eigene Darstellung)

Bei Innovationsprozessen, die idealerweise als kontinuierliche Verbesserungsprozesse verlaufen, befinden sich die drei Ebenen in einem zirkulären Zusammenspiel (vgl. Abb. 11.3).

Da es sich dabei um Prozesse handelt, die eine gewisse Dynamik erhalten, wird sich der horizontal ablaufende Zyklus zu einer vertikal aufstrebenden Spirale entwickeln, deren Dynamik durch die drei Basiskomponenten ständig beeinflusst wird. Diese bildliche Darstellung des Modells kann als Innovationsspirale (vgl. Kösel, 1997, S. 166) bezeichnet werden (vgl. Abb. 11.4).

Dieses integrative Modell – integrativ deshalb, weil die drei Ebenen und die drei erfolgsbestimmenden Faktoren alle organisatorischen Einheiten im Unternehmen mit in den Innovationsprozess einbeziehen – wird dann möglich, wenn die drei strukturierenden Ebenen Individuum, Gruppe und Sache als interdependentes System angesehen, gewichtet und ständig ausbalanciert werden. Während jeder Phase eines Veränderungsprozesses müssen solche Maßnahmen integriert werden, die sowohl das interpersonale als auch organisationale Vertrauen stärken. Es müssen Methoden zur Verfügung stehen, die helfen, ein umsetzbares Wissensmanagement zu etablieren. Gleichzeitig müssen die Verhaltensweisen der Betroffenen, die aufgrund unterschiedlicher Ausprägung von Ungewissheitstoleranz zu erwarten sind, bei der Gestaltung aller Maßnahmen berücksichtigt werden. Betrachtet man die Struktur der Beziehungen im Modell (vgl. Abb. 11.5), ergeben sich zwangsläufig gestalterische Möglichkeiten für die Maßnahmen.

Die Beziehungen im Modell zur Entwicklung und Förderung von Innovationskompetenz sind folgendermaßen strukturiert:

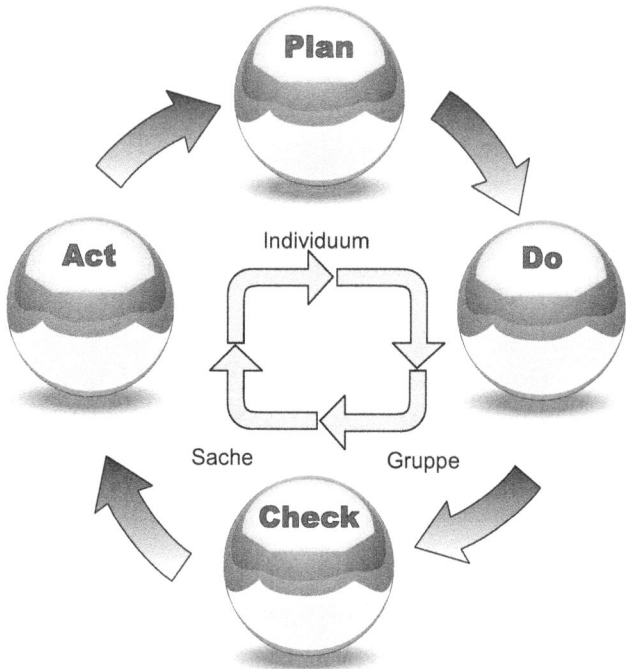

Abb. 11.3 Das zirkuläre Zusammenspiel der drei Beziehungsebenen Individuum, Gruppe und Sache. (Quelle: Eigene Darstellung)

- Aus den Beziehungen des Individuums zur Sache ergeben sich individuelle didaktische Methoden zur Vermittlung von Wissen im Unternehmen.
- Aus den Beziehungen des Individuums zur Gruppe ergeben sich Methoden der Interaktion und Kommunikation sowie alternative Arbeitsstrukturen.
- Aus den Beziehungen der Gruppe zur Sache entwickeln sich Methoden des selbstorganisierten kooperativen Lernens.
- Aus den Beziehungen der Gruppe zum Individuum können Methoden der Verständigung und Konfliktlösungsmethoden abgeleitet werden.
- Aus den Beziehungen der einzelnen Individuen untereinander lassen sich Methoden individueller Verständigung, Beurteilung und Entwicklung ableiten.
- Die Beziehungen des Individuums zu sich selbst bestimmen Methoden der Selbststeuerung und der Selbstorganisation.

11.2 Notwendige Maßnahmen

In Fortführung der Konstruktion des Modells müssen somit Methoden zur Verhinderung von Widerständen aufgrund des theoretischen Konstrukts Ungewissheitstoleranz genauso wie Methoden zur Verhinderung von Vertrauens- und Wissensbarrieren zur Verfügung ge-

11.2 Notwendige Maßnahmen

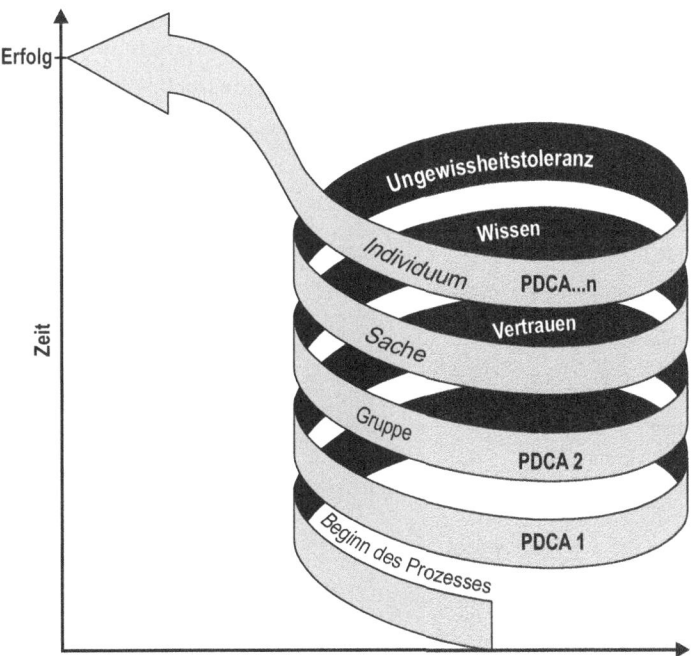

Abb. 11.4 Die Innovationsspirale als bildliche Darstellung des Modells. (Quelle: Eigene Darstellung)

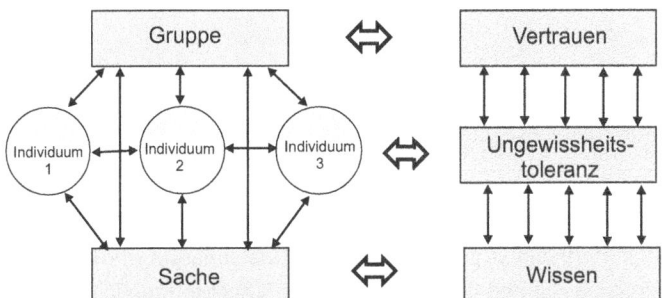

Abb. 11.5 Struktur der Beziehungen. (Quelle: Eigene Darstellung)

stellt werden, damit es möglich wird, zielgerichtete Maßnahmen einzusetzen. In Tab. 11.1, 11.2 und 11.3 werden Möglichkeiten aufgeführt, die in der Lage sind, die Widerstände zu verringern bzw. gänzlich zu verhindern (vgl. Nauendorf, 2004, S. 331–333).

Dieses Modell schafft so eine Kultur im Unternehmen, in der Lern- und Innovationsbereitschaft gefördert und gezielt in einen Prozess eingebunden werden, der die gesamte Organisation erfasst. Dadurch werden Kompetenzen auf allen drei Ebenen (Individuum,

Tab. 11.1 Maßnahmen zur Reduzierung und Vermeidung von Ungewissheitstoleranz-Widerständen

Maßnahmen	Maßnahmen haben Einfluss auf …
Mitarbeiter-Inplacement Mitarbeiter-Outplacement Individuelle Einarbeitungskonzepte	Das Verhalten in mehrdeutigen betrieblichen Situationen
Funktionsprofile Anforderungsprofile Kompetenzprofile Innovationspotenzialanalyse Mitarbeiterentwicklungsplanung Job Rotation Job Enrichment Job Enlargement Zielvereinbarungsgespräche Leistungs- und qualitätsabhängiges Entgeltsystem 360-Grad-Feedback Human-Quality-Function-Deployment Human-Failure-Mode-and-Effects-Analysis Kooperative Arbeitsstrukturen People Empowerment	Das Leistungsverhalten Den Umgang mit Belastungen am Arbeitsplatz
Mitarbeiterbefragungen Visualisierungssystem Mitarbeiterinformationssystem Informationsergonomie Mitarbeiterkommunikationskonzept	Den Umgang mit Informationen Das Verhalten bei der Verarbeitung ungewisser Zukunftsperspektiven

Gruppe bzw. Organisation und Sache) entwickelt, die wir als Innovationskompetenz bezeichnet haben. Durch den Abgleich von Anforderungs- mit Kompetenzprofilen und die Visualisierung in Qualification Boards sind gezielte Bildungsbedarfsanalysen möglich, die über Education-Balanced-Scorecard-Systeme sichtbar gemacht und in den unternehmerischen Gesamtkontext gebracht werden. Benchmarking-Prozesse erlauben letztendlich den Vergleich mit und das Lernen von den „Best in Practice" oder „Performance Drivers". Die Beherrschung der Methoden und des Modells und die Umsetzung der Ergebnisse in die betriebliche Praxis bilden so eine wichtige Voraussetzung des unternehmerischen Erfolges durch die Innovationskraft der Mitarbeiter und Führungskräfte. Die nun folgende Beschreibung der Vorgehensweise bei der Umsetzung hat dabei die Aufgabe, die subjektiv empfundene Komplexität bei der Einführung eines solchen Modells im Umfeld betrieblicher Veränderungen zu reduzieren und in handhabbare operationale Planungs-, Ordnungs- und Entscheidungsfelder aufzulösen.

Tab. 11.2 Maßnahmen zur Reduzierung und Vermeidung von Widerständen aufgrund mangelnden Vertrauens

Maßnahmen	Maßnahmen haben Einfluss auf …
Kooperative Arbeitsstrukturen KVP-Aktivitäten Mitarbeiterselbstkontrolle	Das interpersonale und organisationale Vertrauen
Mitarbeitergespräche: Einweisungsgespräch Konfliktgespräch Beurteilungsgespräch Anerkennungsgespräch Zielvereinbarungsgespräch Outplacementgespräch	Das interpersonale und organisationale Vertrauen
Arbeitsanweisungen Verfahrensanweisungen Prüfanweisungen Fehlersammelkarten Ishikawa-Diagramm Pareto-Analyse Verlaufsdiagramm Korrelationsanalysen Prozessregelkarten	Das organisationale Vertrauen
KVP-Gruppenarbeit Quality Circles Innovationsmonitoring (IMS)	Das organisationale Vertrauen
Balanced Scorecards Qualifikationsindices	Das organisationale Vertrauen

11.3 Umsetzung des Modells in die Unternehmenspraxis

Bei der Umsetzung spielen die individuellen Führungskompetenzen der mit der Umsetzung betrauten Protagonisten eine große Rolle. Wichtig ist besonders, welchen Spielraum die Umsetzer im Hinblick auf Leistung, Kontrolle, Direktheit, Distanzierung, Strukturierung und Offenheit den Betroffenen einräumen. Da im Umfeld der Umsetzung meist mehrere Akteure beteiligt sind, ist Führung nur als soziales Konstrukt der an der Umsetzung beteiligten Personen zu verstehen. Damit ist gemeint, dass es eine objektiv richtige Führung und Umsetzungsstrategie bei Innovationsprozessen nicht geben kann. Sie entsteht jeweils aus der subjektiven Realitätstheorie der Beteiligten untereinander, am Anfang meist initiiert durch die individuelle Führungstheorie des Promotors. Der folgende Vorschlag dient als Führungsinstrument bei der Umsetzung des Modells, aber nicht als Disziplinierungsinstrument, sondern als strukturierende Begleitung. Die erste

Tab. 11.3 Maßnahmen zur Reduzierung und Vermeidung von Widerständen aufgrund mangelnden Wissens

Maßnahmen	Maßnahmen nehmen Einfluss auf …
Visualisierungssysteme mit einer konsequenten ergonomischen Aufbereitung von Produkt und Prozessinformationen	Das individuelle Wissen und die organisationale Wissensbasis
„Lernlandschaften" Interactive-Multimedia-Lerninseln Handlungsorientiertes Wissensmanagement Didaktische Datenbanken	Das individuelle Wissen und die organisationale Wissensbasis
Kaizen Human-Failure-Mode-and-Effects-Analysis TQM-Balanced Scorecard	Das individuelle Wissen und die organisationale Wissensbasis
Bildungsbedarfsanalyse Education-and-Culture-Quality-Function-Deployment Wissens-Fähigkeits-Analyse Qualifikationsmatrix Kompetenzprofile Soll-Ist-Vergleich der Profile	Das individuelle Wissen
Bildungscontrolling Benchmarking Qualification-Balanced Scorecard	Die organisationale Wissensbasis

Phase der Umsetzung soll schon mit der Auswahl und dem Eintritt des Mitarbeiters ins Unternehmen beginnen. Zu diesem Zeitpunkt werden vielfach schon erste führungspädagogische Fehler gemacht, die zu Demotivationserscheinungen, hervorgerufen durch Unsicherheit und das Gefühl mangelnder Wertschätzung, führen. Bei der Auswahl neuer Mitarbeiter werden, je nachdem, welche Position im Organigramm des Unternehmens besetzt werden soll, sehr differenzierte Methoden angewendet, um die einzelnen Kompetenzen der Bewerber zu ermitteln. An dieser Stelle bietet es sich an, auch die Ungewissheitstoleranz der zukünftigen Mitarbeiter zu messen und die daraus resultierenden möglichen Verhaltensweisen mit denen des Anforderungsprofils zu vergleichen. Dieser Vergleich gestattet schon Voraussagen auf Verhaltensweisen dieser Mitarbeiter bei zukünftigen Veränderungsabsichten.

11.3.1 Mitarbeitende als neue Mitglieder im Unternehmen

Das Mitarbeiter-Inplacement beginnt mit dem Einstellungsgespräch, in dem sich die Wertschätzung widerspiegelt, die dem Mitarbeiter entgegengebracht wird. Der neue Mitarbeitende soll in das Unternehmen integriert werden und nicht sich selbst in das

Unternehmen integrieren. Hier sollten neben einer angemessenen Begrüßung durch das Management und durch einen Kollegen oder eine Kollegin die Produkt- bzw. Dienstleistungspalette des Unternehmens erläutert sowie zukünftige Entwicklungen und Visionen mitgeteilt werden. Dabei bedarf es des Fingerspitzengefühls der Gesprächsteilnehmer, den neuen Mitarbeiter weder zu unter- noch zu überfordern. Der Mitarbeitende wird anschließend am Arbeitsplatz durch eine Führungskraft eingeführt und seine fachlichen sowie formalen Kompetenzen den Kollegen mitgeteilt. Daran schließt sich die Erläuterung der fachbezogenen Einarbeitungsplanung an: Welche Bereiche des Unternehmens der neue Mitarbeitende durchlaufen muss, wie lange er in den einzelnen Bereichen verbleiben muss, welche Lerninhalte vermittelt werden müssen und wer die Verantwortung für das Einarbeitungsergebnis trägt, sind wichtige Themen eines Mitarbeiter-Inplacements.

Es folgt die Einarbeitung in die Sozialstruktur des Unternehmens: angefangen von den Sozialeinrichtungen über die Sozialstruktur bis hin zu der Erläuterung wichtiger formaler Abläufe und Richtlinien. Dieser Vorgang nimmt zwischen ein und sechs Monaten der ersten Zeit im Unternehmen ein. In besonderen Gesprächen sollte während dieser Zeit das Anforderungsprofil besprochen und gemeinsam auf die zu besetzende Stelle angepasst werden. Durch den Abgleich des Anforderungsprofils mit dem individuellen Kompetenzprofil kann der notwendige Entwicklungsbedarf ermittelt werden. An dieser Stelle ist es ratsam, den individuellen Qualifikationsindex zu bestimmen, damit der Mitarbeitende sich richtig einordnen kann. Falls erforderlich, kann jetzt ein Entwicklungsplan erstellt werden, der je nach Position und Erfahrung des Mitarbeiters gestaltet werden sollte. In wöchentlichen Informationsgesprächen mit den Kollegen und Führungskräften kann die notwendige formale Kommunikationsstruktur aufgebaut werden. Dabei steht im Vordergrund die Klärung der Fragen: Wer muss an wen was berichten? In monatlichen Feedback-Gesprächen erhält der neue Mitarbeitende Rückmeldungen zu seiner individuellen Leistung in allen vier Kompetenzbereichen bzw. zum Stand seiner Integration ins Unternehmen von den Kollegen, von Führungskräften und internen bzw. externen Kunden (360-Grad-Feedback). Dieser Rhythmus hat den Vorteil, dass der Mitarbeitende weiß, woran er ist. Unsicherheiten können artikuliert werden, Ungewissheit hinsichtlich der weiteren Vorgehensweise kann vermindert werden und eine Einschätzung über den weiteren Verbleib im Unternehmen wird nicht erst kurz vor Beendigung der Probezeit artikuliert. Die Integrationsphase ist mit Ablauf der Probezeit und einer endgültigen Beurteilung abgeschlossen. Die beschriebene Vorgehensweise ist in Tab. 11.4 zusammengefasst dargestellt.

Nach dieser Phase der Einarbeitung werden vom Mitarbeiter die ersten wertschöpfenden Handlungen erwartet. Das Unternehmen will wissen:

- Wie leistungsfähig sind die Mitarbeitenden?
- Wie kann das Unternehmen die Leistung der Mitarbeitenden steigern?
- Für welche Aufgaben kann das Unternehmen diese Mitarbeitenden zusätzlich zu ihrem normalen Arbeitsbereich einsetzen?

Tab. 11.4 Vorschläge von Maßnahmen in der Integrationsphase neuer Mitarbeiter

Integrationsphase	Maßnahmen
Mitarbeiter-Inplacement	Einstellungsgespräch
	Begrüßung des MA durch Management und Kollegen
	Fachbezogene Einarbeitungsplanung Die zu durchlaufenden Bereiche Dauer des Verbleibs Verantwortliche Führungskraft
	Soziale Einarbeitungsplanung Vorstellung der Sozialeinrichtungen Erläuterung wichtiger Wege Erklärung der Richtlinien
Entwicklungsplanung	Besprechung des Anforderungsprofils Besprechung der Stellenbeschreibung Erstellung des Kompetenzprofils Bestimmung des Qualifikationsindex Erstellung des individuellen Entwicklungsplanes Besprechung des Entwicklungsplanes
Potenzialanalyse	Wöchentliches MA-Gespräch In der Arbeitsgruppe mit den Kollegen Mit den zuständigen Führungskräften
	Monatliche Beurteilung Besprechung der Defizite oder Übererfüllungen aller Anforderungen aus den vier Kompetenz-bereichen
	Abschlussbeurteilungsgespräch nach Ablauf der Probezeit
	Einschätzung der Potenziale

Diese Fragen können in der nächsten Phase, der Entwicklungsphase, beantwortet werden, wenn die richtigen Methoden zur Verfügung stehen. Diese Phase dauert in der Regel mehrere Jahre.

11.3.2 Mitarbeitende als wertschöpfende Mitglieder im Unternehmen

Der Arbeitseinsatz eines Mitarbeiters erfolgt nach der Einschätzung seiner Potenziale über ein geeignetes Analyseverfahren. Je nach Potenzial und Ausprägung der UGT wird der Mitarbeiter die höchste Leistungsfähigkeit dann erreichen, wenn unter Berücksichtigung dieser beiden Größen der Arbeitseinsatz strukturiert wird. Grundlage dafür sind Zielvereinbarungsgespräche und das dazu passende Entgeltsystem. Die Durchführung dieser Maßnahmen hilft, weniger ungewissheitstolerante Mitarbeitende zu integrieren und gleichzeitig das organisationale Vertrauen zu stärken. Eine Optimierung des Arbeitseinsatzes erfolgt über Instrumente, die Handlungsfehler minimieren (H-FMEA)

11.3 Umsetzung des Modells in die Unternehmenspraxis

und Arbeitsplätze sowie Produkte kontinuierlich verbessern. Die Zufriedenheit des Mitarbeitenden mit der jeweiligen neuen Arbeitssituation kann durch selektive Befragungen bzw. durch ein Mitarbeitenden-Quality-Function-Deployment ermittelt werden. Folgereaktionen darauf sind dann die bewährten Maßnahmen Job Rotation, Job Enlargement und Job Enrichment. Die Anpassung der Mitarbeiterkompetenzen an die Anforderungen des Arbeitsplatzes erfolgt sinnvollerweise bedarfsbezogen. Eine kontinuierliche Anpassung in kleinsten Lernschritten wird durch Anwendung ergonomisch aufbereiteter Informationen, die dem Mitarbeitenden durch geschickt gestaltete Visualisierungssysteme nahegebracht werden, direkt am Arbeitsplatz erreicht. Diese Visualisierungssysteme entwickeln sich zu „Lernlandschaften" im Unternehmen, wenn entsprechende didaktische Hilfsmittel durch professionelle Personalentwickler sinnvoll eingesetzt werden. Daneben muss jedoch, untermauert durch permanent erhobene Bildungsbedarfe, eine individuelle Entwicklungsplanung für jeden Mitarbeitenden erarbeitet werden. Unterstützt durch Instrumente wie die Innovationskompetenzanalyse und Education-and-Qualification-Balanced-Scorecards wird dies effizient und effektiv gestaltet. Das Bedürfnis der Mitarbeitenden nach Bewertung ihrer erbrachten Arbeitsleistung wird durch Beurteilungsgespräche und ein abgestimmtes 360-Grad-Feedback befriedigt. Zusammengefasst sind die vorgeschlagenen Maßnahmen des Modells während der Entwicklungsphase von Mitarbeitern in Tab. 11.5.

Um die Leistungsfähigkeit und das Wohlbefinden des Mitarbeiters in der wertschöpfenden Phase seines Arbeitslebens stetig, bis zu einem individuell jeweils anders gelagerten Höhepunkt zu führen, können Maßnahmen wirkungsvoll eingesetzt werden, die das soziale Umfeld im Unternehmen verändern.

11.3.3 Mitarbeitende als bedürfnisorientierte soziale Mitglieder im Unternehmen

Organisationales Vertrauen wird in besonderem Maße durch die soziale Struktur des Unternehmens beeinflusst. Im vorgeschlagenen Modell sind Maßnahmen vorgesehen, die helfen, das organisationale Vertrauen zu stärken und gleichzeitig auch die interpersonale Vertrauensbildung zu ermöglichen. Im Wesentlichen sind dies Maßnahmen, die Kommunikation mit dem Mitarbeiter und Kommunikation der Mitarbeiter untereinander ermöglichen. Das Vertrauen in die Organisation wird durch eine transparente Darstellung aller erbrachten Ergebnisse erzielt, dazu zählen Leistungsergebnisse des Einzelnen genauso, wie Abteilungs-, Betriebs- und Unternehmensergebnisse; Marktforschungsergebnisse genauso, wie Ergebnisse von Mitarbeiterbefragungen. Mehr Freiräume in der Beurteilung von Arbeitsleistungen tragen ebenso zu einer organisationalen Vertrauensbildung bei. Das Modell wird dem gerecht, indem neben kooperativen Strukturen im Arbeitssystem verschiedene Kennzahlen dafür sorgen, dass der Mitarbeiter eine transparente Rückmeldung seiner Arbeitsleistung bekommt. Der Mitarbeiter kann nachvollziehen, wie sich sein Entgelt zusammensetzt, was er tun muss, um es zu verändern,

Tab. 11.5 Maßnahmen in der Entwicklungsphase von Mitarbeitern

Entwicklungsphase	Maßnahmen
Arbeitseinsatz	People Empowerment Kooperative oder individuelle Arbeitsstrukturen Zielvereinbarungsgespräch Leistungs- und qualitätsbezogenes Entgelt Handlungs-FMEA KVP-Aktivitäten (Kaizen) Human-QFD Job Rotation – Job Enrichment – Job Enlargement Kennzahlensysteme
Qualifizierung	Visualisierungssystem KVP-Aktivitäten Quality Circle Mitarbeiterinformationssystem Mitarbeiterselbstkontrolle Innovationsmonitoring „Lernlandschaften" im Betrieb Education-and-Culture-QFD Bildungsbedarfsplanung Bildungs-Benchmarking
Karriereplanung (vertikal und horizontal)	Innovationspotenzialanalyse (IPA) Individueller Entwicklungsplan Qualifikationsmatrizes Education-and-Qualification-Balanced-Scorecards
Beurteilung	Beurteilungsgespräch (alle sechs Monate) 360-Grad-Beurteilung (alle zwölf Monate)

welche Sanktionen auf ihn bei bestimmten Ereignissen warten. Das Vertrauen in die Organisation wird auch dadurch erhöht und ebenfalls die Ungewissheit neuen Situationen gegenüber verringert, wenn der Mitarbeitende weiß, dass bei einem von seiner Seite nicht gewollten Ausstieg aus dem Unternehmen Outplacement-Konzepte dafür sorgen, dass die neue soziale Situation für ihn bewältigbar wird. Ein möglicher Maßnahmenkatalog geht aus Tab. 11.6 hervor.

Mit diesen Möglichkeiten zur Umsetzung des Modells wird aus betriebs- und führungspädagogischer Sicht ermöglicht, dass sich ein Management des Vertrauens auf organisationaler Ebene im Unternehmen entwickelt.

An dieser Stelle sei nochmals darauf hingewiesen und ausdrücklich erwähnt, dass Misstrauensmanagement ein hoher Kostenverursacher im Unternehmen ist. Vielfach wird von Unternehmensseite behauptet, die Kosten, die ein Modell – wie beschrieben – verursacht, seien viel zu hoch und deshalb könne es nicht umgesetzt werden. Dies ist in der Praxis vielfach widerlegt worden. Im Gegenteil, solche Modelle helfen den Unternehmen, die Kostenverursacher zu identifizieren und auch die betriebswirtschaftliche

11.3 Umsetzung des Modells in die Unternehmenspraxis

Tab. 11.6 Maßnahmen während der Kommunikations- und Interaktionsphasen

Kommunikations- und Interaktionsphase	Maßnahmen
Informationssystem	Ergonomische Informationsaufbereitung Visualisierungstafeln Kommunikationsinseln Mitarbeiterbefragungen (alle zwei Jahre) Differenzierte Darstellung der Ergebnisse von Mitarbeiterbefragungen
Anreizsystem	Leistungsgerechtes Entgeltsystem Anerkennungsgespräch Kritikgespräch Sanktionenkatalog Kennzahlensysteme Mitarbeiter-Outplacement
Sozialsystem	Innerbetriebliche Strukturanalyse Sozialraumanalyse Kommunikationssystem Mitarbeiterselbstkontrolle

Sichtweise zu befriedigen (vgl. Sprenger, 2002, S. 44–46), denn (vgl. Nauendorf, 2004, S. 342–343):

- Es entfallen die Kosten der häufigen Neuauswahl von innovationskompetenten Mitarbeitenden aufgrund hoher Fluktuationsraten, weil die Beschäftigten gern in Unternehmen arbeiten, in denen Vertrauensmanagement ein Führungsmodell geworden ist.
- Es entfallen die Kosten durch Reibungsverluste, die bei den permanenten Absprachen, Verhandlungen und Neuvereinbarungen entstehen, weil einmal getroffene Vereinbarungen Bestand haben.
- Es entfallen die Kosten expliziter vertraglicher Sicherungsmaßnahmen und Kontrollaktivitäten hoch spezialisierter Mitarbeitenden z. B. durch Sichtkontrollen („Tut der Mitarbeiter auch das, was er tun soll?"), durch „Managing by wandering around", durch zentralisierte Controllingverfahren und durch hoch technisierte Kontrollsysteme am Arbeitsplatz, weil Kontrolle durch Regelung ersetzt wird und Regelung nur einiger guter Messgrößen bedarf, damit sie funktioniert.
- Es entfallen die Kosten für die Entwicklung, Implementierung und Kontrolle monetärer Anreizstrategien nach dem traditionellen Vorbild des betrieblichen Vorschlagswesens, welches aufgrund bürokratischer Strukturen Innovationen eher verhindert als sie zulässt, weil Innovationen im Rahmen von Kaizen alle Mitarbeitenden motivieren, sich Verbesserungen des gesamten Arbeitsumfeldes zuzuwenden, weil damit mehr erreicht werden kann als durch die materielle Belohnung Einzelner.
- Es entfallen die Kosten für viele externe Bildungsveranstaltungen, weil Lernen am Arbeitsplatz in „Lernlandschaften" des Unternehmens ein permanenter Prozess ist und dadurch viele Seminare überflüssig werden.

- Es entfallen die Kosten durch immer wieder neu zu gestaltende Dokumentationen der Anforderungen von Kunden oder neuer Normen, weil sie von vornherein ergonomisch gestaltet wurden und somit von den Mitarbeitern verstanden und demzufolge akzeptiert werden. Eine Pflege der Darstellungen am Arbeitsplatz erübrigt sich, weil es lebendige sich kontinuierlich selbstentwickelnde Systeme sind.

Bei konsequenter Anwendung des Modells ist es möglich, die Veränderung von einem rein betriebswirtschaftlich orientierten Managementsystem, das Innovationskompetenz nur zufällig fördert und deren Entwicklung ebenfalls dem Zufall überlässt, zu einem innovativen, qualitäts- und kundenorientierten System für das Unternehmen ökonomisch attraktiv zu gestalten. Und das wäre eine echte Innovation.

11.4 Ihr Lernerfolg aus diesem Kapitel

Nach der Bearbeitung dieses Kapitels und Beantwortung der vertiefenden Fragen sollten Sie in der Lage sein,

- eigene Modelle zur Wahrung bzw. Entwicklung von Innovationskompetenz für Ihren Bereich zu entwerfen.
- zu analysieren, ob in Ihrem Bereich genügend Methoden und Instrumente bereitgestellt werden, welche die Entwicklung von Innovationskompetenz fördern.
- zu argumentieren, dass der Mensch mit seinen zur Verfügung stehenden Potenzialen letztlich dafür verantwortlich ist, ob Innovationen stattfinden oder nicht.
- zu begründen, warum die Rahmenbedingungen zur Entwicklung von Innovationskompetenz vom System gestaltet werden müssen.
- zu begründen, dass die Ausprägung von Innovationskompetenz bei den Mitarbeitenden den Erfolg des Unternehmens bestimmt.
- zu begründen, dass die Investitionen zur Entwicklung von Innovationskompetenz durch eine Vielzahl neuer Innovationen schnell amortisiert werden.

11.5 Übungsaufgaben zu diesem Kapitel

Aufgabe 1
Warum muss von einem Modell gesprochen werden, wenn die verschiedenen Methoden zur Vermeidung von Widerständen planvoll zur positiven Gestaltung individueller Innovationskompetenz eingesetzt werden?

Aufgabe 2
Inwieweit nehmen die drei Bezugsebenen bei der Entwicklung von Innovationskompetenz Einfluss auf den Ausprägungsgrad?

Aufgabe 3
Welche Beziehungen ergeben sich durch die Einflussnahme der drei Bezugsebenen auf die Ausprägung von UGT, Vertrauen und Wissen?

Aufgabe 4
In welcher Struktur finden vielfach Prozesse im Unternehmen statt, die auf Innovationskompetenz der Mitarbeiter gründen und warum ist das so?

Literatur

Fleischmann, A., Oppl, S., Schmidt, W., Stary, C. (2018). Modelle. *Ganzheitliche Digitalisierung von Prozessen*. Springer.
Nauendorf, W. (2004). TQM als Vertrauensmanagement. Hampp.
Sprenger, R. (2002). *Vertrauen führt. Worauf es im Unternehmen wirklich ankommt*. Campus.
Kösel, E. (1997). *Die Modellierung von Lernwelten. Ein Handbuch zur subjektiven Didaktik*. Verlag Laub.

12 Musterlösungen, Befragungskataloge und ein Anforderungsprofil für Führungskräfte

Zusammenfassung

Im Folgenden finden Sie Musterlösungen zu den Übungsaufgaben; diese sollten Sie mit den von Ihnen gefundenen Lösungen vergleichen. Die Beispiele für die Gestaltung von Erhebungsinstrumenten dienen dazu, Ihnen einen möglichen Weg aufzuzeigen, wie man solche „Befragungsinstrumente" gestalten könnte. Auch das vorgeschlagene Anforderungsprofil ist lediglich eine mögliche Form der Gestaltung.

12.1 Musterlösungen zu den Übungsaufgaben

12.1.1 Musterlösungen zu Kap. 1

Aufgabe 1
Was sind die Voraussetzungen für Innovationen?
Die Qualität und die Gestaltung von Arbeit unter Einbeziehung sozialer, organisatorischer und unternehmenskultureller Faktoren.

Aufgabe 2
Welche Faktoren fördern Innovation, welche behindern sie?
Förderlich sind:

- integrative Konzepte für die Personal- und Organisationsentwicklung
- eine Unternehmenskultur, die den Wert von Innovationen richtig einschätzt
- eine ausgeprägte Führungskompetenz der Manager
- eine Kultur der Vielfalt im Unternehmen

© Der/die Autor(en), exklusiv lizenziert an Springer Fachmedien Wiesbaden GmbH, ein Teil von Springer Nature 2023
W. Nauendorf, *Innovationskompetenz und Leadership*,
https://doi.org/10.1007/978-3-658-42678-1_12

- ein gelebtes Vertrauensmanagement
- ein praktiziertes Wissensmanagement

Hinderlich sind Unternehmenskulturen,

- die als Managementmodell den Bürokratismus gewählt haben,
- die das Personal verwalten statt zu entwickeln.
- in denen Vorgesetzte immer Recht haben.
- die eine Gestaltung der Arbeitswelt ohne berufliche Bildung vollziehen wollen.

Aufgabe 3
Wodurch unterscheiden sich innovative, erfolgreiche Unternehmen von weniger innovativen, weniger erfolgreichen Unternehmen?
Innovative Unternehmen legen die Aspekte zur Gestaltung und für Qualität von Arbeit unter Einbeziehung der vorhandenen Potenziale der Mitarbeiter fest. Der Mitarbeiter steht mit seinen Potenzialen im Mittelpunkt. Weniger innovative Unternehmen legen mehr Wert auf Förderung technologischer Endprodukte als auf Förderung von Mitarbeitern.

Aufgabe 4
Wie kann die Innovationsfähigkeit der Unternehmen und der sonstigen Institutionen sowie der Gesellschaft insgesamt wirksam gesteigert werden?
Veränderung der politischen und gesellschaftlichen Gesamtstruktur unter Berücksichtigung von werteorientierten Leitbildern (Unternehmensphilosophie), die von den arbeitenden Menschen zu Unternehmenskulturen verwandelt werden, die das Neue nicht als Bedrohung, sondern als Herausforderung empfinden.

Aufgabe 5
Welche Arten von Innovationen sind aus wirtschaftlicher, sozialer, ökologischer und kultureller Perspektive zu bevorzugen, welche sind weniger erstrebenswert?
Alle Innovationen, die Alleinstellungsmerkmale gegenüber ihrer Mitwelt bieten, sind zu bevorzugen. Innovationen, die ohne Berücksichtigung der Menschen mit ihren Bedürfnissen, Fähigkeiten, Erwartungen und Wertevorstellungen umgesetzt werden sind weniger erstrebenswert.

12.1.2 Musterlösungen zu Kap. 2

Aufgabe 1
Erläutern Sie den Begriff der Unternehmenskultur.
Unternehmenskultur ist die „gelebte" Unternehmensphilosophie. Die UK prägt das Denken, die Entscheidungsfindung, die Handlungen und das Verhalten aller Mitglieder eines Unternehmens.

12.1 Musterlösungen zu den Übungsaufgaben

Die UK macht das Unternehmen in seinem „Charakter" und Stil unverwechselbar. Die UK ist das Programm zur Umsetzung der Unternehmensphilosophie und stellt das „Vorbild" für die Zukunft dar. Genau wie die Ausrichtung der Unternehmen sehr vielschichtig sein kann, ist auch die Unternehmenskultur in ihrerAusrichtung sehr unterschiedlich, d. h. auch negative Ausrichtungen sind denkbar.

Aufgabe 2
Inwieweit wirkt sich der Wertewandel in den westlichen Industrienationen auf die Innovationsbereitschaft und die Innovationsfähigkeit der Gesellschaft aus?

Globalisierung, Wertewandel und Paradigmenwechsel in unserer Wirtschaft erfordern veränderte Unternehmensphilosophien mit den notwendigen Managementkonzepten, also Handlungskonzepten, zur Umsetzung. Das bedeutet neue Herausforderungen, die durch innovationsfördernde Konzepte „gemeistert" werden können.

Aufgabe 3
Welche Bestandteile begründen die Kultur eines Unternehmens?

Organisationales Vertrauen, Kooperationsbereitschaft und verbindliches Handeln der Fach- und Machtpromotoren eines Unternehmens ermöglichen die Umsetzung der Unternehmensphilosophie in die Unternehmenskultur.

Aufgabe 4
Stellen Sie mögliche positive (funktionale) und negative (dysfunktionale) Wirkungen der Unternehmenskultur auf die betriebliche Innovationstätigkeit dar.

Je nach Grundorientierung kann die Unternehmenskultur positive und auch negative Auswirkungen auf Innovationsprozesse im Unternehmen ausüben z. B.: Kundenorientierung kann negative Auswirkungen auf die Innovationstätigkeit ausüben, wenn ein Kunde bestimmt, was Innovationen sind.

- Kostenorientierung kann innovationsfeindlich wirken, denn das für Innovationen unvermeidliche „Probieren" ist meist sehr kostenintensiv.
- Kommunikationsorientierung hat sicherlich positive Auswirkungen auf die Innovationstätigkeit, da durch Kommunikation die Innovation erst die nötige „Reife" erhält.
- Unternehmensorientierung ist innovationsfördernd, da Loyalität, Teamgeist und Kooperationsbereitschaft ein guter Nährboden für Innovationen ist.
- Technologieorientierung kann innovationsfeindlich sein, da endlose Technologiedebatten Innovationen verhindern.

Aufgabe 5
Wie beurteilen Sie die Bedeutung der Unternehmenskultur für den Erfolg von Unternehmen?

Unternehmenskulturen, die im geschilderten Sinn als „gelebte Unternehmensphilosophien" eine Grundorientierung haben, die dem Zweck des Unternehmens entspricht tragen immer zum Erfolg des Unternehmens bei.

Aufgabe 6
Welche Voraussetzungen müssen grundsätzlich erfüllt sein, damit die Unternehmenskultur einen Beitrag zum Unternehmenserfolg leisten kann?
Die richtige Philosophie und die richtige Grundorientierung.

Aufgabe 7
Wie schätzen Sie den Stellenwert von »Innovations-Champions« für die Innovationskraft eines Unternehmens ein?
Die Wahl von Innovations-Champions hat nur dann einen Sinn, wenn das gesamte Unternehmen diese „Funktion" im betrieblichen Alltag akzeptiert. Weiterhin muss die Anerkennung der Person „wertschätzend" sein und ist vom jeweiligen Charakter und Stil des Unternehmens abhängig. Einige Unternehmen lassen z. B. die „Innovations-Champions" für eine begrenzte Zeit innerhalb des Werksgeländes parken, was sonst nur der Geschäftsleitung vorbehalten ist. Dies führt zu keiner Wertschätzung, sondern i. d. R. zu Missachtung und Spott bei den anderen Kolleginnen und Kollegen.

Aufgabe 8
Lässt sich die Kultur eines Unternehmens zielgerichtet verändern, und worauf ist bei der Kulturentwicklung vor allem zu achten?
Jede Unternehmenskultur lässt sich durch eine passendere Unternehmensphilosophie verändern, wenn den Betroffenen genügend Zeit für die Umsetzung eingeräumt wird. Weiterhin müssen die Inhalte der Unternehmensphilosophie umsetzbar und die Ziele eindeutig formuliert sein.

Aufgabe 9
Welche Rolle spielt die Unternehmensführung im Prozess der Kulturveränderung?
Die Mitglieder der Unternehmensführung sind die geistigen Urheber der Unternehmensphilosophie und sie müssen dafür sorgen, dass eine lebbare Unternehmenskultur daraus entstehen kann. Dafür müssen Rahmenbedingungen geschaffen und Möglichkeiten zum Ausprobieren zur Verfügung gestellt werden.

12.1.3 Musterlösungen zu Kap. 3

Aufgabe 1
Erklären sie den Unterschied zwischen der Handlungskompetenz eines Sachbearbeiters in der Buchhaltung und der Innovationskompetenz desselben Sachbearbeiters bei der Einführung des TQM-Systems (Total Quality Management) als Prozessinnovation.

Die Handlungskompetenz des Sachbearbeiters in der Buchhaltung wird durch die vier Kompetenzbereiche Fachkompetenz, Methodenkompetenz, Sozial- und Persönlichkeitskompetenz geprägt. Hohe Ausprägungsgrade liegen eindeutig auf der Seite von Fach- und Methodenkompetenz z. B.: 40 % der Handlungskompetenz werden von der FK und weitere 40 % von der MK geprägt. 20 % der Handlungskompetenz werden von SK und PK geprägt. Wird derselbe Sachbearbeiter z. B. Mitglied eines TQM-Teams wird Innovationskompetenz benötigt, die sich von seiner bisherigen Handlungskompetenz unterscheiden wird. Es werden sich die prozentualen Anteile verändern. Gleichermaßen muss das zu betrachtende Bedingungsfeld (Individuum, soziales Umfeld, organisatorisches Umfeld und Innovationssystem) berücksichtigt werden. Nicht nur das Vorhandensein der Einzelkompetenzen, sondern auch die Umsetzungsmöglichkeiten im Innovationsumfeld müssen vorhanden sein, damit Innovationskompetenz entwickelt werden kann.

Aufgabe 2
Warum bezeichnet man das Handlungskompetenz- und das Innovationskompetenzmodell als Modelle in den Sozial- und Wirtschaftswissenschaften?

Modelle sind stets Abbildungen von realen Systemen, Prozessen u. ä. Wie genau Modelle die Realität abbilden müssen bzw. sollen, hängt vom Modellbenutzer ab. Handlungs- und Innovationskompetenzmodelle bilden Prozesse und Systeme im Kontext von Lernen und/oder Veränderung ab. Der Detaillierungsgrad („Auflösung") des Bildes kann Aufschluss über den Erfolg solcher Prozesse geben.

Aufgabe 3
Gibt es „Entwicklungskompetenz"? Begründen Sie Ihre Meinung.

Entwicklungskompetenz ist eine besondere Form von Handlungskompetenz. Menschen mit einem hohen Ausprägungsgrad von Entwicklungskompetenz haben die Fähigkeit aufgrund hoher Fach- und Methodenkompetenz Produkte und/oder Prozesse zu verändern. Ihre ebenso ausgeprägte Sozialkompetenz ermöglicht es ihnen mit anderen zu kommunizieren und zu interagieren. Durch eine dazu passende Persönlichkeit schöpft aus den Kommunikationsprozessen einen Zugewinn an Wissen. Menschen mit Entwicklungskompetenz sind neugierig, lernbegierig und lernfähig.

Aufgabe 4
Jemand behauptet, alle vier Kompetenzbereiche des Innovationskompetenzmodells müssen bei allen Beteiligten gleich stark ausgeprägt sein. Ist die Behauptung richtig? Begründen Sie.

Die Behauptung ist ohne nähere Angaben zum Kontext, da die Ausprägung der vier Kompetenzbereiche von der jeweiligen Funktion (Rolle) des Einzelnen abhängig ist nicht haltbar.

Aufgabe 5
Entwerfen Sie das Anforderungsprofil für einen Projektleiter in einem Großunternehmen, der wesentliche Bereiche des Total-Quality-Management-Systems als Prozessinnovation im Unternehmen einführen soll.
Ein individuell erstelltes Anforderungsprofil finden Sie im Abschn. 13.3.

12.1.4 Musterlösungen zu Kap. 4

Aufgabe 1
Begründen Sie, warum zu Veränderungsprozessen Widerstände gehören.
Innovationen beinhalten immer Veränderungen und dies bedeutet für den Einzelnen immer Veränderung seiner subjektiv empfundenen Wirklichkeit. Dies kann Ängste erzeugen. Eine Form des Abbaus von Angst ist das Nicht-Zulassen von Veränderungen durch Aufbau von Widerständen.

Aufgabe 2
Nennen Sie Möglichkeiten zur Reduzierung von Innovationswiderständen.
Verstärkung der fördernden Kräfte von Innovationen z. B.:

- Innovationspolitik des Unternehmens
- Innovationskultur
- Richtige Auswahl der Promotoren von Innovationen unter den Gesichtspunkten:
- richtige Ausprägung von Ungewissheitstoleranz
- genügendes Wissen über die Innovation
- ausgeprägtes organisationales Vertrauen

Aufgabe 3
Nennen Sie Maßnahmen, die ein gemeinsames Miteinander zwischen Innovation und Widerstand ermöglichen.
Die operationalen Phasen des Innovationsprozesses müssen auf die Reaktionsmuster der Betroffenen und beteiligten abgestimmt werden, dann können auch die „Widerstandsphasen" zu aktiven Lernphasen umstrukturiert werden.

Aufgabe 4
Erläutern Sie die Deutungsmustertheorie beim Aufbau individueller Widerstände.
Das, was Menschen erkennen, ist davon abhängig, was sie zu erkennen gewohnt sind. Was sie zu erkennen gewohnt sind, wird durch individuelle Deutungsmuster geprägt. Der Begriff „Deutungsmuster" beschreibt den Sachverhalt, dass Menschen über einen Vorrat an Perspektiven und Routinen zur Deutung und Interpretation von Situationen verfügen. Der Einzelne wägt in einer Situation nicht jeweils erneut ab, was diese Situation bedeutet, was sie von ihm erwartet und wie er sich am besten ihr gegenüber verhalten sollte; er ver-

fügt vielmehr über ein Alltags- und Routinewissen, auf das er zurückgreifen kann. Dieses Wissen ist strukturiert; es setzt sich aus Deutungsmustern zusammen, die durch Erfahrungslernen erworben sind. Da diese schon in der frühkindlichen Entwicklung Grundorientierungen bieten und über die weiteren Entwicklungsphasen für die Entstehung moralischer oder politischer Orientierungen verantwortlich sind, prägen sie die Basispersönlichkeit. Deutungsmuster sind im Individuum festgesetzte soziale Erfahrungen.

Dies kann bei Veränderungsprozessen eine große Gefahr darstellen. Das Bemühen um Kontinuität der Sichtweisen kann nämlich zu Lasten einer adäquaten Interpretation neuer Anforderungen und Problemsituationen gehen. Die Betroffenen bauen Widerstände auf, um der Veränderung zu entgehen.

Aufgabe 5
Nennen Sie Reaktionen und Verhaltensweisen einzelner Mitarbeiter im betrieblichen Alltag, die auf „Widerstand" hindeuten.
z. B.:

- gespielte Aktivität, d. h. MA tun so, als wollen sie alle Aktivitäten unterstützen, versuchen aber gleichzeitig jeder konstruktiven Mitarbeit zu entgehen
- Verweigerung von Information
- Verweigerung von Mitarbeit
- „Dienst nach Vorschrift"
- „Miesmachen"

12.1.5 Musterlösungen zu Kap. 5

Aufgabe 1
Kreativität ist die Fähigkeit, etwas zu erschaffen, was neu oder originell und dabei nützlich oder brauchbar ist. Wie kreativ darf man eigentlich im beruflichen Umfeld sein?
Hinter dieser Art der Fragestellung verbirgt sich eigentlich schon das Problem, das in vielen Unternehmen grassiert. Seit vielen Jahren gibt es die Formulierung der brotlosen Kunst. Sie wurde häufig verwendet, um schöpferische Tätigkeiten zu beschreiben. Auch heute noch zeigt diese Wortwahl, wie der Begriff Kreativität vielerorts verstanden wird. Gestaltungskraft oder Ideenreichtum gelten als freischaffende Selbstentfaltung ohne Ziel, als individuelle Befriedigung schöpferischer Prozesse. Tatsächlich ist Kreativität jedoch nichts anderes als die Fähigkeit, Probleme eigenständig und eigenverantwortlich auf möglichst verschiedene Art zu lösen. Vor diesem Hintergrund ist die direkte Antwort: Man sollte so kreativ wie möglich sein.

Aufgabe 2
In einem Unternehmen geht es zunächst darum, die Voraussetzungen zu schaffen, um Ideenvielfalt zu kultivieren. Wie kommt Kreativität in den Arbeitsprozess?

Zunächst einmal kann niemand Kreativität verbieten oder erzwingen. Sie lässt sich nicht ein- und wieder ausschalten. In einem Unternehmen geht es zunächst darum, die Voraussetzungen zu schaffen, um Ideenvielfalt zu kultivieren. Das bedeutet, Bestehendes zu hinterfragen, Experimentieren zu belohnen sowie Aufmerksamkeit und Unvoreingenommenheit zu fördern. Darüber hinaus gilt es übergreifend Freiräume zu schaffen. Das allein bringt zwar noch keine neuen kreativen Lösungen, es schafft aber die Voraussetzung, dass jeder Mitarbeiter die Chance erhält, eigene Ideen zu verfolgen und umzusetzen – und das ganz ohne Furcht vor Fehlern oder unerwarteten Ergebnissen.

Aufgabe 3
Warum ist Vertrauen im innovativen Unternehmen ein wesentlicher Erfolgsfaktor?
Der Soziologe und Systemtheoretiker Niklas Luhmann spricht in diesem Zusammenhang davon, dass Vertrauen ein Mechanismus der Reduktion sozialer Komplexität sei. Es hängt demnach von unserer Fähigkeit ab, anderen und Systemen zu vertrauen, ob wir mit der Komplexität des Alltags zurechtkommen. Wenn alles Mögliche und manchmal auch Unmögliche passieren kann, dann ist es für uns alle einfacher, wenn wir uns zumindest darauf verlassen können, dass wir uns grundsätzlich gegenseitig vertrauen, weil wir wissen, dass jeder fachlich kompetent an seine Aufgabe heran- und verantwortungsvoll damit umgeht. Und damit hängt viel von unserer inneren Grundhaltung ab, wie und ob wir Vertrauen schenken oder wecken können in einer Zeit des schnellen Wandels. Vertrauen ist eine wesentliche Voraussetzung und entscheidende Grundlage für den gemeinsamen Erfolg.

Aufgabe 4
Warum ist Vertrauen im innovativen Unternehmen so wichtig für die Führung?
Erfolgreiche Führung gewinnt durch ein hohes Vertrauensniveau. Dabei wirken immer zwei Faktoren unserer Persönlichkeit auf andere: das Welt- und Menschenbild – also das Vertrauen in die Welt – und das Selbstbild – also das Vertrauen in sich selbst. Es gibt Menschen, die vertrauen blind. Ein tiefes Urvertrauen zu allem und jedem prägt sie. Und dann gibt es Menschen, die nichts und niemandem ihr Vertrauen schenken. Ihr Urvertrauen ist in den Grundfesten so erschüttert, dass die Risse sich bereits tief in das Mauerwerk eingegraben haben. So unterschiedlich die Grundlagen sind, eines verbindet beide Typen: Tiefe Emotionen begleiten ihr Leben. Auf der einen Seite Zuversicht, Optimismus und Begeisterung. Auf der anderen Seite Angst, Missmut und Hoffnungslosigkeit. Beides lebt in ihnen und wirkt gleichzeitig aufs Miteinander. Das gilt es beim Führen zu berücksichtigen. Nur in Vertrauensbeziehungen werden „soziale Tauschgeschäfte" ehrlich abgewickelt. Organisationales Vertrauen garantiert z. B. den Beteiligten die ehrliche Leistungserbringung durch die Mitarbeiter und die darauffolgende Anerkennung dieser Leistung durch die Organisation (Unternehmen, Firma, Betrieb, Geschäft o.ä.). Wenn eine Balance zwischen Leistungserbringung und Leistungsanerkennung da ist, wird auch Mitarbeiterzufriedenheit erreicht. Organisationales Misstrauen verhindert Leistungssteigerungen, da z. B. gegenüber dem sozialen

12.1 Musterlösungen zu den Übungsaufgaben

Tauschgeschäft „Lohn gegen Leistung" (Basisvertrauen eines Mitarbeiters) Misstrauen aufgebaut wird. Innovationen sind in der Regel mit geistigen Hochleistungen verbunden. Bei organisationalem Misstrauen also unmöglich gemacht.

12.1.6 Musterlösungen zu Kap. 6

Aufgabe 1
Nennen Sie drei Berufe, die Ihrer Meinung nach am besten für eher ungewissheitstolerante Menschen geeignet sind, und drei Berufe, die für Personen mit einem geringen Ausprägungsgrad von Ungewissheitstoleranz geeignet sind.
Eher ungewissheitstolerant sollten sein:
Lehrer – Ingenieure – Geschäftsführer
Eher ungewissheitsintolerant sollten sein:
Piloten – Controller – Bankangestellte

Aufgabe 2
Häufig werden in der Literatur und in Netzwerken die Begriffe Ambiguitätstoleranz, Unsicherheitstoleranz und Ungewissheitstoleranz gleichgesetzt. Ist das, wissenschaftlich betrachtet, statthaft?
Meines Erachtens darf man diese drei Begriffe nicht gleichsetzen, sondern muss sie differenziert betrachten. Ambiguitätstoleranz ist der positive Umgang mit ambiguitären, d. h. mehrdeutigen Situationen. Ambiguitätstolerante Personen können somit auch mit den durch die mehrdeutige Situation bedingten Widersprüchlichkeiten umgehen. Unsicherheitstoleranz ist der positive Umgang mit unsicheren Situationen, d. h. die Personen sind sich nicht sicher ob eine Situation sich gemäß in der Vergangenheit gemachter Erfahrungen entwickelt oder einen anderen Verlauf nimmt. Beide Optionen sind möglich. Ungewissheitstoleranz dagegen ist der positive Umgang mit ungewissen Situationen, d. h. es liegen für die Bewältigung der neuen Situation keine Erfahrungswerte aus der Vergangenheit vor, sondern es müssen völlig neue Alternativen ausprobiert werden. Eine rekursive Betrachtung (auf Erfahrungen aus der Vergangenheit beruhend) der Situation ist nicht möglich, sondern nur eine innovative, also eine neue Bewältigungsstrategie ist vonnöten.

12.1.7 Musterlösungen zu Kap. 7

Aufgabe 1
Warum wird der Führung im Unternehmen eine enorm wichtige Rolle zugeschrieben?
Unternehmen sind soziotechnisch-ökonomische probabilistische Systeme mit dem Ziel, Mehrwerte zu generieren. Hierbei bedeutet: sozio = mit Menschen, technisch = mit Maschinen und Anlagen, ökonomisch = unter Wahrung betriebswirtschaftlicher Gesetz-

mäßigkeiten, probabilistisch = den Zufälligkeiten und Wahrscheinlichkeiten der natürlichen Umwelt ausgesetzt. Diese Bedeutungszuschreibungen bedingen ein völlig zufällig auftretendes Endergebnis. Das kann jedoch nicht die Grundlage von Unternehmenserfolg sein. Erst die Vernetzung zu einem System kann einzelne Gruppen dazu anregen über die Schaffung von Wechselwirkungen Mehrwerte (unter anderem auch Gewinn) zu generieren. Die systemische Verknüpfung zu ermöglichen ist Führungsaufgabe, die sowohl formal als auch lateral von kompetenten Führungskräften wahrgenommen werden muss. Leitung hat dann die Aufgabe, die erschlossenen Ressourcen richtig zu verwalten und Steuerung übernimmt die Aufgabe, Ziele festzulegen und die Wege dorthin zu ermöglichen.

Aufgabe 2
Für das Führen ohne Weisungsbefugnis stehen drei Hebel zur Verfügung: Bedürfnisabklärung, Machtprozesse und Informationsübermittlung in Anlehnung an Vertrauen, Macht und Verständigung von Schnelle/Kühl. Welche Fragen resultieren aus dieser Tatsache?

- Bedürfnisabklärung
  Welche Personen haben welche Bedürfnisse im Innovationsprojekt?
  Welche Chancen und Risiken ergeben sich für die wichtigsten Entscheidungsträger und Projektbeteiligten aus dem Projekt?
- Machtprozesse
  Welche Personen kann man über welche Entscheidungswege und zu welchen Entscheidungszeitpunkten gewinnen?
  Sind spezifische Macht- und Entscheidungsprozesse zu beachten?
  Wer sind die offiziellen und inoffiziellen Entscheidungsmacher?
- Informationen
  Welche Personen lassen sich mit welchen Inhalten und welcher Informationsform gewinnen?

Aufgabe 3
Was bedeutet es im Unternehmen, wenn durch die wesentlichen Mechanismen der Einflussnahme im Rahmen lateraler Führung: Verständigung, Macht und Vertrauen eine „andere" Führungskultur aufgebaut werden soll?
Verständigung: Alle beteiligten Personen müssen innerhalb eines gemeinsamen Denkrahmens auf einer Ebene kommunizieren können. Die lateral führende Person muss die Interessen ihres Gegenübers erörtern, um die eigenen Interessen mit diesen abgleichen zu können und so alte Denkmuster aufzubrechen. Wenn verschiedene Organisationseinheiten sich gleichzeitig von ihren alten Denkmustern lösen können, besteht so die Möglichkeit, neue gemeinsame Sichtweisen zu entwickeln.
Macht: Die lateral führende Person kann durch das Erzeugen von Machtspielen die Blockaden, entstanden durch eingefahrene Denkmuster, überwinden und neue Hand-

lungsmöglichkeiten eröffnen. Der Einfluss der führenden Person hängt davon ab, wie wichtig ihre Handlungen für ihr Gegenüber sind.

Vertrauen: Ein gegenseitiges Vertrauensverhältnis ist maßgeblich für die laterale Führung. Durch Vertrauensvorschüsse und gegenseitiges Erwidern dieser, kann sich ein langfristiges Vertrauensverhältnis zwischen der lateral führenden Person und ihrem Gegenüber einstellen.

In einer Organisation laufen die Prozesse von Verständigung, Macht und Vertrauen gleichzeitig ab und sind oftmals nicht eindeutig erkennbar. Die Prozesse können ineinandergreifen und sich so verstärken. Besteht zwischen Personen ein hohes Vertrauensverhältnis, so fällt auch die Verständigung untereinander leichter. Auf der anderen Seite können sich die Prozesse auch gegenseitig behindern. Seine eigenen Interessen mit Macht durchzusetzen fällt schwerer, wenn zu der anderen Person ein hohes Vertrauensverhältnis besteht.

Aufgabe 4
Welche Entwicklungen werden als treibende Kräfte dafür verantwortlich gemacht, dass ein unverkennbarer Trend zu lateraler Führung auch in bisher traditionell hierarchisch geführten Unternehmen bemerkbar ist?

Es können folgende Entwicklungen als treibende Kräfte dafür verantwortlich gemacht werden:

- Zunehmende fachliche Spezialisierung (Stichwort „Wissensgesellschaft")
- Zunehmende Komplexität betrieblicher Umwelten (Notwendigkeit der Berücksichtigung von zahlreichen Stakeholdern mit unterschiedlichen Interessen)
- Erhöhte Vernetzung der zu gestaltenden Abläufe einerseits und andererseits das immer häufiger anzutreffende Ansinnen von Führungskräften, nicht – oder zumindest weniger – mit Problemen befasst zu werden, die schon auf der Ebene der beteiligten Mitarbeitenden gelöst werden sollten (Stichwort „Subsidiarität")
- Kostendruck bzw. finanzielle Vorgaben
- Wertewandel („herrschaftsfreier Diskurs", „Führung auf Augenhöhe", …)
- Zunehmende Diversifizierung von Führungsformen
- Trends zum „postheroischen Management" (Paradigmenwechsel weg von der „heldenhaften Führungskraft" hin zum Bild einer stärker „dienenden Führungskraft")

12.1.8 Musterlösungen zu Kap. 8

Aufgabe 1
Bringen Sie die Verben: können- wollen- dürfen in den Zusammenhang zu den in Abb. 9.2 genannten Begriffen Qualifikation – Kompetenz – Performanz.

Will man mit seinem erworbenen Wissen auch sein Können in der beruflichen bzw., außerberuflichen Praxis unter Beweis stellen, strebt man eine Qualifikation an. Man erreicht diese, indem man beispielsweise eine Prüfung vor einem Fachgremium absolviert oder sein Können in der Form einer Arbeitsprobe unter Beweis stellt. Können hängt also unmittelbar mit der Qualifikation eines Menschen zusammen. Wenn man etwas kann ist es nicht unbedingt nötig dieses Können also seine Qualifikation anzuwenden erst wenn die sozialen und persönlichen Eigenschaften eines Menschen eine sinnvolle Anwendung wollen dann spricht man von Handlungskompetenz. Kompetenz und das damit verbundene Wollen sind somit für die Umsetzung des Wissens, der Qualifikation notwendig. Damit die Sinnhaftigkeit der Handlung auch offensichtlich wird muss man seine Handlungskompetenz auch zeigen dürfen, dies nennt man dann Performanz. Um erfolgreich zu sein bedarf es also unbedingt dieser drei Verben: können verknüpft mit Qualifikation, wollen verknüpft mit beruflicher Handlungskompetenz und dürfen verknüpft mit der Performanz.

Aufgabe 2
Wissensmanagement ist die organisatorische Basis für die Förderung von Innovationskompetenz. Dazu bedient sich das Wissensmanagement einiger strukturierender Bausteine. Wie heißt der operationale Vorgang der Wissensidentifikation, der Wissensdokumentation und der Wissensverteilung.

Wissensidentifikation: Gestaltung von Erhebungsinstrumenten zur Identifikation des gesamten organisationalen Wissens. Wissensdokumentation: Schaffung von Visualisierungsmöglichkeiten am Arbeitsplatz und Erzeugung von Wissensdatenbanken, um ein Lernen vor Ort zu gewährleisten. Wissensverteilung: Intranetbasierte Multiplikatorenmodelle ermöglichen jederzeit den Zugriff auf das organisationale Wissen.

Aufgabe 3
Im systemischen Wissensmanagement unterscheidet man Wechselbeziehungen von Wechselwirkungen. Erklären Sie den Unterschied.

Eine Wechselbeziehung hat für die beteiligten Partner nur den Vorteil des Gedankenaustauschs und der Wissensübertragung. Der Wissenstransfer findet über die Fach- und Methodenkompetenz statt. Entstehen Wechselwirkungen haben sowohl die Fach-, Methoden-, Sozial- und Persönlichkeitskompetenz der Beteiligten einen Einfluss auf die Verarbeitung von Wissen. In der Regel wird etwas Neues dabei generiert, sodass ein Mehrwert für alle Beteiligten entsteht. Das nennt man auch Synergie.

Aufgabe 4
Ist es möglich bei einfachen Systemen, das sind Systeme mit einer geringen Anzahl Beteiligter, die sich nur sehr schwerfällig bewegen und somit verändern, Synergieeffekte zu erzeugen?

Überlässt man diese Systeme sich selbst, wird nur in sehr geringem Maße eine Veränderung stattfinden. Systeme in dieser Ruhelage sind kaum in der Lage Synergien und somit auch Innovationen zu generieren. An dieser Stelle ist Führung gefragt, die es schafft aus den Wechselbeziehungen innovationsträchtige Wechselwirkungsabläufe zu gestalten. Führung muss es schaffen mit Methoden der Führungsandragogik Mehrwerte zu generieren.

12.1.9 Musterlösung zu Kap. 9

Aufgabe 1
Sprenger findet dazu folgende Antworten:

„Weil Führung oft immer noch verstanden wird als Mikromanagement auf der Basis eines misstrauischen Menschenbildes. Weil Aktionäre weiterhin an den Zusammenhang »hohe Boni = hohe Rendite« glauben. Weil sich die »Zusammenarbeit« als Zentralidee der Unternehmensführung noch nicht durchgesetzt hat. Weil viele schwache Führungskräfte Anreize als Führungsprothesen brauchen. Weil Gänse nicht für Osterfeste votieren: Solange ein Manager Informationsvorteile nutzen und so das Unternehmen ausbeuten kann, wird er das tun. Es ist unwahrscheinlich, mit etwas aufzuhören, wenn das Einkommen davon abhängt, es nicht zu hören." (Sprenger, 2021: S.300)

12.1.10 Musterlösungen zu Kap. 10

Aufgabe 1
Warum ist das Quality Function Deployment für das Innovationsmanagement eine sehr interessante Methode und wozu wird es hauptsächlich im Innovationsmanagement eingesetzt?

Grundlegendes Ziel der QFD-Philosophie ist es den Erwartungen und Wünschen des Kunden in jeder Phase der Produktentstehung mehr Bedeutung beizumessen als den Realisierungsvorstellungen der Produktentwickler. Kundenforderungen sind genau zu analysieren und aus der Sicht des Kunden zu interpretieren. So entsteht durch die Auswertung des House of Quality ein neues Reservoir an Wissen und zwar sowohl Kundenwissen, in der Form von Anforderungen an das Produkt bzw. an die Dienstleistung als auch Entwicklungs Know-how, das durch die Beteiligung der Techniker und Ingenieure freigesetzt wird. Im Innovationsmanagement dient QFD als kundenorientierte Wissensdatenbank.

Aufgabe 2
Benchmarking wird sehr häufig in der Praxis als Kontrollmethode angepriesen. Es wird der Vergleich mit den Besten im jeweiligen Marktsegment wird häufig gleichgesetzt mit einem Leistungsvergleich in der gleichen Organisation und wird missbraucht um Abteilungen gegeneinander auszuspielen. Was verstehen Sie unter dem Begriff Benchmarking und wie integriert sich diese Methode in das Innovationsmanagement.

Das Vorgehen beim QFD-Prozess ermöglicht es, die produktbezogenen Kundendaten detailliert zu ermitteln und umzusetzen. Der Vergleich mit dem Wettbewerb und die Definition der eigenen Marktposition erfordert jedoch eine andere Vorgehensweise, so wie sie in Benchmarking-Prozessen gefordert wird. Benchmarking ermöglicht es die eigenen Prozess- und Produktdaten (Merkmale, Abläufe, Entscheidungen, Strategien usw.) mit denen der Marktführer zu vergleichen, um daraus Defizite oder auch Vorteile abzuleiten. Benchmarking im Innovationsmanagement dient dazu, die internen Wissensdatenbanke mit zusätzlichem Wissen durch Gespräche und Vergleiche mit den „Besten" im Marktsegment anzureichern.

Aufgabe 3
Welchen theoretischen Konzepten folgt die Anwendung der H-FMEA?

Die H-FMEA basiert auf der Hypothese, dass in vielen Fällen ein enger Zusammenhang zwischen zufällig auftretenden Produktfehlern und Handlungsfehlern besteht. Es wird davon ausgegangen, dass sich diese Fehler durch arbeitswissenschaftliche Methoden systematisch eingrenzen und durch mitarbeiterorientierte Arbeitsgestaltung vermeiden lassen. Die H-FMEA verfolgt Ziele auf der personalen, ergonomischen und organisatorischen Ebene: Auf der personalen Ebene soll die H-FMEA eine Erweiterung des Handlungsspielraumes und das Lernen im Prozess der Arbeit bewirken. Auf der ergonomischen Ebene soll eine Verbesserung der ergonomischen Arbeitsbedingungen eintreten. Auf der organisatorischen Ebene soll eine prozessorientierte Produkt- und Ablaufplanung bewirkt werden.

Aufgabe 4
Welche Vorüberlegungen führen zum managementorientierten Kaizen?

Die Durchführung eines managementorientierten kontinuierlichen Verbesserungsprozesses beginnt sinnvollerweise gerade dann, wenn keine Informationen über die Potenziale des Unternehmens vorliegen, mit einem Self-Assessment. Anschließend wird ein Soll-Ist-Vergleich zwischen den strategischen Zielen (Soll) und den vorhandenen Potenzialen des Unternehmens durchgeführt. Die Differenzen zwischen Soll und Ist zeigen die notwendigen Veränderungen des bestehenden Systems auf.

Aufgabe 5
BI bezeichnet längst nicht mehr nur die Analyse von unternehmensinternen Daten. Auch Daten, insbesondere über Kunden, die extern oder direkt am Point-of-Sale anfallen (z. B. durch Teilnahme in sozialen Netzwerken oder an Rabattprogrammen) finden wachsende Betrachtung der Unternehmen. Nennen Sie Vor-/Nachteile, die sich aus dieser Entwicklung für Unternehmen ergeben.

- **Vorteile:**
  Genauere bzw. aktuellere Daten über Bestands-/Neukunden. Daten ermöglichen eine noch gezieltere Ansprache relevanter Kundengruppen. Je individueller und konkreter die Kommunikation, desto höher das Kundeninteresse bzw. Wahrscheinlichkeit für Produktkauf.

Vorteile aus Kundensicht: Passende Angebote, Zeit und Aufwand bei Suche sparen.
- **Nachteile:**
Steigendes Datenaufkommen (z. B. von Nutzerdaten) produziert große Menge von unterschiedlichen Berichten, die zu gleichen Sachverhalten unterschiedliche Ergebnisse liefern.
Steigendes Datenaufkommen führt zu Entscheidungsdruck und benötigt viel Zeit zur Aufbereitung (= Daten- und Informationsflut, welche Menschen/Maschinen in ihre Grenzen führt).

Aufgabe 6
Was verstehen Sie unter OLAP (= Online Analytical Processing)?
OLAP ist eine Analysekomponente, die Managemententscheidungen unterstützt, indem relevante
Daten strukturiert, fokussiert und multidimensional dargestellt werden. Beispiel: Unternehmen möchte einen neuen Standort eröffnen. Hierzu benötigt Entscheider Informationen über Verkaufszahlen einer Region innerhalb eines bestimmten Zeitraums. (s. Abb. 11).

Aufgabe 7
Wie lässt sich das Text Mining zur Entwicklung von Produktverbesserungen/-innovationen Prozessverbesserungen/-innovationen einsetzen?
Motiviert durch den Erfolg des Web 2.0 und Social Media in vielen Bereichen des öffentlichen Lebens und der damit verbundenen Open-Innovation-Bewegung, die Kunden aktiv in den Innovationsprozess einbezieht, liegt eine Integration von Wissensmanagement und Text Mining zur Verbesserung dieses Innovationsprozesses auf der Hand. Durch den beschriebenen Ansatz werden Kunden nicht nur motiviert, ihre Ideen und Bedürfnisse auf webbasierten Kommunikationsplattformen preiszugeben, sondern die entstehenden, textbasierten Daten können automatisiert ausgewertet und zur zielgerichteten und zeitnahen Weiterentwicklung der Produkte eingesetzt werden.

12.1.11 Musterlösungen zu Kap. 11

Aufgabe 1
Warum muss von einem Modell gesprochen werden, wenn die verschiedenen Methoden zur Vermeidung von Widerständen planvoll zur positiven Gestaltung individueller Innovationskompetenz eingesetzt werden?
Modelle sind Abbildungen der Wirklichkeit und weisen den Detaillierungsgrad auf, der für den Modellanwender nützlich ist. Eine planvolle Gestaltung von Lernprozessen, die eine Entwicklung von Innovationskompetenz zur Folge haben soll, bedient sich verschiedener Abbildungen der unternehmensspezifischen Wirklichkeit, um die Komplexität des betrieblichen Alltags zu reduzieren uns so neue Problemlösungen zu ermöglichen.

Didaktische Modelle helfen, neue Wege des Lernens, des Entwickelns und des Gestaltens zu gehen.

Aufgabe 2
Inwieweit nehmen die drei Bezugsebenen bei der Entwicklung von Innovationskompetenz Einfluss auf den Ausprägungsgrad?
Durch die zirkulären Beziehungen der drei Ebenen Sache, Gruppe und Individuum ergeben sich zwangsläufig kontinuierliche Verbesserungsprozesse, die den Ausprägungsgrad von Innovationskompetenz beeinflusst.

Aufgabe 3
Welche Beziehungen ergeben sich durch die Einflussnahme der drei Bezugsebenen auf die Ausprägung von UGT, Vertrauen und Wissen?
Aus den Beziehungen des Individuums zur Sache ergeben sich individuelle didaktische Methoden zur Vermittlung von Wissen im Unternehmen.

Aus den Beziehungen des Individuums zur Gruppe ergeben sich Methoden der Interaktion und Kommunikation sowie alternative Arbeitsstrukturen.

Aus den Beziehungen der Gruppe zur Sache entwickeln sich Methoden des selbstorganisierten kooperativen Lernens.

Aus den Beziehungen der Gruppe zum Individuum können Methoden der Verständigung und Konfliktlösungsmethoden abgeleitet werden.

Aus den Beziehungen der einzelnen Individuen untereinander lassen sich Methoden individueller Verständigung, Beurteilung und Entwicklung ableiten.

Die Beziehungen des Individuums zu sich selbst bestimmen Methoden der Selbststeuerung und der Selbstorganisation.

Aufgabe 4
In welcher Struktur finden vielfach Prozesse im Unternehmen statt, die auf Innovationskompetenz der Mitarbeiter gründen und warum ist das so?
Viele Prozesse in Organisationen, die auf Innovationskompetenz beruhen, sind spiralförmig verlaufende Regelkreise, die integrativ alle Maßnahmen zur Förderung weiterer Kompetenzen dazu benutzen, um neue Regelkreise zu erzeugen und somit kontinuierliche Veränderungsprozesse zur Folge haben.

12.2 Befragungskatalog zur Innovationskompetenzanalyse

12.2.1 Befragungskatalog zur Innovationskompetenzanalyse -Fachkompetenz-

K	E	Nr	Item	1	2	3	4	5	6
FK	A		**Die von der Innovation betroffenen Einzelpersonen**						
		1	… wissen genügend über die Veränderungen						
		2	… besitzen genügend Fertigkeiten, um mit den Veränderungen umzugehen						
		3	… verfügen über genügend Informationen zur Innovation						
		4	… verfügen über genügend Erfahrung im Umgang mit Problemsituationen						
		5	… kennen die Auswirkungen der Innovation						
	B		**Der mit der Innovation befasste Kollegenkreis**						
		1	… nimmt an Workshops, Qualitätszirkeln o. Ä. teil						
		2	… wendet KVP, Kaizen am Arbeitsplatz an						
		3	… probiert neue Arbeitsmodelle aus						
		4	… sorgt für eine solide Informationsbasis						
		5	… entwickelt Handlungsanweisungen für den Umgang mit der Veränderung						
	C		**Das mit der Innovation konfrontierte Unternehmen**						
		1	… stellt das nötige Wissen für den Umgang mit der Innovation bereit						
		2	… sorgt für einen reibungslosen Informationsaustausch						
		3	… informiert über die Auswirkungen der Innovation						
		4	… verlangt, dass sich jeder mit neuen Entwicklungen auseinandersetzt						
		5	… stellt Maßnahmen zur Bewältigung von Problemen mit der Innovation zur Verfügung						
	D		**Das Innovationssystem**						
		1	… ist mit genügend Anweisungen und Informationen versehen						
		2	… ermöglicht ein unproblematisches Hineindenken und Arbeiten						

K	E	Nr	Item	1	2	3	4	5	6
		3	… produziert unvorhersehbare Fehler						
		4	… führt zu Störungen, die nicht nachvollziehbar sind						

Kompetenzausprägung: 6 = stimmt genau, 5 = stimmt weitgehend, 4 = stimmt ein wenig, 3 = stimmt eher nicht, 2 = stimmt weitgehend nicht, 1 = stimmt überhaupt nicht; K = Kompetenzbereich, E = Bedingungsebene, FK = Fachkompetenz, MK = Methodenkompetenz, SK = Sozialkompetenz, PK = Persönlichkeitskompetenz, A = Individuum, B = soziales Umfeld, C = organisatorisches Umfeld, D = Innovationssystem).

12.2.2 Befragungskatalog zur Innovationskompetenzanalyse -Methodenkompetenz-

K	E	Nr	Item	1	2	3	4	5	6
MK	A		**Die von der Innovation betroffenen Einzelpersonen**						
		1	… wissen, wie sie sich genügend Informationen über die Innovation verschaffen können						
		2	… sind mit Problemlösetechniken vertraut und wenden sie an						
		3	… können analytisch denken und Zusammenhänge herstellen						
		4	… können die verfügbaren Ressourcen richtig einsetzen						
		5	… haben einen Sinn für das Machbare						
	B		**Der mit der Innovation befasste Kollegenkreis**						
		1	… weiß, wer, wann, was machen muss						
		2	… weiß, wen sie ansprechen können						
		3	… geht nach methodischen Prinzipien vor						
		4	… bespricht regelmäßig das weitere strategische Vorgehen						
		5	… wendet Moderationstechniken bei Besprechungen an						
	C		**In dem mit der Innovation konfrontierten Unternehmen**						
		1	… ist Projektmanagement ein Organisationsprinzip						
		2	… wird nach den Prinzipien von Task Forces und Qualitätszirkeln gearbeitet						
		3	… sind begleitende Maßnahmen zur Innovation geplant und werden konsequent umgesetzt						
		4	… sind viele Routinearbeiten zu erledigen						

12.2 Befragungskatalog zur Innovationskompetenzanalyse

K	E	Nr	Item	1	2	3	4	5	6
		5	... gibt es Standardprozeduren in Problem-situationen						
	D		**Das Innovationssystem**						
		1	... ist in seinen Strukturen und Abläufen transparent						
		2	... lässt Eingriffe und Korrekturmöglichkeiten zu						
		3	... beinhaltet standardisierte Vorgehensweisen bei Störungen und nicht normalen Vorkommnissen						
		4	... gliedert sich in Entwicklungsstufen, die den Betroffenen Wahlmöglichkeiten offenlassen						
		5	... nimmt den Betroffenen das Gefühl, das System kontrollieren zu können						

Methodenkompetenz (6 = stimmt genau, 5 = stimmt weitgehend, 4 = stimmt ein wenig, 3 = stimmt eher nicht, 2 = stimmt weitgehend nicht, 1 = stimmt überhaupt nicht; K = Kompetenzbereich, E = Bedingungsebene, FK = Fachkompetenz, MK = Methodenkompetenz, SK = Sozialkompetenz, PK = Persönlichkeitskompetenz, A = Individuum, B = soziales Umfeld, C = organisatorisches Umfeld, D = Innovationssystem).

12.2.3 Befragungskatalog zur Innovationskompetenzanalyse -Sozialkompetenz-

K	E	Nr	Item	1	2	3	4	5	6
SK	A		**Die von der Innovation betroffenen Einzelpersonen**						
		1	... sind im Umgang miteinander offen und aufgeschlossen						
		2	... pflegen zu allen Gelegenheiten auch den informellen Austausch von Gedanken						
		3	... sind tolerant bei andersartigen Meinungen						
		4	... nehmen aktiv an Entscheidungsprozessen teil						
		5	... erkennen bei Meinungsverschiedenheiten die konstruktiven Elemente						
	B		**Der mit der Innovation befasste Kollegenkreis**						
		1	... arbeitet kooperativ zusammen						
		2	... bewältigt Konflikte konstruktiv						
		3	... pflegt ein entspanntes Klima der Zusammenarbeit						
		4	... zieht gemeinsam Bilanz der gemachten Fortschritte						

K	E	Nr	Item	1	2	3	4	5	6
		5	… bereitet Entscheidungen in gegenseitiger Absprache vor						
		4	… holt Informationen und gibt sie bereitwillig weiter						
		6	… bemühen sich, ein Vertrauensverhältnis untereinander aufzubauen						
	C		**In dem mit der Innovation konfrontierten Unternehmen**						
		1	… wird situativ richtig, unter Einbeziehung von Partizipation und Kooperation, geführt						
		2	… ergänzen sich Fach- und Machtpromotoren gegenseitig						
		3	… wird das individuelle Arbeiten genauso gefördert, wie das Arbeiten in Gruppen						
		4	… werden alle am Prozess der Zielfindung und Entscheidungsvorbereitung beteiligt						
		5	… gibt es hierarchische Barrieren zwischen Führungskräften und Mitarbeitern						
	D		**Das Innovationssystem**						
		1	… ist für die Kommunikation der Menschen hinderlich						
		2	… verändert die Rollen der Betroffenen zu deren Nachteil						
		3	… baut Widerstände bei den Mitarbeitern auf						
		4	… ist für alle Betroffenen in seinen Grundelementen klar, sodass sie bei Entscheidungsprozessen im Bilde sind						
		5	… beschneidet den Handlungsspielraum der Betroffenen						
		6	… schafft neue kommunikative Notwendigkeiten, auf die alle nicht vorbereitet sind						

Sozialkompetenz (6 = stimmt genau, 5 = stimmt weitgehend, 4 = stimmt ein wenig, 3 = stimmt eher nicht, 2 = stimmt weitgehend nicht, 1 = stimmt überhaupt nicht; K = Kompetenzbereich, E = Bedingungsebene, FK = Fachkompetenz, MK = Methodenkompetenz, SK = Sozialkompetenz, PK = Persönlichkeitskompetenz, A = Individuum, B = soziales Umfeld, C = organisatorisches Umfeld, D = Innovationssystem).

12.2.4 Befragungskatalog zur Innovationskompetenzanalyse -Persönlichkeitskompetenz

K	E	Nr	Item	1	2	3	4	5	6
PK	A		**Die von der Innovation betroffenen Einzelpersonen**						
		1	… sind für die Innovation motiviert						
		2	… sind in der Lage, ungewisse Situationen zu meistern						
		3	… verfügen über ein angemessenes Problembewusstsein						
		4	… übernehmen Verantwortung						
		5	… haben ein Bewusstsein für die verfügbaren Ressourcen						
		6	… verfügen über Entscheidungsfreude und sind aktivitätsorientiert						
	B		**Der mit der Innovation befasste Kollegenkreis**						
		1	… identifiziert sich mit den Aufgaben und Zielen der Innovation						
		2	… unterstützt und hilft sich gegenseitig bei Problemen						
		3	… verkraftet auch außergewöhnliche Belastungen						
		4	… ist vorausschauend und zukunftsorientiert						
		5	… motiviert sich gegenseitig						
		6	… erkennt die Weiterentwicklung Einzelner an						
	C		**Das mit der Innovation konfrontierte Unternehmen**						
		1	… lässt genügend Zeit, um sich auf die Innovation vorzubereiten						
		2	… erkennt Fortschritte in der Arbeit an						
		3	… stellt sich bei Fehlern und Störungen vor die Ausführenden						
		4	… dort sind formale Kompetenzen und hierarchische Verantwortung klar und transparent						
		5	… dort gibt es hinderliche Formalismen in Form von Dienstanweisungen o. Ä						
		6	… achtet darauf, dass die Innovationen niemanden unangemessen benachteiligen						
	D		**Das Innovationssystem**						
		1	… beinhaltet keine unangemessenen Über- bzw. Unterforderungen						

K	E	Nr	Item	1	2	3	4	5	6
		2	… ist in der Handhabung und beim Umgang unproblematisch						
		3	… ist in seinen Auswirkungen auf andere Systeme gut zu überblicken						
		4	… gibt den Betroffenen das Gefühl, dass sie das System ständig unter Kontrolle haben						
		5	… beeinträchtigt das Wohlbefinden						

Persönlichkeitskompetenz (6 = stimmt genau, 5 = stimmt weitgehend, 4 = stimmt ein wenig, 3 = stimmt eher nicht, 2 = stimmt weitgehend nicht, 1 = stimmt überhaupt nicht; K = Kompetenzbereich, E = Bedingungsebene, FK = Fachkompetenz, MK = Methodenkompetenz, SK = Sozialkompetenz, PK = Persönlichkeitskompetenz, A = Individuum, B = soziales Umfeld, C = organisatorisches Umfeld, D = Innovationssystem).

12.3 Anforderungsprofil für Führungskräfte in Innovationsprozessen

Merkmale und Aufgaben	K	Ausprägungsgrad				
		20	40	60	80	100
Disziplinübergreifendes Bewusstsein des täglichen Arbeitsablaufes (Wer muss mit wem was tun?)	PK					X
Sensibilität für die Wertevorstellung der Mitarbeiter	PK				X	
Fähigkeit, auf konfrontative Fragen souverän zu reagieren	PK				X	
Fähigkeit, den Mitarbeitern neue Denkweisen und Arbeitsweisen immer wieder neu zu erklären	SK				X	
Souveränität bei emotionalen Ausbrüchen der Mitarbeiter	PK				X	
Bewusstsein für die Beziehung zwischen Qualifikation und betriebswirtschaftlichen Belangen	SK				X	
Betriebswirtschaftlicher Scharfsinn	FK			X		
Marketingtalent (die Ergebnisse der Gruppe müssen „verkauft" werden!)	MK				X	
Informationstalent (jeder Augenblick des Arbeitstages erfordert eine andere Reaktion!)	MK				X	
Fähigkeit, Kritik einzustecken	PK			X		
Toleranz Fehlern gegenüber (um wenige Fehler zu machen, muss man die Toleranz für Fehler erhöhen!)	SK				X	
Aufmerksamkeit für Quantifizierungsprozesse (genaue Kennzahlen ermöglichen Transparenz!)	MK				X	

12.3 Anforderungsprofil für Führungskräfte in Innovationsprozessen

Merkmale und Aufgaben	K	20	40	60	80	100
	\multicolumn{6}{l	}{Ausprägungsgrad}
Wissen darüber, wie sich die Probleme am Arbeitsplatz zu einem integrativen Lernprozess umgestalten lassen	MK		X			
Überzeugung, dass alle Mitarbeiter lernfähig sind	PK				X	
Proaktive Orientierung	PK		X			
Sensibilität für spezielle Bedürfnisse	SK				X	
Flexibles Denken (für die meisten Probleme existieren mehrere gute Lösungen!)	MK				X	
Bestehen auf Qualität des Produktes, der Prozesse und Mitarbeiter	PK					X
Erkenntnis, dass schnelle Lösungen häufig nicht die besten, aber trotzdem manchmal erforderlich sind	MK		X			
Bereitschaft und Fähigkeit, sensibel zuzuhören	SK			X		
Fähigkeit, Ergebnisse sinnvoll zu interpretieren	MK				X	
Anfertigung von Tätigkeitsbeschreibungen für die Anforderungsprofile der Mitarbeiter	MK				X	
Einführung neuer Mitarbeiter am jeweiligen Arbeitsplatz	MK				X	
Zielfestlegung für die Arbeitsgruppe in Absprache mit Produktionsleitung, Fertigungsplanung etc.	MK		X			
Information der Gruppen bzw. deren Beauftragten über technische Veränderungen	FK					X
Visualisierung der gruppenspezifischen Kennzahlen	MK				X	
Produktspezifische Unterweisung der Gruppen nach Qualifikationsrahmenplan in Kooperation mit den anderen Gruppensprechern und dem Werkkoordinator	FK					X
Sichtung und formelle Bearbeitung von Vorschlägen im Rahmen kontinuierlicher Verbesserungen	MK		X			
Unterstützung bei der Umsetzung von Projekten im kontinuierlichen Verbesserungsprozess	SK			X		
Übertragung von Arbeitsstrategien auf die Arbeitsgruppen	MK				X	
Moderation von informellen KVP-Aktivitäten der Arbeitsgruppen	MK				X	
Vermittlung und Training von Problemlösetechniken nach Bedarf der Gruppen	MK				X	
Konzeptionelle Entwicklung von produkt- bzw. bereichsbezogenen Verbesserungen (Disposition, Logistik etc.)	FK				X	
Kommunikation mit Produktionsleitung (PL), Personalentwicklung (PE) und Qualitätsmanagement (QM) über notwendige Qualifikationsmaßnahmen	SK				X	
Installation eines effektiven Informationssystems	MK				X	

Merkmale und Aufgaben	K	Ausprägungsgrad				
		20	40	60	80	100
Aufbau und Pflege von Kommunikationsprozessen zwischen Kunden (intern, extern) und Service (QM, Wartung/Instandhaltung, PE, Controlling)	SK					X
Moderation von KVP-Besprechungen des jeweiligen Bereiches und Weiterleitung der Informationen	MK				X	
Information an PE über den jeweiligen Qualifikationsstand der Mitarbeiter	MK				X	
Beratung und Förderung der Mitarbeiter	SK				X	
Weitergabe von Arbeitsaufträgen an interne und externe Stellen (z. B. im Rahmen von KVP)	MK				X	
Übertragung von Visualisierungsaufgaben an die Arbeitsgruppen	MK				X	
Koordination des Materialflusses zur Herstellung der entsprechenden Produkte	MK					X
Koordination des Personalaufwandes für die einzelnen Arbeitsgruppen	MK					X
Koordination aufeinander einwirkender Arbeitsgruppen	MK					X
Koordination von Entscheidungen der Produktionsleitung mit den Belangen der Arbeitsgruppen	FK			X		
Bewertung und Zusammenfassung von Gruppen-entscheidungen und Besprechung mit der jeweiligen Produktionsleitung	MK SK				X	
Bestimmung der Kennzahlen für die interne und externe Präsentation der Produktions-, Qualitäts- und Qualifikationsdaten	MK					X

Anforderungsprofil für Führungskräfte in Innovationsprozessen (K = Kompetenzbereich, FK = Fachkompetenz, MK = Methodenkompetenz, SK = Sozialkompetenz, PK = Persönlichkeitskompetenz; 20 = sehr gering, 40 = gering, 60 = mittel, 80 = stark, 100 = sehr stark).

Stichwortverzeichnis

A
Anforderungskatalog, 25
Anforderungsprofil, 25
Angst, 44
Anreiz, 117
Anreizart, 120
Anreizsystem, 108
Arbeitsprozess, 5
Arbeitsteilung, 13
Arbeitsumgebung, 10

B
Basiskompetenz, 22
Basiskompetenzbereich, 22
Bedingungsebene, 31
Benchmarking, 144, 188
Beschäftigungspolitik, 6
Betriebsklima, 45
Business Intelligence, 163

C
Closed-minded person, 72
Corporate Culture, 10
Corporate Identity, 12

D
Data Mining, 167
Datenbank, didaktische, 112
Deep Learning, 178
Deutungsmuster, 47, 204

E
Education-Balanced-Scorecard, 188
Ehrlichkeit, 59
Eigenkomplexität, 56
Empowerment, 25
Erfahrungswissen, 6
Evaluationskriterium, 103

F
Fachkompetenz, 23
Failure Modes and Effects Analysis, 146
Firmenkultur, 10
Freiraum, 15
Führung, 84
  laterale, 85

G
Generalregulativ, 123
Globalisierung, 11

H
Handlungskompetenz, 22
House of Quality, 136
Human-Failure-Mode-and-Effects-Analysis, 153

I
Ideenmanagement, 121
Incentives, 118

Information, 15
Innovationsbereitschaft, 6
Innovationsdruck, 2
Innovationskompetenzanalyse, 35
Innovationskompetenzmodell, 29
Innovationsorientierung, 12
Innovationspotenzial, 21, 35
Innovationsproblem, 2
Innovationspromotor, 36
Innovationsschwäche, 2
Innovationsspirale, 187

J
Job
   Enlargement, 25, 193
   Enrichment, 25, 193
   Rotation, 25, 193

K
Kaizen, 155
Kompetenz, 99
Kompetenzprofil, 25
Komplexität, 106
Konsistenz, 59
Konstrukt, 68
Kooperation, 13
Kooperationswirkung, 62
Kostenorientierung, 12
Kundenorientierung, 12

L
Leadership, 83
Leitung, 84
Lernen, maschinelles, 178

M
Macht, 49
Management, 84
   systemisches, 106
Methodenkompetenz, 23
Misstrauensorganisation, 13
Mitarbeiterentwicklung, 15
Mitarbeiter-Inplacement, 191
Mitarbeiterorientierung, 12
Mittelwert, 39

Modalwert, 41
Modell, 183
MOLAP s. Multidimension Online Analytical Processing
Motiv, 118
Motivation, 118
   extrinsische, 119
   intrinsische, 119
Multidimension Online Analytical Processing (MOLAP), 169

N
Natural Language Processing, 178

O
Offenheit, 59
OLAP-Tool, 168
Online Analytical Processing, 168
Operationalisierung, 103
Organisationskultur, 10
Orientierungslosigkeit, 44
Outplacement, 194

P
Performanz, 99
Personalentwicklungsbedarf, 25
Persönlichkeitskompetenz, 24
Plan-Do-Check-Act-Zyklus, 159
Problemlösungsfähigkeit, 62

Q
Qualification Board, 188
Qualifikation, 98
Qualifikationsindex, 191
Qualitätszirkel, 12
Quality-Function-Deployment, 135, 193

R
Reaktionsmuster, 45

S
Schwächenbereich, 39
Sicherheit, 14

Sozialkompetenz, 24, 30
Stärkenbereich, 39
Stärken-Schwächen-Analyse, 37
Steuerung, 84
Subventionierung, 6
Supervision, 48
Synergieeffekt, 84
Systemvertrauen, 61

T
Technologielebenszyklus, 16
Technologieorientierung, 12
Text Mining, 171
Transfererfolg, 103

U
Ungewissheit, 30, 44
Ungewissheitstoleranz, 67
Ungewissheitstoleranzkomponente, 184
Ungewissheitstoleranzskala, 70
Unternehmenskultur, 4, 10
Unternehmensorientierung, 12

V
Validität, 37
Veränderungsprozess, 66

Verbesserungsprozess, kontinuierlicher, 123
Verbindlichkeit, 13
Verhaltensmuster, 48
Vertrauensbeziehung, 57
Vertrauenskomponente, 184
Vertrauenskultur, 13
Vertrauensorganisation, 61
Vertrauensverhältnis, 13

W
Wechselbeziehung, 105
Wechselwirkung, 106
Wertschätzung, 14
Widerstand, 48
Wissen, 97
Wissensbasis, 102
Wissenskomponente, 184
Wissensmanagement, 98, 101
Wohlbefinden, 62
Wohlwollen, 59

Z
Zielwerte, 39
Zuverlässigkeit, 37

SPRINGER NATURE

GPSR Compliance

The European Union's (EU) General Product Safety Regulation (GPSR) is a set of rules that requires consumer products to be safe and our obligations to ensure this.

If you have any concerns about our products, you can contact us on ProductSafety@springernature.com

In case Publisher is established outside the EU, the EU authorized representative is:

Springer Nature Customer Service Center GmbH
Europaplatz 3
69115 Heidelberg, Germany

The manufacturer's authorised representative in the EU is Springer Nature Customer Service Centre GmbH, Europaplatz 3, 69115 Heidelberg, Germany. If you have any concerns regarding our products, please contact ProductSafety@springernature.com

Printed and bound by CPI Group (UK) Ltd, Croydon, CR0 4YY

25/03/2026

02078185-0018